1989年3月，在春天的原野上

1989年5月，一家三口“开火车”

U0867604

1989年6月，给女儿晴雁讲故事

1989年10月，在成都动物园草坪上

1989年12月，为晴雁吹气球

1990年，全家一起去逛街

1992年8月，在南京中山陵

1993年，晴雁为我班上的同学演出

1993年，和晴雁一起跳绳

1993年，我的小车夫

2006年，在西安参加《做最好的家长》签售活动

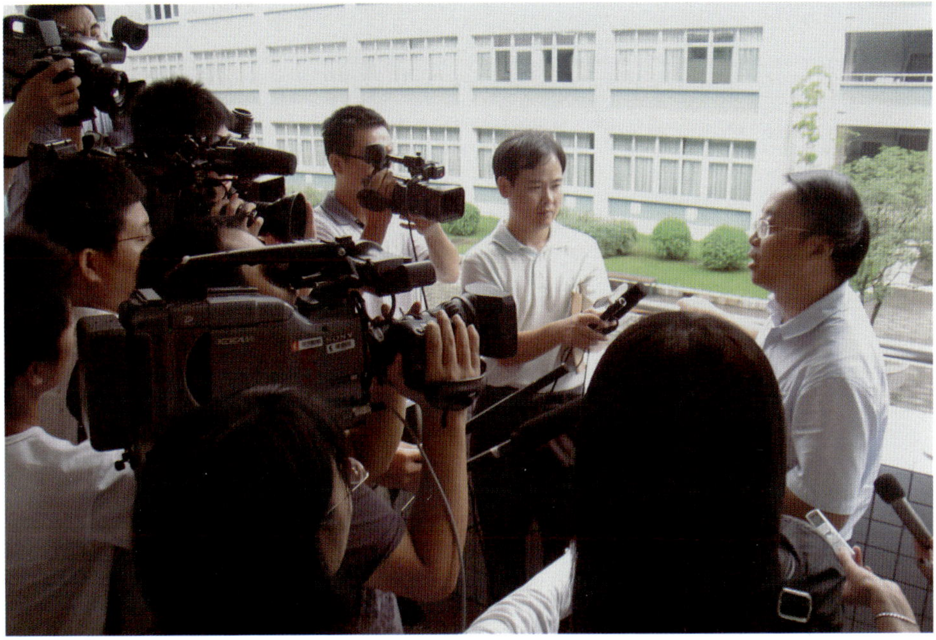

2007年8月，接受媒体采访

2011年，被评为“成都市荣耀市民”

2013年11月，在学校上《致女儿的信》

2017年12月，在南昌讲学

李镇西教育文集

做最好的家长

李镇西◎著

漓江出版社
·桂林·

图书在版编目（CIP）数据

做最好的家长 / 李镇西著 . -- 桂林：漓江出版社，2021. 12
（李镇西教育文集）
ISBN 978-7-5407-9044-8

Ⅰ. ①做… Ⅱ. ①李… Ⅲ. ①家庭教育—文集 Ⅳ. ① G78-53

中国版本图书馆 CIP 数据核字（2021）第 060043 号

做最好的家长

作　　者　李镇西

出 版 人　刘迪才
策划编辑　文龙玉
营销编辑　杜　渝
责任编辑　章勤璐
封面设计　周泽云
责任监印　黄菲菲

出版发行　漓江出版社有限公司
社　　址　广西桂林市南环路 22 号
邮　　编　541002
发行电话　010-65699511　0773-2583322
传　　真　010-85891290　0773-2582200
邮购热线　0773-2582200
电子信箱　ljcbs@163.com
网　　址　www.lijiangbooks.com
微信公众号　lijiangpress

印　　制　天津嘉恒印务有限公司
开　　本　710 mm × 1000 mm　1/16
印　　张　18.5
字　　数　300 千字
版　　次　2021 年 12 月第 1 版
印　　次　2021 年 12 月第 1 次印刷
书　　号　ISBN 978-7-5407-9044-8
定　　价　46.00 元

漓江版图书：版权所有，侵权必究
漓江版图书：如有印装质量问题，可随时与工厂调换

目录

序一　父女之间该有这样一本书

吴　非

和镇西在一起时，也偶尔说起子女的教育。不知为什么，我很少听到他说女儿的成绩或考分，说得比较多的，是与孩子在一起的愉快。的确，家长和子女之间，远远有比考试分数更重要的话题。我现在不愿意用“应试教育”这个词，而觉得应称之为“应试教学”。“教育”，多么神圣的一个词，那是诗一样的事业，它代表了人的理想和人的权利，怎么可以借它的身躯灌入陋俗的灵魂？读了李镇西的《做最好的家长》，我更相信自己的这个判断。

2006年，镇西曾把他的岳父万鲁君先生的自述送我，希望我能看一看。万鲁君先生饱读经史，性情豁达，为有胸襟之士，可以看出，他关于家庭教育的思想影响过李镇西。那洋洋二三十万言的自述，我断断续续读了几个星期，大致了解了一个正直知识分子在那些年代中的遭遇，也了解了老一代知识分子不灭的忧思。读了这本《做最好的家长》，我想自己也许能理解镇西要我看那部自述的意义了。我那时曾想到，要到什么时候，我们的国家才能保证每一个善良正直的公民能享有宪法赋予的一切权利？要到什么时候，我们的后人才能无忧无虑地从小生活在民主平等的社会里？在这一方面，镇西是坚定勇敢的践行者。如果想让孩子知道什么是民主平等，那就从家庭教育开始吧。读《做最好的家长》，看到了镇西作为教师在教育子女方面的思考，看到了作为教育专家的镇西教育思想和观念形成的轨迹，也看到了他的女儿李晴雁的思想印痕。可以说，这本书记录了三代人对家庭教育的思考，因而更显出了它的特殊价值。

读这本书，既看到作为父亲的镇西在哺育女儿成长中倾注的心血，也看到了一位教师自我生命自由与健全发展的历程。镇西说要“和孩子一同成长”，是因为他发现自己在教育孩子的过程中，作为一个人的自身素质得到了提高，这也是作为一个教育者的幸福。

鲁迅在《我们现在怎样做父亲》中说了这样的话：“总而言之，觉醒的父母，完全应该是义务的，利他的，牺牲的，很不易做；而在中国尤不易做。中国觉醒的人，为想随顺长者解放幼者，便须一面消结旧账，一面开辟新路。就是开首所说的‘自己背着因袭的重担，肩住了黑暗的闸门，放他们到宽阔光明的地方去；此后幸福的度日，合理的做人’。这是一件极伟大的要紧的事，也是一件极困苦艰难的事。”读了《做最好的家长》，我看到镇西作为一位父亲，为女儿能有健全的人格付出的牺牲，同时也看到作为一位有独立思考意识的知识分子，面对社会习惯势力，是如何做出了选择。本书中，有很多与旧教育观念决裂的离经叛道做法，表现出作者不肯因袭旧意识，勇于直面社会现实，为坚持理想主义的追求而作的理性探寻。

作者改革家庭教育的主张，源自他对中国传统社会家庭教育所做的考察。我们今天的社会，父母对于子女，仍旧有不可置疑的权力和威严，而最终父母也没有能力解决子女成长过程中所遇到的一切问题（非但如此，即便是为父母的，也无法面对一个开放、发展和矛盾的转型期社会遇到的大多数问题）。然而这并不意味着我们得停止自己的思考。在这本书中，镇西写给读者的建议（教子关键点）是很动了一番脑筋的。比如家教手记四《让孩子拥有美好品格》一章中的“教子关键点”第一条“给孩子树立这样的观点……只有善良能够带来终生的幸福”，强调的是“终生的幸福”，而非眼前利益；还有“最好每天都问问放学回家的孩子：‘你今天给别人做了什么？’”要求的是“每天问”；第二条“给孩子买一本《爱的教育》和《做人的故事》，并和孩子一起读”，要求的是“和孩子一起读”；第三条“告诉孩子，爱心不要滥施”，他在让孩子坚持用零花钱捐助一位需要帮助的贫困孩子的同时，也注意要求孩子做好事必须把握住“度”。这正是对保持孩子爱心的一种珍惜。李晴雁高中毕业考上大学后，面对大学五花八门的社团，她选择的是青年志愿者社团，当别人问她为什么要这样选择时，她说自己喜欢为别人服务。如果当今的父亲们母亲们都能这样注意培养子女善良的禀赋，我们将生活在一个多么幸福的时代！

本书体现了开明的家庭教育意识。作者在书中非但没有回避“早恋”的话题，而且认为应该对孩子进行“爱情教育”，并把爱情教育作为人格教育的一部分。“因为爱情是一个人美好精神的组成部分，是美好人格的要素。而且，今天的孩子就是明天的妻子或丈夫、母亲或父亲，他们应该懂得爱，并知道怎样去爱。”——我赞同这样的教育，当今社会极其功利的教育所造成的学生人格缺陷中，缺少爱情和家庭伦理教育造成的危害最为严重，而相当多的家长仍没有能力认识到这一点，他们即使在悲剧发生之后也无法理性地反思，而教育界在这方面发出的声音也是极微弱的。

我相信这本书的许多读者都是教师同行，因此在这里特别地想说说自己的感受。20 多年前，我在外地访问一位前辈名师，无意间发现他的孩子没能考上大学，而这种情况在当时比较普遍。我们用了很长的时间讨论这个问题，最后得出一个一般人不会想到的结论：由于众所周知的原因，很多教师把子女放在自己的学校读书，一些同行在学校没把读书的孩子当作学生，放松了要求；在家里则又不把子女当孩子，过多地强调学习要求。也就是说角色全搞反了。孩子混淆了两方面的要求，他的学习与教养形成很容易产生偏差。教师通过教育教学参与并促进教育的改革，同时，教师作为社会人在家庭生活中担负自己的角色，这两重任务并没有实质性的矛盾。教师在学校教育中是教育者，在家庭生活中没有必要再把自己放在教育者的位置。我觉得镇西在这方面处理得好，值得同行们学习。

读这本书，也想到一个老话题。现在一些教育工作者向社会宣讲现代教育理念，鼓吹素质教育，介绍教育管理经验，总是说得头头是道；但是在自己的工作岗位上，做的却完全是另外一套。有些教师教育学生要团结友爱，但回到家里向孩子私授的却是如何防人，如何争名夺利；在学校大谈呵护人性，却在家中向子女私授“狼羊论”；在公众面前大谈民主平等、独立人格，在家中却肆无忌惮地向子女传授庸俗不堪的权经钱经马屁经，一如西汉陈万年教儿子拍马被儿子嘲笑的故事。有这类双重人格与混乱的价值观的，非但不能担负家庭教育大任，也是根本不具备教育者资格的。而我们从李镇西的故事中可以看出他是真人，他的表里如一，从李晴雁身上的正直善良就能看出来。

这本书给我的启发还在于，镇西家三代人都爱写作，视写作为一种生活的方式，他们用写作记录家庭幸福，记录和孩子一同成长的历程，在写作中独立思考，陶冶情操，这对创建文明社会、提高民族文化素质有着不可估量的意义。

（吴非，著名教师，杂文作家）

序二　我爱的，就是你本来的样子

——有感于《做最好的家长》

窦桂梅

见到李镇西本人，是在 1998 年。

《河南教育》举行班主任培训班。李老师和我应邀前往。我是冲着李老师去的。在那之前，我深深地陶醉于他的《爱心与教育》的文字中。心想，亲眼见一见这位被高万祥等朋友郑重推荐、神交已久的人物，真是求之不得的人生快事。

白天，静听他和学生“花开”的声音；晚上，和几位老师来到李镇西房间，思考着他关于教育的思考。房间的灯光不亮，个子不高的他，声音分外清晰洪亮，炯炯有神的目光中，有一种洞若观火的透明与执着。

不怕大家笑话，那阵子特别崇拜他。这敬重有加的感情保持至今，未觉冲淡。他的《走进心灵》《从批判走向建设》等著作，我都一一拜读过。好一阵子，他的“语词”，几乎成了我发言时最常套用的“经典”。甚至有时候，干脆直接脱口而出，好像李老师是高明的导演，导引着我表达出心中的意思，我就像一鹦鹉，学着他的巧“舌”。记得当年我的一个从一年级带到六年级的班毕业了，整理心路历程，写了一本《和孩子一起成长》，当时序言想写一些话，可所有我想说的话，李老师好像都已经为我写好了。引用他的话太多，就变成了文抄公；不引用，又觉得不够分量。况且，有些做法就是在李老师的启发下做的。怎么办？当时的矛盾尴尬，而又敬佩钦佩的心情，到今天仿佛还历历在目。

现在，我的语言中还不自觉地留有模仿李老师话语风格的痕迹——尽量让自己的语言如李老师的一样鲜活、明快、畅达。

不仅仅是文字，那种仿佛如他一样的爱心、一种无形的感动与激动，已经被点燃、提升，那份对教育执着追求的特别力量也在我的心中升腾起来。

人说，爱别人的孩子是神，爱自己的孩子是人。我看，李老师是既爱别人孩子，也爱自己孩子的人。那源于他“我是长不大的儿童”的精神哲学，使他走下神坛——最初的“敬畏”由此被渐渐拉近了距离，融入了令人觉得可爱的元素，让人感到亲近与真实。

这个“长不大的儿童”，和孩子们在一起发生的故事太多了。打雪仗、观菜花，给学生们写一封封真挚饱满的回信。这一切，构成了李老师和孩子们的成长快乐与生命和谐的交响乐，而对女儿的特别的爱，则是其中最富人性化的片段和乐章。

李老师女儿的照片我看过，很可爱，很温存。那种平和与自然源于一种叫“和谐”的东西。而这，定有家庭中那百分之百的绵纯的情愫为之铺垫底色。

谈到女儿，他会不假思索地脱口而出：“在我的心目中，没有什么比得上我的女儿更值得我爱，并让我得意！”李老师的话总是这样迅速和流畅——这是源于血缘和生命的顺理成章。竭尽了爱、付出一切，为着女儿的长大和幸福——是为人父、做家长的一份真实与真挚的妥帖呵护与守护，或者说是一种“守望”。守望，就是顺其自然，给以宁静而自主的精神天地，不打搅孩子的心灵，更不会给孩子精神上的压迫和创伤。

读李老师的这本《做最好的家长》，你会从字里行间念出其中大写的“人”字的歌词，读出人生豁达超然的音符和节奏，同时更能体会出父女一起演奏的“人之所以为人”的交响乐曲的壮丽与唯美。

请跟我一起轻轻打开——

> “从她出生开始，我就给她写成长日记，一直写到她读小学。她读小学后，我常常随意记下她的一些趣事或对她来说值得纪念的时刻。她读中学后，我多次给她写信。这些信记录了我和她心灵的沟通，并见证了晴雁的成长。这本记录我和女儿共同成长的书，是我和我女儿用流淌的生命共同创作的，这样的成长是快乐的，这样的生命是和谐的。”

曹文轩说，每一次作品完成，作者都和作品一起生长了一次。细读李镇西的教养女儿手记，感受到的也是李老师与女儿共同成长的生命畅想。如果说“生”是生命之根，那么“养”就是生命之本。教育的根本，与生命的诞生同时起步。面对既非神童，又不是弱智，“中等智力”的平凡的女儿，每一次和孩子之间发生“故事”，擦出火花，李老师所采取的态度，都体现出他在“和孩子一道成长”。这种“一起成长”，是一种自然的，随性的，抑或是“原原本本”的教育。

一句话："爱你本来的样子。"

那么，这个"本来"在哪里？

在善良这里。一定要把女儿培养成为一个善良的人。无论她以后是大名鼎鼎的科学家，还是默默无闻的劳动者，她都能凭着自己的善良赢得幸福人生——李老师始终认为，一个人最最基本的素质就是善良。

"人之初，性本善；性相近，习相远；苟不教，性乃迁。""养不教，父之过，教不严，师之惰。"就同样有女儿的我来说，在女儿咿呀学语中，最先教会女儿的也是这句——希望孩子将来也能将心比心、善良贴心。如今，女儿渐渐长大，成为一名高中生。虽物质不乏，但精神上，也会有不安全的焦虑和压力。孩子在一个不错的学校学习，但每一次家长会，我也会自觉不自觉地，拿自己女儿的成绩去跟别人的孩子比，在比较中，有过迷失、混乱、模糊。父母情绪因此而产生的波动，正处于敏感青春期的孩子难道感觉不到？

有时不免自问：我是谁？女儿是谁？沉迷于尘世的竞争中，迷失自己的独特存在，忽视生命本体存在的根本价值，这是为什么？这个世界期待的难道仅仅是优胜劣汰的唯一选择？

"其实，就是你本来的样子，你就是你自己。"我对女儿说。

李老师不也是如此吗？他爱孩子，不是为自己，而是他舍不得女儿轻看自己。一次，李老师的女儿说她考试考得不好，糟透了，感到难过，觉得自己是"差生"了。

> "爸爸，你的女儿没考好，给你丢脸了！"
>
> "也许在今天看来，你没有考好，你觉得是天大的'灾难'。但五年、十年、二十年……当你真正在精神上成熟并经历和战胜了更多的人生挫折之后再回过头来看今天的半期考试，你会觉得这一次挫折不过是人生长河中一个小小的漩涡而已，简直微不足道！我愿意和你一起再次高声朗读一位诗人的话：'没有比脚更长的路，没有比人更高的山！'"

——本来女儿的话令李老师心痛而不安。而作为爸爸，他表达的却是一段感人而又不乏清醒冷静的哲理。

> "孩子，爸爸允许你下次考试失败！"

——李老师还在说。其实，女儿小学时候的成绩一直不冒尖，李老师一直非常注意保护她的快乐感，坚持认为学习的快乐感比学习成绩更重要。

可是，今天有的家长对孩子的成绩永远不会满意，在内心深处，这些家长总把自己的孩子看成天才，而没有把孩子看成一个普通人。每次考试都理想化地认为应该是满分，因此，家长永远对孩子表示失望。这种失望，对孩子的自信心而言，无疑是最具杀伤力的武器。的确，中国的家长，从来没有像现在这样重视孩子的学习成绩及各种技能的提高；但同样可以毫不夸张地说，中国的家长从来没有像现在这样忽视孩子情感与道德的培养。

品读李镇西的教养女儿手记，你会发现，李老师对于女儿“本来”的守望远甚于学业，而充满这守望蜜罐的，恰是一堆堆的细节凝练而成的甘甜。

1988 年 1 月 2 日：第一次随爸爸妈妈坐公共汽车。

1988 年 1 月 23 日：第一次呈现出笑的表情。

1988 年 2 月 9 日：第一次有意识地发出“咯咯”的笑声。

1988 年 6 月 1 日：第一次独坐。

1988 年 7 月：开始长牙。

1988 年 7 月 24 日：开始叫“妈妈”。

1988 年 8 月 1 日：第一次“手舞足蹈”地跳舞。

1988 年 8 月 30 日：第一次主动舞动小手做“再见”。

1988 年 9 月 4 日：第一次能独站。

1988 年 9 月 9 日：第一次离开奶奶睡，开始断奶。

1988 年 10 月 24 日：利用学步车走路。

1988 年 10 月 28 日：第一次独立行走。

1988 年 12 月 1 日：满一周岁，生病，第一次在医院输液。

这是怎样的父亲？这许许多多、真真切切的“第一次”，做家长的我们，会心生怎样的感慨？

不仅仅是记录“第一次”，伴随着女儿的“第一次”，李老师同步记录着她的细微成长。18 年间的柔情似水，从呱呱坠地到长大成人，事无巨细、不遗余力，情注笔端、满纸温馨。这日记，倾诉了多少为人父母的期许与焦灼、快乐与苦恼。

是的，写这日记是一件很有意思的事。但，绝不仅仅有意思，更是有意义：第一，可以让长大以后的女儿感受到父母之爱。第二，是对孩子进行生命教育的最好的素材。第三，记载童心的纯真，让日记成为孩子自我教育的资源。第四，写孩子成长日记的过程，也是父母不断进行教育反思的过程。

不是吗？当你每次记录孩子成长故事的时候，同时，不也正是自然而然地反思自己的教育过程吗？反思自己教育的过程，提供给别人——老师或家长们分析、分享。

于是，这记录，就不仅仅是和自己的女儿一起成长的本身，而是提供给我们教师，以及所有家长的一个必要的参照和范本。正如书中所引用的德国伟大教育家福禄倍尔所说的："国民的命运，与其说是操在掌权者手中，倒不如说是握在母亲的手中。因此，我们必须努力启发母亲——人类的教育者。"对于我们的民族，还有什么比启迪教师、父母之类的教育者更能达成教育的本源的呢？

因此，你会发现《自信心是怎样找回来的》，李老师帮助女儿走出自卑的阴影，就是告诉家长，要树立孩子的自信心；《鼓励孩子关心班集体》，李老师指正女儿为班级效力，实则告诉家长们，这不是"吃亏"，而是一种"收获"；《家庭教育从孩子出生开始》，李老师强调的，也正是我们必须懂得的"家长也是教育者"的道理；《请和孩子一起上网》，李老师表明的，正是我们家长应当明晰的，作为当代人，如果不上网，则与文盲无异；《帮助孩子适应高中生活》，李老师让女儿明白高中是一条坎坷不平的道路，就是让家长们一路要和自己的孩子摸爬滚打，一起笑，一起哭，一起挺过；《我教女儿写作文》，李老师告诉女儿，"真实"是作文的生命，其实就是告诉我们家长，真实作文，就是做人；《如何面对和孩子的"战争"》，李老师的做法实际就是呼吁我们家长：为什么不倾听一下孩子的申辩呢？

特别值得一提的是，李老师"坦然地教女儿'谈情说爱'"，女儿并没有陷入"早恋"，但这并不意味着家长不应该对她进行"爱情教育"。李老师把爱情教育作为人格教育的一部分。爱情是一个人美好精神的组成部分，是美好人格的要素。今天的孩子就是明天的妻子或丈夫、母亲或父亲，他们应该懂得爱，并知道怎样去爱。对今天的孩子来说，爱情教育是完整的人性教育所不可缺少的内容。于是，智慧的思想、细腻的感情……李老师的爱情教育，不是权威的声音或命令，更不是一种过分自信的过来人的口气，家长和孩子成了精神上的同路人，成了彼此间可以有效沟通与分享的对话者。

感谢《做最好的家长》，献给老师们、家长们，甚至孩子们这么珍贵的带有时间刻度和感情脉搏的礼物。

捧起这本书吧，别忘了同时对孩子们轻轻地说一声："我爱你，你是我的孩子。我爱的，就是你本来的样子。"

（窦桂梅，著名教育专家，清华附小校长）

自序　家长也是教育者

往往有这样的家长，第一天领着孩子入学，便对老师说："我这孩子交给您就放心了！孩子犯了错误要打要骂随您，我决不袒护！"家长说这话时，脸上的表情绝对是真诚的。还有的家长，常常到学校向老师告孩子的状，"控诉"孩子在家里的种种"罪行"，末了往往说一句："您帮帮我吧，我的孩子就听老师的话！"

每当我遇到这样的家长时，我会为自己能被他们真诚信任而感动，但同时也会感到不安：如果家长仅仅用"托付"与"告状"与我"配合"，我的教育能够成功吗？我毫不怀疑这些家长对老师对学校教育的厚望，但这种"厚望"背后隐藏着一种令人忧虑的东西，这就是——同样作为教育者的家长的失职。

是的，家长也是教育者！

每一届新生入学，在第一次家长会上，我都会对家长们说："我们是同事关系。我们也许在社会角色、专业知识、性格特征、气质修养等方面都不太一样，但有一点是共同的，那就是我们有着共同的使命——教育，而且我们的教育对象完全一致——那就是你的孩子！"也正是在这第一次家长会上，我总要朗读杰出教育家马卡连柯给家长们的一段话："你们自身的行为在教育上具有决定意义。不要以为只有你们同儿童谈话，或教导儿童，吩咐儿童的时候，才教育着儿童。在你们生活的每一瞬间，甚至当你们不在家的时候都教育着儿童。你们怎样穿衣服，怎样跟别人谈话，怎样谈论其他的人，你们怎样表示欢欣和不快，怎样对待朋友和仇敌，怎样笑，怎样读报……所有这一切对儿童都有很大意义。你们态度神色上的一切转变，无形中都会影响儿童，只不过你们没有注意到罢了。如果你们在家庭里粗野暴躁，夸张傲慢或酩酊大醉，再坏一些，甚至侮辱母亲，那么你们已经大大地害了你们的儿童，你们对儿童的教育已经很坏了，而你们的不良行为将会产生最不幸的后果。父母对自己的要求，父母对自己家庭的尊敬，父母对自己一举一动的检点，这是首要的和基本的教育方法。"

作为从教20多年的教师，我的学生中有不少出类拔萃者——不仅仅是考上名牌大学，而且走上工作岗位后事业有成。但我从来不在任何场合说自己如何如何“培养”了许多“人才”，这不是因为我谦虚，而是我清醒地知道：对于学生来讲，他的真正成才，教师或者说学校教育的功劳最多占三分之一，还有两个三分之一分别是其家长的教育培养和孩子自身的天资以及勤奋。因此，我对一些教师爱把自己班上考上大学的学生仅仅作为自己的教育成果不以为然。在我看来，一个孩子考上了大学乃至以后成就了一番事业，这首先要归功于其父母。因为父母是孩子的第一任老师——从某种意义上说，也是伴随终生的老师。

从学校教育的角度看，家长的教育者身份也是至关重要的，尤其是现在提出素质教育，学校所进行的每一项教育改革如果没有学生家长的理解与支持，几乎是不可能成功的。曾有一位年轻教师对我说：“现在教育上的种种弊端是明摆着的，我很想进行一些改革，但我怕呀！”我说：“怕什么呢？校长不是很支持你的工作吗？”他说：“我怕家长呀！我想通过提高课堂效率少给学生布置点作业，家长有意见；我想取消星期六的半天补课把时间还给学生，家长有意见；我想让学生每晚看《新闻联播》，家长有意见；我想叫学生每天吃完晚饭后洗一次碗，家长反对……”他的话让我沉思：是呀，教师是为孩子好，家长也为孩子好，可为什么这两个“为孩子好”竟然“打架”了呢？问题就出在这些家长不是教育者——他们非常希望自己的孩子健康成长，但是他们对教育却一窍不通。

而我是幸运的。我的历届学生进校，我都通过家长会、家访、家长校访接待日、家校联系本等形式与我的“同事”——学生家长们探讨教育，不仅仅是探讨某一个孩子的具体教育，也探讨比较宏观的教育话题。尽管我绝大多数学生的家长的本职工作并非教师，但经过一学期或更长的时间，越来越多的家长都或多或少懂得教育了，面对孩子的成长能够自觉从教育科学教育规律的角度进行审视。我们有家长委员会，这个家长委员会绝不仅仅是帮班主任做一些琐碎的事儿，更多的时候是和我一起开会研究班上的工作。我的学生家长还常常出席我的班会，有时也来听我班上的课（不仅仅是我的课也包括其他老师的课），我的确常常情不自禁地把他们真当成我的同事了。这使得我所进行的每一项教育教学改革几乎从来没有遇到过来自学生家长的反对。因此，每当我的学生取得了学业上的成功或者我自己教育上获得了新的成果，我总是发自内心地感谢我的学生家长。

作为教育者的家长，他会随时注意自己的一言一行，尽可能从人格上成为孩子的榜样，以无声的形象去感染孩子的心灵；作为教育者的家长，他将不会把孩子视为自己的“私产”，而将孩子看成是祖国的未来，这样，他对孩子的期待就不仅仅是“出人头地”“光宗耀祖”，而是用社会发展与时代进步的要求来设计孩子的成长和孩子的明天；作为教育者的家长，他一定会全力支持学校教育改革和老师的工作，或者说，他将把学校教育工作也当作自己应该关心甚至有时还可以直接参与的分内事；作为教育者的家长，他会以教育者的眼光（而不仅仅是父母的眼光）去打量关注孩子，细心研究孩子每一天的细小变化，并和孩子一道成长；作为教育者的家长，他会尊重孩子的精神世界，按照孩子的个性引导其成长使之最终成为最好的而又独一无二的“我”……

我的身份很特殊，因为我既是许多学生的老师，又是一个女儿的父亲。但无论是老师还是父亲，我都是教育者。

正因为我这双重身份，让我比起非职业教师的家长来说，可能多了一些更科学的教育理念和更有效的教育方法。但是，所谓更科学的教育理念和更有效的教育方法，并不是我在做父亲之前就完全具备了，更多的是来自教育女儿的过程中的不断反思和总结。从这个意义上说，教育子女的过程也是家长自身成长的过程。换句话说，成功的家庭教育总是孩子和家长共同成长的教育和自我教育。

有一次，我到书店去买书，看到一位中年女士在找有关家庭教育的书。当时书架上正有关于天才儿童培养的书，也有把残疾孩子培养成杰出人才的书，可她抽出这些书翻了翻便放下了。她叹息道：“我的孩子既不是神童，也不是残疾儿，谁来给我出主意，如何教育普通孩子呢？”

那一刻，我心里一动：我的女儿也是很普通的孩子，我和她的故事也许更能代表绝大多数普通孩子（既非天才又非残疾儿童）的成长规律和教育特点。

我女儿的确很普通。2002 年六一儿童节前夕，我在网上给女儿搞了一个她的《成长画传》。在序言中，我这样写道——

许多朋友都认为我最杰出的作品是我的畅销书《爱心与教育》，其实，他们不知道，在我的心目中，我最杰出的作品是我的女儿——晴雁。

之所以“杰出”并不是因为女儿是神童，不，她智力平平，从未参加过“奥赛班”什么的；而且，她也没有什么特别的天赋——她喜欢跳舞，但老师说她骨骼比较硬；她也喜欢画画，但老师说她没有什么培养前途，她更不会钢琴之类。总之，她的确是千千万万普通孩子中的一个。

但她当然不是弱智，她也有着和千千万万普通孩子一样的“中等智力”，更重要的，她和所有孩子一样，纯真、善良。

和许多年轻的父母一样，我非常爱我的女儿，但我不把我曾有过的“科学家梦”“艺术家梦”强加给她。我抱定一个信念：我要让她成为一个快乐的人！

而什么是快乐呢？我告诉女儿——

快乐，源于善良：让人们因我的存在感到幸福，就是最大的快乐！

快乐，源于知识：畅游在浩瀚知识的无边海洋，就是最大的快乐！

快乐，源于童心：永远保持赤子般的纯净无瑕，就是最大的快乐！

快乐，源于超越：战胜自己并争做最好的自己，就是最大的快乐！

“让女儿成为一个快乐的人！和女儿一起快乐地成长！”这是我坚定不移的家庭教育理念。十八年来，围绕这个理念，我和女儿之间有许多酸甜苦辣的故事，这些故事，既体现了女儿的成长，也折射出我的成长。

我女儿的确是一个很普通的女孩，所以，她的许多苦恼、挫折可能比较有代表性，而我和她共同克服成长道路上一个又一个困难的故事，可能会对和她一样普通的孩子及其家长有一些参考价值。

我在写这本书的时候感慨万千。因为我回首女儿成长足迹的时候，也看到我由一个不会做父亲的小伙子成长为一个还算受女儿认可的好父亲的经历。女儿在学习我，我也在学习女儿；我在教育女儿，女儿也在教育我；我在培养女儿，女儿也在培养我；我在成就女儿，女儿也在成就我；我让女儿成了好女儿，女儿让我成了好父亲。我们都在共同地完成着一门永无止境的功课：学会做人。我们还将继续互相学习，互相教育，互相培养，互相成就。我给了女儿以生命，女儿则延续着我的青春，然后我们的生命和青春在成长的过程中交织在一起，燃烧。

对一个孩子来说，合格的爸爸妈妈很重要；对一个民族来说，合格的父亲母亲更为重要，正如德国伟大教育家福禄倍尔所说——

“国民的命运，与其说是操在掌权者手中，倒不如说是握在母亲的手中。因此，我们必须努力启发母亲——人类的教育者。”

引言　让每一个家庭成为民主教育的摇篮

一　“包办”的苦果

一位学生家长请我看一封她刚收到的儿子来信：“爸爸妈妈：我到北航快两个月了，可我心中没有片刻的宁静，有伤心，有失意，更多的是惶惑。我时常感到迷惘，不知道自己的方向，失去了目标。……再往后更是不堪设想：尽学些电路、机械，和电工差不多！我是作了什么孽啊，竟要遭这样的报应！我觉得自己越来越远离自己的理想了，如果将来做了自己不喜欢的事情，将终生遗憾，倒不如干脆退学算了，明年再考同济或浙大的建筑系。我才 18 岁，用一年的时间去找一条适合自己的路也许值得。不知你们是否支持？爸爸，妈妈，你们一定要理解我，帮助我！……”写信人是我几个月前才送毕业的学生。想当初填报志愿时，他一心想学建筑，可他的父母却硬要他学机械制造，拗不过父母之命，他只好屈从。现在，不少人都在羡慕他考上了北京航空航天大学，可他却正陷入深深的痛苦之中！今天，他母亲叫我看这封信并请我出出主意，我首先便直率地对她说：“这就是你们‘包办婚姻’的苦果！”

当然并不是每一个家庭都有着这样具体的“苦果”，但是，父母以自己的意愿强行代替子女意愿所产生的类似的家庭痛苦却绝非个别现象。然而，相当多的家长并未意识到用自己的大脑取代子女的大脑有什么不对。在他们看来，子女服从（而且是绝对服从）家长是天经地义的，而子女如果不听父母的话则是大逆不道。这才真正是问题的严重所在！

长期以来，大多数中国人是在“专制型家教”中长大的。这当然不是说每一位家长都有意识地在家庭中以绝对权威自居（相反，不少家长还很注意自己在子女面前的“仁爱形象”呢），但是，大多数家长的潜意识里是有着根深蒂固的“君王意识”的。在中国，体现封建伦理的“三纲”首先便是“君为臣纲”，紧接着便是“父为子纲”，由此导致了中国封建社会“家庭国家化，国家家庭化”的人伦关系和统治格局。著名话剧《雷雨》中有这样一个场面，周朴园在逼迫繁漪喝药时说：“你即使不愿喝，也应该给孩子们做一个服从的榜样！”周朴园便是一个典型的“家庭君王”。新中国成立以后，随着社会主义制度的建立和社会主义革命的深入，封建专制的伦理道德受到了猛烈的批判与扫荡，但其积淀也不可避免地渗透进了不少现代家庭——做家长的习惯于主宰一切以体现对子女的“关心”，而做子女的则习惯于唯命是从以表示对父母的“孝顺”，似乎是再正常不过的了。

但是，中国毕竟已经进入从计划经济迈向社会主义市场经济的崭新时代。在这前所未有的伟大变革面前，旧的家庭伦理关系受到了空前的挑战。如果说，在计划经济的条件下，“专制型家教”所培养的“服从意识”“就范意识”多少还有点市场的话；那么，面对社会主义市场经济的广阔天地，习惯于被别人指挥、安排的“顺民”则会失去生存之地！而且，当代中学生也越来越不愿受家长摆布，他们的自我意识日渐觉醒，其独立人格也逐步形成；如果家长们仍以“家庭君王”自居，硬要做子女精神和行动的主宰者，那么，必然会造成两代人的对立，甚至产生许多家庭悲剧。

因此，新的时代呼唤与之适应的新型家庭教育，而新型的家庭教育首先应该是民主教育的摇篮。

二　民主的家庭教育——尊重

民主的家庭教育，意味着尊重孩子的心灵世界。

民主教育，说到底是培养对人的尊重。这种尊重当然是双向的，平等的，但长期以来，我们强调的往往只是子女对父母的尊重，而忽视了对孩子的尊重。“孩子还小，懂什么？”这是不少家长的固有观念。甚至即使孩子已经成人，有的家长仍以“在我的面前，你永远是个孩子”为由，强迫子女按自己的意志行事。所以，我们现在强调家长尊重子女就更具有现实针对性。

家长对子女的尊重，首先是对其心灵世界的尊重。处于青春期的中学生，尤其需要这种尊重。比起小学生，中学生显然有着更复杂而又不愿轻易向长辈们敞开的内心世界；他们虽还不可能真正脱离家长、老师的呵护，却有着强烈的自主愿望；他们开始关注自身的形象（容貌、风度等），也尝试着用自己纯净的眼睛打量社会，审视世界；当然，对包括家长在内的大人们，他们也在暗中评头论足……这些“愿望”“关注”“打量”“审视”以及

"评头论足"当然还很幼稚，但"眼泪、微笑、沉思，全是第一次"！（王蒙《青春万岁》）这是"人的第二次诞生"（苏霍姆林斯基《给女儿的信》），家长应该像当初对待婴儿的第一声啼哭一样，以积极的态度来辅助（注意：是"辅助"而不是"代替"）孩子完成这"精神生命"的"诞生"。

尊重子女的心灵世界，就要保护子女的个性。遗传基因可能会在孩子身上留下父母的许多烙印（相貌、性格、天赋等），但孩子首先是一个独立的人。企图迫使孩子成为第二个自己的家长是愚蠢的，这种做法也是有害的；反之，如果每一位家长都努力使自己的孩子独具个性，那么，我们国家将会拥有更多的创造性人才。你是画家，则不必强迫儿子也成为徐悲鸿；你是歌唱家，也不必非要女儿成为刘欢不可；你性格沉稳，却不必见不惯儿子的好动奔放；你开朗活泼，也不必为女儿喜欢长时间独坐书斋而焦急……让孩子多一个爱好多一些修养当然必要，使父母子女之间有尽可能多的共同点也是不错的，问题是这不能以磨灭孩子的个性为代价。而且，从人才学的角度讲，越有个性的人，将来越具有创造性。家长为社会贡献一个个性鲜明的儿子或女儿，就为这个缤纷的世界又抹上了一笔艳丽的色彩！

尊重子女的心灵世界，就应允许子女拥有自己的"精神空间"。这里的"精神空间"主要是指孩子的"秘密"甚至"隐私"。不少家长总抱怨，孩子进中学后不那么愿意父母翻他们的书包了，还爱一个人关在房间里不知道干些啥，爱偷偷写日记却从不给家长看，小书桌的抽屉也不知道什么时候安上了锁……"孩子越来越大却越来越不愿和我们交谈了。唉！还是小时候乖！"我不止一次听家长这样感叹。其实，"闭锁性"是中学生的心理特征之一；孩子有属于自己的"精神空间"，这是他们正在成熟的表现。在那些不许他人侵犯的"精神空间"里，孩子们一般并没有什么了不起的"秘密"，只不过是出自人的精神本能想独享一份"心灵自由"罢了。家长们应该为孩子的长大高兴才是，而不应该以粗暴方式去践踏孩子的"神圣领地"。如果家长对孩子的心灵世界越尊重，这种尊重是发自内心的而非故作姿态，孩子也许会把你当作朋友并向你敞开心扉。

尊重子女的心灵世界，还应宽容孩子的"逆反心理"。孩子越长越大，脾气却越来越犟，中学生的"逆反心理"使许多家长产生了这样共同的苦恼。实际上，"逆反心理"并不独中学生有，包括家长在内的成人也有。试想一下，在单位里我们是不是也有和领导或上司较劲的时候呢？有时上级布置下来什么我们讨厌的事情时，我们是不是也发表过一些偏激的牢骚呢？当然，对于成长中的中学生，“逆反心理”在他们身上表现得更为突出。这不奇怪，因为他们开始有了成人感。一般来说，他们不愿意一言一行都听命于家长，总想体现出思想上甚至行动上的“独立性”，所以越来越“犟”；而他们的世界观毕竟还不成熟，看问题不可能全面，所以难免“偏激”。一味迁就孩子的“逆反心理”，当然无助于他们的真正成熟，家长和老师的确应该加以正确的引导。但引导的前提是宽容其存在，并承认其中的积极因素。我们认为，“逆反心理”所蕴含的最大积极因素是不盲从并且愿意用自己的大脑去思考，这恰恰是一种极为可贵的精神萌芽。如果只是靠斥责来强迫孩子就范，那么，我们在扑灭孩子精神火花的同时，很可能为其下一步的人格发展埋下悲剧的种子。

三　民主的家庭教育——平等

民主的家庭教育，意味着以平等培养平等。

切莫以为推进社会主义民主进程只是各级领导的事儿，它实际上与我们每一位普通的公民都有关系。人们常说家庭是社会的细胞，那么，我们在呼唤民主的时候，不妨从自己的家里做起。现代家庭要求其成员具有现代意识。时代发展到了今天，我们不但应追求夫妻之间的人格平等，而且还应做到家长与其子女之间建立一种和谐平等的关系。平等只能由平等来培养，而专横只能繁衍出更多的专横。家庭中的平等气氛，对子女是一种润物无声、潜移默化的民主教育。

家长对子女的平等态度，源于当父母的一颗童心。我曾在一位初一女生的家里读到一封短短的新年贺信：“李洁小朋友：新年到了，祝你学习进步，生活快乐，身体健康，越长越可爱！你的朋友：国刚。”这普通而简短的贺信让我感慨良久。我首先想到的这位叫“国刚”的父亲不愧为一位好父亲，而这位叫“李洁”的女儿又是何等幸福——因为她拥有一位既是父亲又是朋友的好爸爸。这位父亲给女儿写信的时候，并不一定想到了“平等”“尊重”“民主”这些词，而只是出于对女儿真诚自然的朋友之爱。这种朋友之爱包含了父爱，但比父爱更平易近人，它的源头是童心。因此，我认为，即使父母们已经不再年轻，也应学会并善于拥有一颗童心。我们可以和孩子一起看动画片、做游戏或者一起完成某项小制作，也可以在郊外的原野上与孩子扑打成一团，当然也可以像“国刚”一样在新年与孩子互相祝贺。裴斯泰洛齐在《与友人谈波斯坦兹经验的信》中这样深情地写道：“我决心使我的孩子们在一天中没有一分钟不从我的面部和我的嘴唇知道我的心是他们的——他们的幸福就是我的幸福，他们的欢乐就是我的欢乐。我们一同哭泣一同欢笑。”能够与孩子“一同哭泣一同欢笑”的家长无疑会被子女视为知心朋友的，这便是童心赋予家庭关系的平等。

家庭民主教育还要求父母应勇于向孩子承认自己的错误。从理论上讲，这似乎是理所当然的，但在实际生活中却有相当多的家长是不愿意向孩子认错的，特别是这个错误是由于教育孩子而不慎伤害了孩子的尊严时，有的家长更是放不下自己的面子。然而，孩子在一天天长大，尤其是中学生，他们已经具备了较强的是非辨别能力，家长的强词夺理或恼羞成怒，只会使子女在心中更加看不起父母。当然，在家长从不认错的家庭中长大的孩子，头脑中还会形成这样的奴化思想：父母说的都是对的，只因为他是家长；领导说的都是对的，只因为他是长官。这是多么有害甚至危险的家庭教育！因此，勇于承认错误，特别是勇于在子女面前承认子女是对的而自己是错的，其意义已不仅仅是避免对孩子的伤害和正确维护家长的威信，更在于率先垂范地对子女进行“真理面前人人平等”的民主意识培养。

人格是无声的教育，家教尤其如此。当我们在对子女进行平等意识教育的时候，切莫忽视了自身的形象，特别是在与人交往中的人格形象。我曾在一位初一学生的周记中发现了这位学生对他父亲的评价：“我父亲对我很好，但我看不起他。他是单位的办公室主任，找他的人自然很多。每当局长或其他当官的来了，他总是笑容满面，热情接待；而如果是一般人来求他办事，他则跷起二郎腿打官腔，或者爱理不理地冷落别人……爸爸这样的两副面孔实在让我看不惯！”试想，指望这样的父亲培养其子女的平等观念无异于缘木求鱼。卢梭曾在《爱弥儿》中忠告教育者：“不要在教天真无邪的孩子分辨善恶的时候，自己就充当了引诱的魔鬼。”我认为，这句名言同样适用于家庭民主教育。

当然，作为子女的养育者和监护人，一般来讲，家长在文化素质、社会阅历、生活经验、道德水平等方面都在子女之上，子女虚心接受家长的教诲不仅应该而且必要；而且，孝顺父母、尊敬长辈也是子女应该具备的起码道德观念和行为。但是，这绝不意味着家长只能居高临下地管教孩子，更不意味着家长理所当然地是真理的垄断者。不是常有国人爱埋怨“中国人素质差，缺乏平等意识”吗？那么，提高自身民主素质的尝试，请从改善家庭教育开始。

四　民主的家庭教育——孩子有选择权

民主的家庭教育，意味着让孩子拥有选择权。

从计划经济到市场经济给人们观念行为带来的一个最大变化是，从只需“被动接受”到必须“主动选择”。回想一下，二十多年前我们上街买米，只需带上钱、粮票和米袋就可以把米买回来，因为那时大米的品种、价格是国家规定死了的，购买者没有任何选择的余地；但今天我们去买米，面对品种繁多、价格不一的各种大米，我们得自己辨别优劣，讨价还价，在反复比较选择之后决定取舍。买米是如此，做其他任何事情也无不需要发挥我们的主体意识进行各式各样的“选择”。

这种观念行为的变化也应体现在家庭教育中。仔细想想，从“被动接受”到“主动选择”其实还不仅仅是观念行为的变化，它实质上体现了作为个体的人在社会中的不同地位和人对自身的不同认识，即人是自身的主体，还是他人的客体？在传统的专制型家庭中，子女无疑只是客体，他的一切行为——无论是眼前的一日三餐还是将来的升学就业乃至结婚成家，都听命于父辈安排。在这样的家庭中，子女很少有自主性，更谈不上“选择”。

充满民主的家庭教育，要求家长尊重子女“选择”的权利。在家庭中，子女与父母当然会有不少分歧，而且中学生与父母的分歧会更多——有生活方面的（晚饭吃什么菜呀，今天穿什么衣服呀，房间怎么布置呀，等等），有学习方面的（学习时间的安排，学习计划的制订，学习方法的采用，等等），还有思想认识方面的（对某种社会现象的不同评价，对某部电视剧的不同看法，等等），而对子女的不同见解，家长们应该高兴而不应愠怒，因为这说明孩子试图用自己的大脑进行思考并尝试不依赖大人的搀扶而自己独立前行。这时，家长明智的做法是与孩子一起商量，在亲切的交谈中探讨比较各种方案的优劣，从而引导孩子做出正确的选择。

也许有的家长会说：“孩子的选择不一定正确，因为他们毕竟还小呀！”是的，尊重孩子的选择并不能保证孩子每一次选择都是正确的。这就要求家长们在尊重孩子选择权利的同时，还应培养孩子“辨别”的能力。不过“辨别”的能力也只有在“选择”的实践中培养，所以，最好的培养还是多为子女提供“自作主张”的机会。孩子需要添置衣服了，最好在式样、颜色等方面由孩子做主；星期天，最好由孩子办一天伙食，吃什么怎么吃由他去操心；学习上遇到困难了，家长就应帮着出出主意，但解决问题的办法最后还得孩子自己拿……在这过程中，孩子肯定会摔几个跟斗，走一段弯路，但“选择”的能力正是在一次次选择的尝试中得以提高的。家长千万不要用“不听老人言，吃亏在眼前”的责备来剥夺孩子的“选择”，甚至阻止孩子“选择”的实践。

我曾教过一个很优秀的女学生，名叫陈峥。她的家庭教育有一个很明显的特点：父母无论大小事最终都是让女儿自己拿主意，他们只做一些点拨；即使出现分歧，他们也充分尊重女儿的意志。陈峥高一担任班长，进入高二后她又准备竞选校学生会干部；她父母考虑到学习负担越来越重，曾对我说过不主张陈峥当学生会干部。但陈峥觉得自己学有余力，而到了学生会可以更全面地锻炼自己的能力，因此坚持要参加竞选。于是，她父母不但同意了女儿的选择，而且积极地为她的竞选出主意。高三毕业前夕，陈峥与父母在填报志愿的问题上又产生了分歧。父母希望她报计算机等热门专业，而陈峥想报考她所喜欢的化学专业。父母和陈峥坐下来反复讨论、商量，但陈峥仍然坚持自己的意愿，她说：“计算机专业虽然发展前景广阔，但我毫无兴趣；化学专业虽属冷门，但我热爱。”父母再次依从了女儿，陈峥后来考上了清华大学化学系。我记得事后陈峥的父母对我说过：“我们就是搞化工的，深知其艰苦，而且对人体也有一定危害。但陈峥未来的人生之路毕竟应由她自己走。因此，我们当父母的虽然感到很遗憾，也只能尊重女儿的选择。”

还需说明的是，尊重孩子的选择与让孩子尊重家长的选择是不矛盾的。在充满民主气氛的家庭中，尊重却是相互的。家长不把自己的意志强加给孩子，充分理解并善于听取孩子的合理主张，这实际上是为孩子树立了一个尊重他人意见的榜样。在这样的家庭里，每个人都有发表不同观点并做出自己选择的权利，同时每个人也有尊重他人并服从正确观点的义务。权威不属于年龄和辈分，只属于真理。这样的家庭所培养出的孩子，将来很容易成长为善于正确处理好个人与集体、自由与纪律、权利与义务、自尊与尊他等对立统一关系的现代公民。

五　家庭的民主教育要避免的误区

家庭的民主教育，要避免几个误区——

民主教育不是放弃引导。教育的根本目的在于让孩子最终成为社会有用之才，家庭中的民主教育也不例外。相对无视子女尊严、扼杀子女个性的“专制型家教”而言，“民主型家教”主张尊重孩子心灵、符合孩子个性的教育。这恰恰是一种因势利导、因材施教的引导。在这样的家庭教育中，家长已淡化了他的权威色彩，却通过不露痕迹的引导强化了他的教育作用。与孩子一起平等地纵情游玩、促膝谈心、探索尝试乃至激烈争论，都是在对孩子进行义不容辞的引导——只不过在这一系列的引导过程中，家长在孩子面前的角色是朋友而不是师长，是同伴而不是长官，是参谋而不是皇帝。

民主教育不是迁就孩子。读了本文，可能会有家长认为，现在的独生子女跟小皇帝、小公主似的，够受宠的了；如果对他们还左一个“民主”，右一个“尊重”，岂不是太迁就孩子了吗？这个担心实在是对“民主型家教”的误解。民主教育绝不是“小皇帝教育”（姑且让我这样即兴概括溺爱孩子、迁就孩子的“教育”），它与“小皇帝教育”最本质的区别，在于“小皇帝教育”培养的是依赖性极强的极端个人主义者和只知享乐、充满霸气的现代“帝王”，而民主教育培养的是具有独立人格、平等意识、拼搏精神和创造能力的跨世纪公民。因此，那种在教育过程中，一味迎合子女愿望，满足子女私欲的做法，绝不是对孩子真正的尊重，更不是我们提倡的民主教育。

民主教育不是彻底否定传统家教。站在社会发展、历史进步的角度，我们对传统家教中封建专制的消极因素进行了批判，并相应地提出了民主教育的主张。但是，这并不意味着我们要彻底否定中国传统家教。相反，在加强和改善中国当代的家庭教育的时候，我们应该而且必须认真分析并大胆吸收我国传统家庭教育中的积极因素，“孔融让梨”中所体现的尊老敬长因素、“岳母刺字”中所寄托的爱国教育因素以及“人之初，性本善”的儿童观等，都是可以融汇到我们的新型家庭教育中的。

家庭，是孩子的第一个课堂；家长，是子女的第一任老师。通过所有传统美德滋润，又有现代意识熏陶的家庭教育培养出中华民族的优秀子孙和新型公民，这是21世纪社会主义现代化中国赋予当今每一位家长的历史使命，也是中华民族真正屹立于世界民族之林的希望所在！

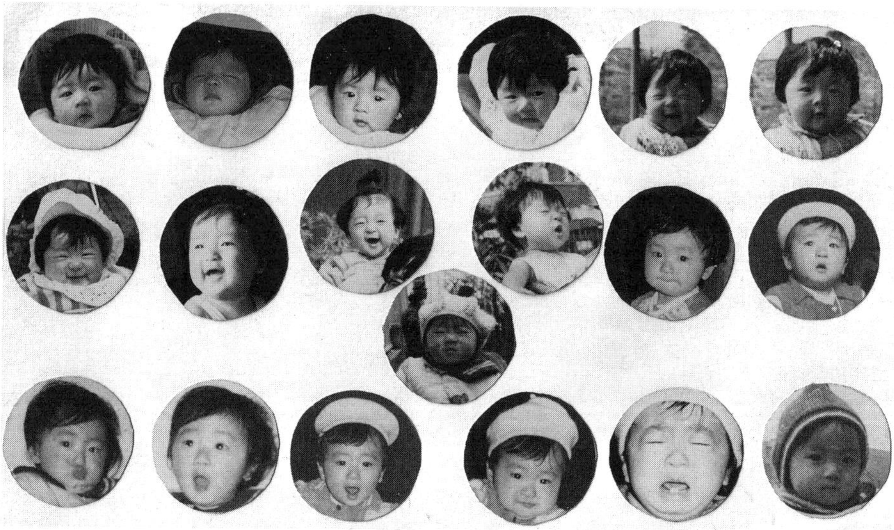

幼儿时期的晴雁

家教手记一

家庭教育从孩子出生开始

在人品上，我一定要把女儿培养成为一个善良的人。无论她以后是大名鼎鼎的科学家，还是默默无闻的工人，她都能凭着自己的善良赢得幸福人生。

（1988 年秋）

一 父母怎样进行启蒙教育

情商培养比智商开发更重要

凌晨，小生命开始躁动……二十点十分，一女婴脱胎而出。身高0.49米，体重3.7千克。

——这是我1987年12月1日的日记。

本来按医生推算的妻子的预产期，这孩子应该在12月15日出生的，但她却迫不及待地提前半个月来到了人间。这让我有些猝不及防——我脑子里还没有形成“我的孩子”的概念。可是，当产房里传出女儿嘹亮的啼哭时，我一下子有了庄严的自豪感：我当爸爸了！

对于生男生女，我和妻子从来不计较。但得知妻子生下的是女儿后，我就坚定不移地认为，女儿最好！——从那时到现在，女儿不断地证明着我这一信念。

当天的日记我写得很长很长，详细记录了女儿诞生的全过程。日记的结尾，我这样写道——

“哇——哇——哇——”你的声音嘹亮而高亢，悠扬而有力，这是生命的赞歌，你在向世界庄严地宣告：地球，我来了！

我想，你漫漫人生从此开始！这个世界将给你些什么，而你又将给这个世界留下些什么呢？

我对你当然寄予了许多希望，但最起码的一点是，愿这个世界因为有了你，而又多了一个善良的人！

的确如此。和许多我们这个年龄的家长一样，由于时代的原因，我也曾有许多梦想都未能实现；但和一些家长不一样的是，我不愿意将自己少年的梦想托付甚至强加给孩子去实现。在才艺和能力方面，我对女儿当然有许多希望，比如画画呀，弹琴呀，舞蹈呀，书法呀，等等，不过这也仅仅是“希望”而已，女儿的成长和发展还得尊重她自己的兴趣爱好。但是，在人品上，我一定要把女儿培养成为一个善良的人。无论她以后是大名鼎鼎的科学家，还是默默无闻的工人，她都能凭着自己的善良赢得幸福人生。

在我写这则日记的时候，女儿刚刚出生，还在产房里被护士们呵护着。但我这些话，都是为她写的。虽然她当时根本不可能看，但以后随着她年龄的增长，这些记录都是一份珍贵的教育资源。从中她可以读到爸爸妈妈对她的爱和期待。这就是教育的“提前量”。

是的，这的确是一种教育的“提前量”。教育，在孩子出生之时便开始了。做家长的应该善于积累各种教育资源，敏锐地捕捉各种可能的教育元素，为孩子的成长做好教育性铺垫。

当然，这种资源可以以多种方式体现出来，比如现在有家长将孩子婴儿时的毛发剪下来做成毛笔收藏，还有爸爸妈妈把孩子的第一声啼哭录下来，或者在条件允许的情况下把孩子出生的过程摄像保存，等等。这些散发着孩子最初生命气息的东西，以后都是非常宝贵的教育资源。孩子将从中感受到爸爸妈妈对自己倾注的情感。

有的父母认为，对孩子的教育，是孩子懂事以后的事，至少也应该是在孩子会说话会走路以后才进行。我认为这种认识是片面的。所谓“早期教育”，有狭义与广义之分。前者指的是直接的道德启蒙、智力开发和知识传授，后者指的是间接的父母情感熏陶、家庭氛围感染以及各方面潜移默化的影响。

其实，许多家长也很重视对孩子的早期教育（甚至胎教），但在不少家长心目中，这种“早期教育”更侧重于智商的提升，而我认为，对刚出生的孩子而言，情商的培养更重要。说实话，智商更多地属于天赋，往往不是靠家长就能人为地提升，但情商却可以通过后天的努力得以优化。这种“优化”，当然不是前面所说的那种狭义的教育。

因为面对尚处于混沌状态的孩子，我们不可能进行任何常规意义上的“教育”，但即使是对于摇篮中的婴儿，父母期待的眼光和温柔的抚摸本身就是一种无声无形却有用有效的教育。温暖、和谐、纯真、善良……这些都应该是年轻的爸爸妈妈所散发出来的人性芬芳，正是在这芬芳的氛围中，孩子开始了人生的第一步。

给孩子写成长日记

和所有年轻的父母一样，家里有了一个小生命，在多了许多事儿的同时，自然也多了许多快乐。这种快乐首先是一天一天看着一个生命成长的快乐。

女儿的成长影集里记载着她的许多“第一次”——

1988 年 1 月 2 日：第一次随爸爸妈妈坐公共汽车。
1988 年 1 月 23 日：第一次呈现出笑的表情。
1988 年 2 月 9 日：第一次有意识地发出“咯咯”的笑声。
1988 年 6 月 1 日：第一次独坐。
1988 年 7 月：开始长牙。
1988 年 7 月 24 日：开始叫“妈妈”。
1988 年 8 月 1 日：第一次“手舞足蹈”地跳舞。
1988 年 8 月 30 日：第一次主动舞动小手做“再见”。
1988 年 9 月 4 日：第一次能独站。
1988 年 9 月 9 日：第一次离开妈妈睡，开始断奶。
1988 年 10 月 24 日：利用学步车走路。
1988 年 10 月 28 日：第一次独立行走。
1988 年 12 月 1 日：满一周岁，生病，第一次在医院输液。

伴随着女儿每一天的变化，我同步记录着她的成长。用笔留下女儿生命的足迹，当然是一件很有意思的事，但我要说，这样的日记绝不仅仅有意思，更有意义！

做父母的写孩子的成长日记，至少有四重意义——

第一，是让长大了的女儿感受到父母之爱。本书开篇引用的女儿出生过程的日记，只是我当天日记的简写版。其实，孩子出生那天的日记，我写得很详细。她是晚上脱胎而出的，但我从那天上午她妈妈阵痛就开始写了，随着妻子分娩前后的过程，我断断续续地详细记载了女儿诞生的经过，也记录了妻子痛苦而幸福的一天。之所以写得这么细，是因为我决定，在女儿懂事后，我要让她知道，为了她的出生，妈妈付出了怎样的艰难痛苦！多年以后，长大了的女儿读到我写的这些文字，才真正理解了我对她说的话："你的生日，同时就是妈妈的受难日。"所以，每年她生日的时候，面对我们的祝福，她也真诚感谢妈妈给了她生命并把她带到了这个世界。

第二，这也是一种对孩子进行生命教育的最好的素材。过去我们国家不太重视生命教育，近年来越来越多的教育者开始倡导对中小学生进行生命教育。所谓"生命教育"，就是帮助孩子认识生命、珍惜生命、敬畏生命、欣赏生命，提高生存技能和生命质量的一种教育活动。对于家庭教育来说，家长记录孩子的生命成长的每一个细节，关注身体发育和精神成长的每一天变化，让渐渐长大的孩子通过爸爸妈妈的日记——实际上是通过爸爸妈妈的眼睛看到自己生命鲜活，感受自己的勃勃生机，进而热爱生命，呵护生命，并把这种感情扩展为对一切生命的敬畏和欣赏，这是最好的生命教育。

第三，记载童心的纯真，让日记成为孩子自我教育的资源。"人之初，性本善"，任何一个孩子的心灵都是纯洁无瑕的。做父母的通过日记记载孩子的童心，这对孩子今后的成长，有着不可忽视的意义。当然，孩子的言行都是很幼稚的，甚至是很可笑的，但正是在这幼稚而可笑的言行中，我们可以感受到孩子的一切都是透明的，是不加矫饰的。所谓"赤子之心"的可贵，正在于这颗心没有经过世俗的污染，晶莹而芬芳。相比之下，成人的心，在"成熟"的同时也许已经锈迹斑斑！我从来认为，教育的目的不应该是美好人性的丧失，而应该是童心的保存。今天我们为孩子记下他的纯真，便能为孩子的明天珍藏一份教育的素材。孩子通过阅读爸爸妈妈为自己写的成长日记，可以从中读到一个纯洁的"我"，这个纯洁的"我"会时时提醒孩子，永远不要忘记自己曾经有过的童心！

第四，写孩子成长日记的过程，也是父母不断进行教育反思的过程。在独生子女时代，绝大多数家长都是第一次也是最后一次做父母。我们都是在毫无经验的情况下做了孩子的家长，因此必然会在教育孩子的过程中犯许多错误，必然面临一个学习做父母的任务，而这种"学习"只能是"在游泳中学会游泳"。如何尽量避免教育失误，如何在教育孩子的同时也能提升自己的教育境界，如何在孩子成长的过程中家长也获得自身的成长，这些都可以通过日记得以实现。我每次记录孩子成长故事的时候，也是在记录自己的教育过程，同时自然而然地反思自己的教育。

下面摘录一则我为女儿写的成长日记——

1988 年 4 月 18 日

这段时间，你有两个变化。一是有点认人了，特别是晚上，我抱着你，你会哭，可是一放到妈妈手中，便不哭了；二是开始学翻身，你一睡进婴儿床，总是把身子侧着睡，好像想翻过去趴着，可惜现在还不行。

你一见和你一般大的小孩，便友好地笑，并要“唱歌”。昨天和今天，我把你抱到穿衣镜前，你一见镜子里有一可爱小孩，不知正是自己，便笑眯眯地咿咿呀呀“唱”起来。我把你抱离穿衣镜，你停止笑唱，一返回镜前，你又对着镜子中的小孩笑唱起来，煞是有趣！

有时，你把手抬起在胸前，用眼睛使劲地看，你盯着自己的手，仿佛在问：这是什么东西呀？又仿佛在看手腕上并不存在的手表，有时我便会问你：“晴雁，多少时间了？”今天晚上，刚刚把你的外裤脱了，你便出神地低头看自己的两只胖胖的脚丫，又仿佛在问：“这又是什么啊？这么白，这么胖！”

给孩子爱的启蒙教育

晴雁就这样一天天长大，开始叫爸爸妈妈，开始学走路，开始学说话，开始认识并走进身边的世界。

爱晴雁的人很多，除了我和她妈妈，还有她的外公、外婆、爷爷、奶奶、舅舅、舅妈、姑妈、姑父、表哥，等等，还有我的同事，也就是学校的老师们，还有我的学生……于是，无论晴雁出现在什么地方，她都成了大家的“娱乐中心”。小晴雁让大家开心，所有人的爱，也滋润着小晴雁稚嫩的心灵。这种爱的滋润，正是晴雁所接受的最早也最温馨的“启蒙教育”。

因为我和她妈妈太忙，1990 年 2 月，晴雁两岁零两个月便上幼儿园，开始接受真正的启蒙教育。在幼儿园老师的关照下，晴雁学会了唱歌，学会了跳舞，学会了礼貌，学会了和小朋友相处，学会了尊重长辈。

我是性善论者，我认为儿童的天性就是善良。因此，所谓培养孩子的善良，其实就是让孩子保持其心灵中本来就存在的爱心，包括宽容。晴雁进了幼儿园，和其他小朋友交往，难免会有冲突和矛盾，在这种情况下，我们总是教育晴雁宽容和善待别的小朋友。

在 1991 年 6 月 5 日的日记里，记着这样一件事——

晴雁在幼儿园咬了蒋孝敏小朋友的手，妈妈问你为啥咬人，你说是她先推你的。不管怎么样你咬人就不对，妈妈让你去认错道歉，你马上就对蒋孝敏说："蒋孝敏，对不起，我咬人不对，请你原谅，我以后改正。"很乖，知道错了，表示要改正，这就是好孩子。

从那以后到现在，晴雁无论读小学还是读中学，从没与人发生过类似的事。因此，在我的记忆中，这是晴雁从出生到现在唯一的一次和别人发生"肢体冲突"。她总是以宽容之心待人。

现在我们这个社会的许多人之间，没有宽容和爱，只有仇恨。我看到过太多的家长这样教育孩子："既然他欺负了你，你为什么不打他？你的手长来干什么的？"用仇恨培养仇恨，于是我们周围的爱和宽容越来越少。我们应该从自己的孩子开始，培养爱和善良。

现在的独生子女往往只想到自己，而很少为别人着想，因此，我们应该通过点点滴滴的事引导孩子关心他人。对他人的关心，首先是对自己爸爸妈妈的关心。"人之初，性本善"，晴雁往往通过一些小事自然而然地表现出一种可贵的纯真，这种纯真出自她无意识的本性或者说本能。我们则抓住这些小事对她进行及时的表扬和鼓励，比如给她一句夸奖，给她一个亲吻，等等。哪怕是一句夸奖或亲吻，都会让幼小的孩子感到莫大的荣誉，这样孩子会渐渐把这种"无意识"变成"有意识"，变成良好的习惯。

晴雁上幼儿园，多数时候都是我负责接送。在路上我就给晴雁讲故事，有时候说爸爸很累，要晴雁听话。有一次，晴雁很认真地对我说："爸爸，以后我长大了，你长小了，我也天天送你上幼儿园！"

当时，我忍不住笑了，对她说："爸爸不会长小了。"

她依然说："要长小的，要长小的，我一定要送爸爸上幼儿园，我还要抱爸爸呢，也给爸爸讲故事！"

虽然我为女儿这稚气的话笑了很久，心里却非常感动。

日记选——

1990 年 2 月 15 日

这段时间，每天晚上上了六楼，你做的第一件事就是把爸爸妈妈的拖鞋拿来递给我们："爸爸妈妈穿这个鞋鞋！"然后又把我们换下的皮鞋放到门背后。

真乖，算是我们第一次享你的福了！

1992 年 2 月 29 日

妈妈病了，你十分体贴妈妈，早晨上幼儿园时，特意嘱咐妈妈：“妈妈，睡好，盖好！”放了学，你又来到妈妈的病床前，把嫩嫩的小脸贴在妈妈的脸上。

1992 年 3 月 23 日

妈妈去幼儿园接晴雁时，听郑老师讲了一件事：上星期天，郑老师叫小朋友去洗手，你刚出教室就跌了一跤，爬起来后就使劲拍衣裤上的灰，郑老师看见后过来询问你，你忙对郑老师说：“妈妈生病了，还要给我洗衣服！我把灰尘拍干净，妈妈就可以不洗衣服了！”妈妈听了感动得眼泪都快流出来了。

我们的雁儿真懂事，知道体贴人。

后来女儿读小学了，我常常给她看这些日记，鼓励她说：“你看你从小就很有爱心！”到现在，女儿也不时看看这些文字，提醒自己千万不要丢掉可贵的爱心。

让孩子勤劳而不娇惯

独生子女往往衣来伸手，饭来张口，不会也不愿意做力所能及的事，一些家长在这方面也很娇惯孩子，总认为孩子小，不会做事，于是把一切事情都包下来，不让孩子劳动。但我和妻子却认为，勤劳是一个人很重要的品格。所以，晴雁很小时我们就让她做一些力所能及的事，同时在做事的过程中体验爸爸妈妈的辛苦。

我的做法是：第一，孩子能够做的事，决不包办。第二，我们做事的时候，有意识地让孩子参与进来，在一种玩儿的氛围中感受到劳动的快乐。第三，有时给孩子布置一些她力所能及的劳动任务。第四，对于孩子的劳动，及时予以热情的鼓励和奖励，让孩子感到劳动的确是一件非常光荣的事！

日记选——

1989 年 8 月 26 日

我们晴雁是很爱劳动的。每次我们择菜，你也要来拿一根菜帮着择；我剥蒜，你也要来拿一个……什么都喜欢凑热闹。

看，你又拿起扫把了，本来爸爸要扫地，你硬要抓过去。你还真像回事儿，认真地在地上扫着，还特意费力地把板凳搬开扫，甚至连门背后的死角你也不放过……

爸爸的老师张婆婆直夸你："这个女儿真勤快！"

1990年2月13日

从去年以来每天你为楼上楼下的叔叔阿姨爷爷奶奶们送报都很积极，但都是在我的陪同下去送的，特别是送曾爷爷的报。曾爷爷住在三楼，我必须抱你或扶你上去。但今天晚上，我还在洗碗，突然听见你在外面喊了一声："爸爸，我去送曾爷爷的报纸了！"一看，你已经独自上了几级楼梯，正骄傲地挥着手中的报纸，你一步一步地往上登，用手扶着栏杆或墙壁，居然一个人把报纸送到了曾爷爷家，然后又一个人走下来了。我们很高兴，表扬你："晴雁真乖，可以一个人送报了！"

1991年7月10日

为了培养晴雁爱劳动的好习惯，从放假开始，妈妈就让你学习洗手巾和袜子，你很乐意。每天下午自己脱下袜子来洗，并且还给妈妈洗了几次袜子，动作做得还可以，洗得也干净，但愿你能坚持。

在娱乐中激活孩子的想象力

我把"做人第一"视为家庭教育的第一要义，但这并不意味着忽视孩子的智力开发，只是这种开发一定要符合儿童的心理和趣味，不能强迫"灌输"，那样只会败坏孩子的求知兴趣。

我认为，对于婴幼儿来说，智力开发最好是从培养孩子的想象力开始。

想象力是指在知觉材料的基础上，创造出新形象的能力。想象力在某种意义上可以说是一种创造力——至少可以这样说，没有想象力就意味着创造力的贫乏。人类的物质文明和精神文明，无不是创造思维和创造想象相结合的产物。幼儿时期是想象力表现最活跃的时期，任何一个幼儿都是天生的"诗人"。幼儿的想象力是其探索活动和创新活动的基础，可以毫不夸张地说，一切创新都是从想象开始的。也是在这个意义上，爱因斯坦说过：“想象力比知识更重要！”日本著名育儿专家内藤主张：对孩子的教育要顺乎天性，崇尚自然，尊重儿童的想象，无论他是怎样怪癖离奇，本质上却是在尊重孩子的自由幻想的权利。这是对孩子创造天性的最大保护。

有家长也许会问：“如何培养孩子的想象力呢？”不，严格说起来，“培养孩子的想象力”这个命题其实是错误的，至少容易引起误解。因为前面我已经说过，孩子天生就是诗人，也就是说，他们本来就潜藏着无穷的想象力，所以，对于我们来说，所谓“培养”，并不是给孩子“空荡荡的大脑”里装进能力，而是一种激活，一种唤醒，一种维护，一种发展。具体说，就是激活孩子的想象力，唤醒孩子的创造力，维护孩子的天性，发展孩子的智能。

如何“激活”“唤醒”“维护”和“发展”呢？我的做法是——

第一，多给孩子以想象的机会，和孩子玩儿的时候，自然而然地引导孩子对周围的事物展开想象。

第二，多给孩子讲童话故事，多一个文学形象，孩子心灵中就多一份想象元素，我们应该让孩子心灵中储存尽可能多的“想象元素”。

第三，善于发现孩子自发表现出来的想象力，然后予以热情的鼓励。

第四，和孩子一起编故事。

第五，即使是知识教育，比如认汉字、学简单的算术等，也尽可能通过形象的方法，让孩子在愉快中不知不觉地掌握知识。

第六，对孩子进行诗歌教育启蒙的时候，也尽量让孩子展开想象，把诗词中的文字变成孩子眼前的画面。

第七，和孩子一起做游戏，在游戏中让孩子展开想象的翅膀。

我抱着晴雁玩的时候，爱引导她观察周围景物，并引导她想象。

比如，晚上我会让她看天空的下弦月：“晴雁，你看那月亮像什么？”

“像香蕉。”

“还像什么？”我又问。

“像被小朋友咬了一口的饼干。”

“还像什么？”我继续追问。

“像幼儿园小朋友们睡的摇床。”

女儿这样的想象，当然很幼稚，但我仍然不住地夸奖道：“晴雁真聪明！”

有一个晚上，天上没有月亮，我又问女儿：“晴雁，你看天上有没有月亮？”

“没有。”

“月亮到哪儿去了？”

“到云里面去了！”

“到云里做什么去了？”

“月亮在云里睡觉觉。”

这么三言两语，就蕴含着智力（特别是想象力）开发的意义。因为这几句对话，实际上就是我和女儿一起在“创作童话”。

晴雁是两岁半开始学认汉字的，她认的第一个字是“人”。当然，这种“教学”也是和日常生活非常自然地融为一体的——牵着她的小手走在街上，便给她说店铺招牌上的字；我在读报，她凑上来看，我便给她说标题上的字……而且这种教学都是很形象的，比如“人”字，我就问她这个字像什么，然后引导她想，这个字是不是像一个站着的人呀？结果，她兴趣很浓，便又缠着我们教她认新的字。

我的日记——

1990 年 7 月 16 日

最使我高兴的是，妈妈教你认了第一个字：人。

在街上，你不停地指着某处报上或商店招牌叫道：“人！人！”

我非常高兴，便又教你认了一个“工”字。

于是，今天你总喜欢在书上报上找“工”“人”二字。

1990 年 7 月 22 日

最近，你对认字产生了兴趣，自从你认得“人”字后，只要走在街上，便东寻西找，不停地喊：“人！人！……”我们顺着你的小手所指，总会发现在某一招牌、某一标语上的“人”字。有时你还认“半边字”，比如看见“认”，也大叫：“人！人！”

晚上看电视，屏幕上有“中央电视台”几个字，你会大叫：“中！中！”现在你能认五个字：“中”“国”“人”“工”“大”。

1990 年 12 月 12 日

昨天傍晚，我和你在操场上赛跑，你跑得飞快，我赞叹道：“晴雁，你长大了！”

你一本正经地点点头：“是的，以后我长大了，你又长小了，我还要抱你呢！”

我笑了：“爸爸长不小了。”

你急得直说：“要长小，要长小！”

今晨，我用自行车搭你上幼儿园，透过薄雾，一轮朝阳正与我们一起前行。

“晴雁，太阳是不是和我们一起走？”

“是的。”

“太阳要到哪儿去？”

“要去上幼儿园。”

到了幼儿园，太阳不见了。

“晴雁，太阳呢？”

“太阳到很远很远的地方去了。”

下午，我接你回家，也没太阳。

“晴雁，太阳呢？”

“太阳睡觉觉了！”

1991年8月4日

你又认识了许多汉字。为了提高你认字的兴趣，我采用了“形象动作认字法”教你。比如，我展示“站”字，你便做出“站”的姿势；出示“哭”，你便装出哭相；展示“笑”，你便嘻嘻地笑。这种识字法还有助于你吃饭呢，有时你吃饭（或面条）不乖，我便说：“我们来认字。我出一张卡片，你不要读出声，只按卡片上的字去做，好不好？”

“好！”你很高兴。

我出示“面”字，你便使劲挑面吃；

我出示“肉”字，你便夹肉吃；

我出示“菜”字，你便挑面中的菜吃；

我出示“汤”字，你便喝汤……

晴雁三岁多的时候，我调到成都工作，对她的教育更多地便由她的妈妈和她的外公、外婆承担。她妈妈每天晚上都给她讲一则《365夜故事》上的故事。外公是退休语文教师，教她背了不少古典诗歌。每次我从成都回来，都会发现晴雁的进步——

1992年6月24日

昨天晚上，我又从成都回来了。你已睡着。今早你醒来，一看见我又惊又喜，兴奋不已。当时我靠在沙发上，你连忙从小床上翻到沙发上与我睡在一起。

“爸爸，我会背唐诗！”你很得意地对我说。

“真的？”

“是的。你听嘛——”

于是，晴雁摇头晃脑地开始大声背诵了——

春、眠、不、觉、晓，

处、处、闻、啼、鸟；

夜、来、风、雨、声，

花、落、知、多、少！

你非常严肃认真地背了一遍。

“好，晴雁真聪明！”我夸你。

你更得意了，说：“我还可以很快地背——春眠不觉晓处处闻啼鸟夜来风雨声花落知多少！”

你非常快地背了一遍。我故作不解地问：“那么这首诗说的是什么意思呢？”

你开始耐心地解释了：“嗯，就是春天来了的时候，睡觉睡着了不晓得就天亮了，醒来的时候到处都听到雀儿在叫，昨天晚上又刮风下雨，不晓得花儿打落了好多好多！”

你说的完全正确。我问：“哪个教你的？”

“公公。”你又说，“我还可以背《静夜思》……”

于是，你又开始背了起来——

床前明月光，

疑是地上霜。

举头望明月，

低头思故乡。

1992年7月20日

你已经能够背十来首古诗了：《春晓》、《静夜思》、《绝句》（“两个黄鹂鸣翠柳”）、《绝句》（“迟日江山丽”）、《八阵图》、《晓出净慈寺送林子方》、《小池》、《回乡偶书》、《咏鹅》、《登鹳雀楼》、《早发白帝城》、《望庐山瀑布》、《悯农》……

这些诗都是公公和爸爸教你背的。说是"教"，其实是在游玩时或者爸爸带你上街时的路上吟给你听，你听了几遍熟悉了，便慢慢会背了。我们也没有强迫你，有时你不想背，我们也就由你去。

的确，我在引导女儿背诵古诗的时候，特别注意尊重她的兴致，绝不在她不愿意的时候强迫她背，如果幼儿感到了学习是一种负担，这就为她今后的学习埋下了隐患。我从来都认为，求知探索是儿童的天性，因此任何一个儿童最初的时候对学习都是充满兴趣的，但为什么到了小学和中学却开始厌学了，这是需要家长和教师研究的。许多教育者（教师和家长）面对孩子不愿意学习的现状，便研究"如何培养孩子学习兴趣"的问题，而在我看来，我们更应该研究的是孩子的学习兴趣是怎样一步一步丧失的。

我对晴雁想象力的诱导，常常通过游戏来进行。

日记选——

1992年7月25日

这几天，我与晴雁一起玩游戏，即每人拿一沓识字卡片，一人出一张，然后把两张卡片上的内容编成故事。这需要想象能力和口头表达能力。

你对此很感兴趣，而且很会编故事。有时两张卡片好像毫无联系，你也能编成故事，比如"屏风"和"鱼"，你这样编："有一天，一个叫小红的小朋友到饭馆去吃饭，进了馆子，看见门口立着屏风，屏风后面有一盆鱼……"

我记不下你讲的所有故事。总之，你很有想象力，我很高兴。

1993年2月1日

这几天，我们"发明"了一个新的游戏：编故事。就是出一个题目，晴雁和爸爸你一句我一句地轮流编。

今天晚上我们上街去，回来的路上，你出了一个题目《小兔和小狗》。于是你开始编了："小兔和小狗是好朋友，他们住在一个树林里……"

这几天，我们编了好几个这样的故事了。

珍藏趣事稚语中的童心

当然，在我的日记中，也记载了许多晴雁的趣事稚语。孩子的这些趣事稚语也许在旁人看来是不屑一顾甚至不足挂齿的，但在爸爸妈妈心中，应该是值得记录和珍藏的，因为这是孩子原汁原味的纯真童年。记录下这些趣事稚语，就是提醒孩子在成长的过程中，不要丢掉童心。随着年龄的增长，人不可能永远幼稚，但成熟本身也意味着对纯真的守望。我们不可能永远停留在幼年时代，但真正成熟的人，完全可以在更高的年龄段上，将童年的纯真以新的方式体现出来，并让童心伴随终身。

所以，我在为女儿写成长日记的时候，尽可能多地记载一些孩子的趣事稚语。我想给孩子的未来留下可供她回眸的雪泥鸿爪——

1990 年 1 月 13 日

“晴雁，这是什么？”我拍着你的小屁股蛋问道。

“股股！”

“股股是干什么用的？”

“用来洗澡澡的。”

“哈哈……”我忍不住笑了。

因为每次妈妈给你洗澡都要搓你的股股，你就认为股股是用来洗澡的。

1992 年 2 月 11 日

妈妈的眼睛有点近视，去医院配了一副眼镜，她带你一起去取眼镜。赶公共汽车时，妈妈对你说：“今天上街不许叫买这样那样的，如果该买的……”你赶忙插嘴：“如果该买的，妈妈晓得给我买。嘎！（注：方言，意为‘是吗’）”一副懂事的样子。

从医院出来，你发话了：“妈妈，我不喊你买东西，但是，我的肚子饿了，你问我想吃啥子嘛！”

——最后，妈妈只好给你买了一个烧红苕。

1993 年 8 月 5 日

前几天，我与你进行一次关于人贩子的对话——

我问："晴雁，如果有一个不认识的人要把你带走，你咋个办呢？"

你答："我就对他说'我回去问一下妈妈同不同意'，我一回去就不出来了。我拿一把刀藏在门背后，他一来我就打他。"

我又问："如果有一天晚上，你从学校门口回家，路上被人一下子抱住，把刀架在你脖子上，你咋个办？"

你答："他的口袋里还有一把刀儿，他把我装进口袋里后，我就用口袋里的那把刀把口袋划开，然后把他杀死，就跑回来了。"

1993年8月7日

你十分崇拜爸爸，今天的一件小事便证明了这一点。

这几天你、然然、安安、李洁几个小朋友形影不离，好得不得了。今天你们几个又一起玩，你还叫我把你的自行车提下去了。

玩了一会儿，我正在厅里与公公、妈妈一起玩扑克，只听你在楼下喊："爸爸——"我赶忙出来，你对李洁说："你看，我在这儿喊我爸爸，我爸爸都听得见！"然后你又对我说："爸爸，请帮我把车子提上去。"

我一手提着你的儿童自行车，一边上楼，听见你在后面对李洁说："你看，我爸爸一只手就提起来了，轮子都没有挨地。你说我爸爸厉害不厉害？"李洁说："厉害！"

你得意地笑了。

1993年8月15日

"晴雁，背一背'九九表'。"我说。

"我可以背'十'！"你回答。

我很奇怪，因为"九九表"只背到"九"，怎么会有"十"呢？便说："你背吧！"

"一十得十，二十得二十，三十得三十，四十得四十，五十得五十……"你一直背到"一百得一百"！

我乐了："哪个教你的？"

"公公！"你得意地回答。

晴雁就这样一天天快乐地长大了。现在看这些日记，我仿佛又回到了年轻时代，看着眼前已经长大的女儿，也格外可爱。

1993 年 6 月，晴雁告别了幼儿园时代。作为家长，我们特别感谢幼儿园里给她以精心培养的刘老师、何老师、彭老师、郑老师。

在幼儿园的毕业会上，晴雁和其他小朋友一起上台为亲爱的老师集体朗诵了一首诗——

今天，是我最后一次站在这里，
和老师、小朋友在一起，
我是多么欢喜！
过几天，我就要进小学了，
做一个一年级的小学生，
读书写字多神气！
亲爱的老师阿姨，
我有很多话要说给你——
三年前，我第一次到这里，
玩具扔满地，还要发脾气；
今天，站在这里的还是我自己，
脸上再也没有泥，
手帕、袜子自己洗，
还会唱歌、跳舞、画画、讲故事，
懂得了许多道理。
亲爱的老师阿姨，
我从心里感谢你！
再见吧，老师！再见吧，阿姨！
以后我一定来看你，
向你报告我的学习成绩！

二　祖辈怎样伴孩子成长

孩子需要善良豁达的老人

人们常说，孩子跟着老人容易被惯坏。的确，这样的情况应该说比较普遍。由于年轻的父母工作繁忙，便把孩子交给老人。而老人往往特别迁就、娇宠孩子，于是在这种溺爱下，孩子不但得不到正确的教育，反而会养成一身坏习惯。而且，娇养孩子的老人往往还成为年轻父母教育孩子的障碍，与儿女的教育发生冲突。因此，包括一些教育专家都认为，孩子不宜交给老人带养。

但任何事情都不是绝对的，孩子在爷爷奶奶的教养下得以健康成长的例子也并不鲜见。问题的关键不在于是否应该把孩子交给老人，而在于什么样的老人可以对孩子进行启蒙教育。我认为，对于带孩子的老人来说，仅仅有爱是远远不够的——哪个老人不爱自己儿孙呢？和爷爷奶奶相处，孩子需要的绝不仅仅是吃好穿好，更需要健康的启蒙教育。这种教育，在很大程度上将决定孩子未来的人格和人生。怎样的长辈可以对孩子进行启蒙教育呢？我认为，博学、善良、豁达以及具有平等民主意识和现代教育理念的老人，才能成为孩子人生真正的引路人。

我的岳父，女儿的外公，正是这样的老人。我多次说过，晴雁真正的启蒙老师，应该是她的外公。如果要说对晴雁影响最大的人，首推她的外公。

晴雁的外公外婆都是退休教师，外公退休前是乐山一中的语文教师，曾和我短暂同事。他们退休后住在乐山一中教工宿舍。为了生活方便，我和爱人当然还有女儿也和他们住在一起——白天一起吃饭，晚上才抱着女儿回到我们自己的房子睡觉。平时我和她妈妈工作都很忙，多数时间晴雁都是和外公外婆在一起。我于 1991 年 3 月——女儿三岁的时候——从乐山调往成都工作，除了偶尔回去看看女儿，无论“教”还是“养”，我都顾不上了。

我把女儿交给岳父却相当放心。晴雁后来的成长证明，我的岳父不但没有娇惯她，反而培养了女儿很多好习惯。

我为什么对岳父教育晴雁这么放心呢？这里，有必要稍微详尽地介绍一下我的岳父。

岳父万鲁君，出生于1920年。1948年毕业于四川大学法律系，解放后一直任高中语文教师，"文革"中仅仅因为大学毕业后曾在民国政府的法院工作过几天，便被处理退职遣返回乡，饱受苦难，粉碎"四人帮"后恢复名誉和工作。1980年退休。

毫不夸张地说，在我心目中，他是我身边的巴金、钱锺书、季羡林。唯一不同的是，岳父不是名人。他首先是一个非常高尚的人，在我老家这个地方，凡是知道他的人无不对他的人品钦佩不已，儒家关于修身养性的思想，已经化作他自然而然的生活方式，他的同事他的学生都把他当作身边的雷锋。他的国学功底相当深厚，二十四史是读通了的，文史哲信手拈来，好书法，擅长写古典诗词。更让我感慨的是，他思维相当敏锐活跃，虽到晚年仍然勤于阅读和反思，关心着中国的经济发展和政治体制改革，关心着中国的民主化进程，也关注着国际风云变幻。

岳父一生胸襟豁达，淡泊名利，是一位特别善良慈祥的人。我从来没看见过他声色俱厉的时候。他对家人对周围的人总是那么慈祥，他的学生说万老师从来没有发过火。他的处世原则是，决不给别人添麻烦。他总是随时想着别人。当别人有困难时，他从来都是伸出援助的手。平时周围哪个老教师有了困难，比如病了之类，总是先想到万老师，总要来求他。一位退休教师身体不好，身边也无儿女，岳父每周都去几次他家，陪他聊天，直到他去世。

"文革"时，他的大儿子师范学院毕业后因父亲的原因被发配四川边远少数民族地区。粉碎"四人帮"后，他大儿子想调回老家，我岳父去信以历史上的白居易、苏东坡发配流放却造福一方为例子，告诫他：那里的孩子也需要老师呀！就在当地为老百姓做事吧！我看了那封信，感慨不已。我爱人当时看了信说："爸爸，你连党员都不是，却比好多党员还党员！"

岳父博学。在我的眼里，他是一位百科全书式的知识分子。他天资聪颖，20世纪40年代时考大学，同时考五所大学（武汉大学、金陵大学、四川大学等），居然都名列第一！后来他选择了四川大学。他学的是法律，精于文史哲，诸子百家烂熟于心，但数理化、生物、英语、医学等都有所涉猎。在大学里，他还自读了《资本论》。而且，到现在他还在不停地阅读，不断吸收新的信息。真是“活到老，学到老”。我刚分到乐山一中时，他还没有退休，和我是同事。听过他的课，他的课上得非常好，厚重的学问功底，使他对教材的驾驭游刃有余，课堂上妙趣横生。他的藏书很少，远远不及我的多，在我看来这是因为他的学问全部装在他的肚子里，他的学问我一辈子都赶不上。以前我在乐山一中任教时，他就是我的“教参”。就是现在，有时遇到难题，我也还是打电话到乐山向他请教。

早在 1988 年，岳父就为自己写了一副挽联：

功过以实为凭，万事坦然活已够；
荣辱让人说去，一生清白死何求？

他还为这副挽联写了一个说明——

未居高官显位，应是无功；曾被打倒批臭，或云有过。但燃薪传火，问心无愧，两手无血，怎不坦然？

活着时惯听流言蜚语，死了后不少挽联颂歌；何如自知自乐，先给自己定案，死后一烧便了。

过了 11 年，他的身体依然健康，他开始写自传，回顾自己的一生，也写下一个普通知识分子的命运所折射的20世纪中国的风云变幻。在自传里，他又为自己写了一个讣告——

讣　告

万鲁君死了。他是一个平凡普通的教师，立功立德立言都谈不上，按他的遗嘱送去一烧便了，不举行任何仪式。特此敬告亲朋故旧，他和你们永别了。

死者万鲁君生前自拟
1999 年 1 月 26 日

岳父在其自传的最后写到遗愿。他说他有五个遗愿——

第一，我非常希望我能够猝死，自己不痛苦，家属也不痛苦。

第二，我死后，不设灵堂，不收任何奠仪，不举行任何形式的追悼会。

第三，希望我的子女后代，首先是做一个善良的人，做一个正直的人，做一个无愧于“人”这个称号的大写的“人”！

第四，我希望我们的国家稳定、发展、繁荣、富裕。希望为政者真的面向现实，面向世界，面向未来，而不要汲汲于政权，浸没在僵化的意识形态里，则国家之幸，人民之幸。

第五，作为一个教师，作为一个园丁，我希望同学们青年们在阳光灿烂的春天里成长，在多姿多彩的世界里自由地飞翔！

因此，我把女儿交给岳父带，真是放心极了！是呀，这么一位慈祥睿智的老人，我把女儿交给他，还有什么不放心的呢？

“保姆、朋友、老师”——祖辈的三重角色

岳父对教育子女也有自己的心得。1992 年 6 月，在晴雁四岁半的时候，他曾写下一篇文章，谈带晴雁的体会。文章的题目叫《祖孙乐——保姆 朋友 老师》，全文如下——

我们老年人恐怕很少不疼爱儿孙的，只是疼爱的方式各不相同，兴趣也不一样罢了。

我也非常疼爱儿孙。尤其是退休以后，少了在教学中对学生的抚爱，就把爱更集中于孙辈了。

四年半前，我快七十了，得了个外孙女，李晴雁。她圆圆的脸蛋，大而亮的眼睛，浓黑而细长的眉毛，小小的红嘴唇，不用说有多乖了，也不用说我们有多爱她了。从此我就做了她的保姆、朋友、老师。

我一开始就不主张请保姆。我认为我和我妻这两个大学生、中学教师，有做父母经验的人，不胜过任何保姆吗？可女儿女婿怕劳累我们，怕影响我们的娱乐休息，还是请了一个十几岁的女保姆。然而晴雁总是喜欢我们而不太喜欢保姆，因为保姆只负责带她而不一定爱她。有一次，几个小保姆都抱着小孩在一起聊天，小晴雁不耐烦了，哭了。小保姆就打了她两下，小晴雁哭得更凶了，我闻声去看，小保姆沉着脸抱着她一冲走了。谁知她出去打

不打晴雁呢？于是只要我和我妻有空，我们就自己带晴雁，保姆反而空着。不久保姆不知是嫌待遇低还是自觉不安，告辞走了，从此我们再也没有请保姆，自己担任起保姆来。带着晴雁，我们可以不去玩喜爱的麻将；带着晴雁，我们可以不知疲倦地依着她的喜爱各处游走……她笑，我们也笑；她乐，我们也乐。当她能走了，我们牵着她走，跟着她跑。当然不免疲倦，可当她跑得跌跌撞撞摔倒后却哈哈地笑，牵起来还要跑时，我们知道她又迈上一成长的台阶了，这时又怎么不由衷地喜悦呢？——我们是晴雁的外祖父母，也是她的保姆，要保育她，爱护她，多给她一分爱，我们就多享受一分乐。

即使是婴儿、小孩，我也不主张对他们耍家长作风。我每一看见有的父母、祖父母，动辄打得小孩大哭，可怜地哀告，我就情不自禁地感到寒栗。我们常叫小孩"小朋友，小朋友"，为什么不可把自家的小孩真的当小朋友对待呢？既然是"朋友"，就要有平等的地位，尊重他的人格，任何事不应强力压他接受，而应多采取商讨的态度。这样才有利于小孩的健康成长，而不至于不经意中就歪曲他应有的性格。小孩在各个发育时期都有其不同性格特点，不要按大人的看法去拗逆他，甚至惩罚他。晴雁不仅曾撒尿而且还多次把屎拉在我身上，难道你嗔怪她吗？她摔坏了我三支自来水笔和两副眼镜，撕坏过我几本书，难道你责备她吗？她能走了，偏要去踩水，偏要去走碎石堆，偏要去走险道，难道你打她几下吗？进幼儿园了，开始就是哭闹着不去，难道强行拖着她去吗？……我可是不愿大声呵斥甚至打骂的。"尝试错误"嘛！小孩哪能一下子就知道什么是什么非呢？你应当像朋友一样多作友善的告诫。再比如要玩具，她要你对打皮球，她把你当病人给你打针，她邀你做某个角色跳某个舞，她要你和她捉迷藏……这时我即使有事也要尽可能做她的大朋友，她快乐了，我也快乐了，她就在你影响下成长。相反的做法呢？比如有一次，她吃面条，喝了一口凉开水，又再吐回面碗里，觉得好玩。她妈妈正心中有事，就勃然大怒，而狠狠斥责。她恐惧而伤心地哭了，直说："妈妈，我不了，原谅我嘛！我要改正！"可她压根儿还不知道这错误行为错在哪里。这是会影响她的性格的正常发展的。当然，由于我们太爱，就容易迁就。但也不应该为了不迁就而严厉而粗暴。

为什么不可以朋友式的态度对待，培养她的自尊呢？

我不仅注意成为晴雁的“朋友”，还要时时考虑做她的老师。

不要认为孩子小，就只注意养护，而忽略了感化、教育。要知道大人的行动正是小孩模仿的典范，随时的教导，正启发着她的心灵与智慧。我妻算得是个爱整洁的典型，我们都得听她的，自然也从小影响和培养了晴雁。现在她常自动地将果皮等物投入垃圾桶，她用过的玩具等物也习惯地要自己放回。带她外出时，总别忘了叫她招呼人，尊重人。和别的孩子玩，要记住教她让玩具和带着更小的孩子玩……当她攀折花草，在地上乱画，往池中扔石子，你别放任她，要进行公德教育。总之，当我带着晴雁玩时，我就变成幼儿园的老师，也要在智慧上启发她。我不主张按大人的主观要求不适当地定向高标培养，可却认为应随时有意地因势利导进行智力开发和知识教育。晴雁婴儿时就抱着她哼歌，有节奏地摇拍，睡前反复给她唱歌，电视机前叫她随着歌舞节拍“指挥”……出去玩时认红灯、绿灯、客车、货车，叫她看画认字……上下楼梯数着一、二、三、四……我练书法她说“公公，我要写字”时，就教她握笔识笔画笔顺……她爱听故事，就反复给她念故事书，叫她也复述……利用各种方式教她说一些英语单词和单句……还趣味化地教她说一些单词单句……现在，她在幼儿园，是班上年龄最小的（四岁读大班），各方面的表现都是较好的。我们不能期望自己的孩子智商一定很高，但是我们可以尽可能开发她的智慧。那就是别忘了做她的老师，这当然也得自己学呀！

我就这样做我外孙女晴雁的保姆、朋友、老师，也博得了祖孙乐。

取晴雁这个名字，我想是她父亲希望她能高飞远翔。我当然也这样希望她。于是我在她才一个多月，边抱着她摇玩，边哼哼曲子的时候，就似乎想象到她的成长，她的奋飞，我就逐渐哼成我为她自撰自谱的歌子：“小晴雁，小晴雁，一飞上蓝天。小晴雁，小晴雁，一飞万里远。飞向南，飞向北，飞向新世界。飞向北，飞向南，创造新世界。向着东方飞飞飞，迎着春风飞飞飞。向着东方飞飞飞，迎着春风飞飞飞。”从她婴儿时起，我就给她唱，也教她唱。现在每当我送她上幼儿园，在路上有时我们齐唱，有时各唱一句地接着唱，有时她比着姿势独唱，她还纠正我最后应该唱“飞——飞——飞——”。我就祝愿这雏雁长就坚强的翅膀，飞向蓝天，飞向新世界，创造新世界。

我还请乐山著名书画家张志成老师为她画了一幅“大雁高翔图”，题上我的歌，我又自撰自写这样一副对联：“抟扶摇而上九万里，瞰周秦以来三千年。”算是我留给她的墨迹，也是我留给她的遗愿。

晴雁，你抟扶摇而上去腾飞吧！

用爱与尊重感染孩子

岳父教育孩子，从来是做人第一。因此，他总是通过女儿能够明白的方式（故事、童谣等）教育晴雁要善良，要多想着别人，要有爱心，要做一个高尚的人。

所以，晴雁很小就懂礼貌，懂得关心他人——所以，晴雁从小学到中学，老师对她的评价一直是“特别善良”“非常关心集体”。

他主张不要把孩子精神世界束缚得太死，应该给孩子以自由。他坚决反对大人把自己的爱好强加给孩子，所以，我的女儿从小就没有被强迫学钢琴之类。

后来女儿上学了，他反复对我们说，不要给孩子加什么压力，给她以宽松的空间。所以，在我们家里，从来没有人会给晴雁提什么“分数”或者“名次”的目标。他对孩子要求其实很严格，但从不厉声斥责，而是循循善诱地开导；孩子有了一点点进步，他就热情鼓励。晴雁就是在外公的鼓励下成长起来的。

女儿读小学以前，可以说是在公公的怀抱中长大的。岳父用自己的人格和智慧熏染着我的女儿，这对晴雁来说，是最好的启蒙。

晴雁十八岁时，回想公公对自己的启蒙教育，她也感慨万千。于是她也写了一篇短文，题目是《我和外公》——

那天，经过玉林中学小区外面的中国核动力研究设计院门口，我对爸爸说：“以前，就是走到这里，公公给我讲武松打虎的故事。”爸爸笑着说：“你的记性真好啊！”我也笑了，想着：“和外公在一起的每一件事我都记得。”

我出生时，外公为我写下“抟扶摇而上九万里，瞰周秦以来三千年”的对联，请画家为我画下一幅大雁展翅向晴天的国画，并在画上题写公公为我写的歌曲：“小晴雁，小晴雁，一飞上蓝天……”于是，有了那张照片：我一脸满足地指着墙上挂的对联和画，眼神是骄傲的。那时不懂得这副对联的意义，现在却似乎明白了，原来是外公对我的期望，让我能有“抟扶摇而上九万里”的志向和勇气，有“瞰周秦以来三千年”的自信和学识。

很快我学会了走，外公便常常带着我到处走。带我上楼梯，便叫我用英文数数，在家里的门上、桌上、椅子上、床边都贴上对应的英文单词叫我认，这是外公对我的英语启蒙教育。外公用他写书法作品的毛笔一笔一画给我写了好几百张识字卡片：“人”“大”“爸”“妈”……等我再长大些，外公就带着我出门去，沿着新修的甚至还未通车的公路走，路边堆满了完工后的杂物：各种剩余管道、石子，还有污水坑。我总是不愿走平路，喜欢钻管道，踩石子，跃水坑，外公都不会责备我说“把衣服弄脏了”“走路不老实”，而是任由我又蹦又跳，然后我总是捡回些各式“玩具”——造型奇特的石头、盒子、口红、笔……于是，在外公日复一日的带领下，我越来越能走，并且就连走路时两脚开口角度都与外公趋于一致了。

后来，我到了成都读小学，外公也常来看我，每次来时，都会去学校接我放学。我总是不知情地走出校门，然后惊喜地发现外公站在校门外面，笑呵呵地望着我，再然后，就牵着我的手，我们走路回家。一路上，我会缠着外公讲故事。灰姑娘、白雪公主的故事外公不会讲，他却会讲更精彩的：武松打虎、完璧归赵等历史或者名著里的故事。外公总会眉飞色舞地讲述，还不时挥舞着双手。在外公绘声绘色的比画下，武松的勇敢、蔺相如的机智让年幼的我佩服不已，而外公的“什么都知道”更让我崇拜万分。

上了中学，读到了外公写的回忆录，我才了解了外公的经历，外公在我眼中的形象也越来越高大。对我而言，外公是一个博学多识而心地善良的人。他的见闻、学识和善良，是我所向往的。于是我很自然地将外公当作我的偶像，只要有不明白的事，我便会向外公请教，仿佛外公就是一本百科全书，上知天文，下知地理。外公总是想着别人，他常常帮助别人，而且总是那么自然，仿佛帮助别人就是他的一种生活方式。于是我也学着给周围的人带去快乐。

到了有一天，我问外公“照壁”的用途，外公回答“不知道”时，我才发现，原来我也可以问出连外公都不知道的问题了，于是高兴了很久。爸爸说：“你多看些书，总会有在学识上超过外公的那一天。”真的吗？于是我又高兴了很久，仿佛在我眼里，超越外公就代表着我的成长。

外公写的《祖孙乐》我看过，是在我四岁的时候写下的。十四年前的外公也许没有想到他可以看到我成长到十八岁，并且这一路走来他都对我影响极大，我向外公学英语，跟外公学书法，听外公讲做人……

我常会向人炫耀我有一个年过八旬，身体依然健康，精神依然矍铄，心态依然年轻，灵魂依然纯真的外公。现在，我懂的英文比外公多，我能走更远的路，我也会讲远比武松打虎更精彩的故事……但是，外公依然是我最崇拜的人。

2006年2月2日

前面我说过，一些家庭教育专家不主张把孩子交给老人带，因为老人往往溺爱孩子。我觉得恐怕不能这么绝对地说。这里的关键是，同样作为教育者的老人，是否具备教育者应有的素养。是的，父母对子女的亲情感染和教育作用是爷爷奶奶们无法取代的。但对孩子来说，爷爷奶奶也是一种非常珍贵的家庭教育资源。这种资源，同样是父母的教育无法取代的。

教子关键点

1. 做最好的家长，并不一定是把孩子培养得光环耀眼、功成名就，而是让孩子成为他自己想成为的人，是让他用自己的人格魅力和学识能力，赢得幸福快乐的人生！

2. 从孩子出生的第一天起，给他写成长日记。这份日记将成为对孩子进行生命教育、情感教育，以及他进行自我教育的珍贵资源，也将成为父母不断反思教育的珍贵资料。

3. 爱的教育，应该是孩子最早也最重要的启蒙课。我们应该从自己的孩子开始，培养爱和善良。孩子和其他小朋友交往，难免会有冲突和矛盾，在这种情况下，我们应该教育孩子宽容和善待别的小朋友。如果用仇恨培养仇恨，只能使我们周围的爱和宽容越来越少。

4.从小培养孩子的劳动习惯，让他成长为一个勤奋而独立的人。

5.在孩子不知不觉的娱乐中激活其智力和想象力。“培养孩子的想象力”这个命题其实是错误的，至少容易引起误解。对于我们来说，所谓“培养”，并不是给孩子“空荡荡的大脑”里装进能力，而是一种激活，一种唤醒，一种维护，一种发展。

6.一定要给孩子留有随性玩耍的自由时间。美国儿童教育学者汤姆斯·阿姆斯壮指出，自由玩耍比有计划的活动，对学龄前的孩子来说更为有益健康。父母要避免将孩子的时间塞满各种活动，所有的孩子都需要有一些无所事事，随性玩耍的时间。

7.能否把孩子交给老人带，关键在于同样作为教育者的老人，是否具备教育者应有的素养。是的，父母对子女的亲情感染和教育作用是爷爷奶奶们无法取代的。但对孩子来说，爷爷奶奶也是一种非常珍贵的家庭教育资源。这种资源，同样是父母的教育无法取代的。

8.作为教育者的老人，应该具有善良、豁达、有见识等素养，学习平等、民主等现代教育理念，不应该仅仅是孩子的保姆，还应该成为孩子的朋友和老师。不仅生活上照顾，而且还用平等和尊重对待孩子，并在做人和学识上帮助和教导孩子。

9.年轻的父母和老人对孩子的要求应该保持协调一致。

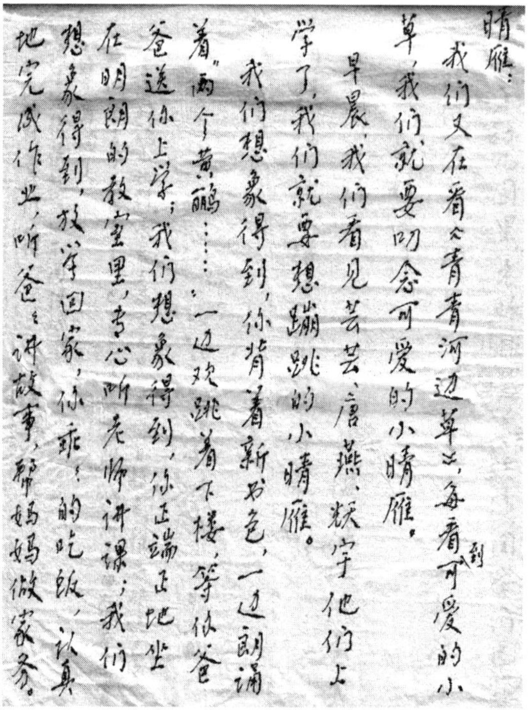

晴雁：

我们又在看々青青河边草々，每看到可爱的小草，我们就要叨念可爱的小晴雁。

早晨，我们看见芸芸、唐燕、斌宇他们上学了，我们就要想蹦跳的小晴雁。

我们想象得到，你背着新书包，一边朗诵着"两个黄鹂……"，一边欢跳着下楼，等你爸々送你上学；我们想象得到，你正端正地坐在明朗的教室里，专心听老师讲课；我们想象得到，放学回家，你乖々的吃饭，认真地完成作业，听爸々讲故事，帮妈妈做家务。

外公外婆给晴雁的信（1）

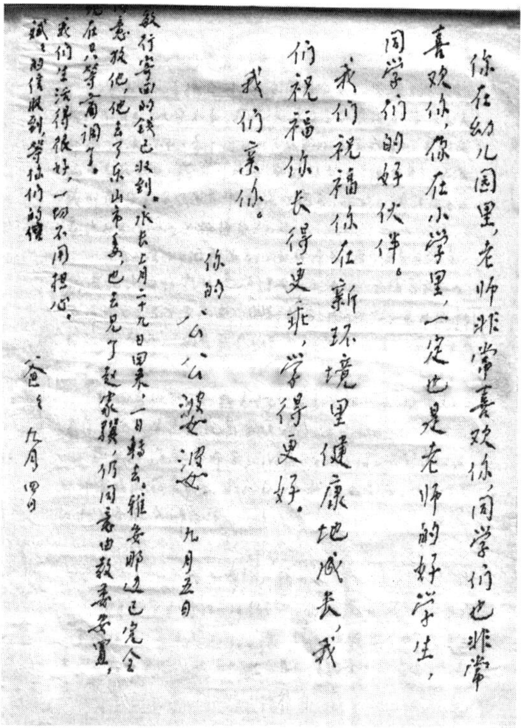

你在幼儿园里，老师非常喜欢你，同学们也非常喜欢你，你在小学里，一定也是老师的好学生，同学们的好伙伴。

我们祝福你在新环境里健康地成长，我们祝福你长得更乖，学得更好。

我们亲你。

你的

公公

婆婆

九月五日

教行寄回的钱已收到。水长上月二十九日回来，一日转去。雅安那边已完全[illegible]意放他，他去了乐山市区，也去见了赵家骥，仍回来由教委安置，[illegible]在只等商调了。

我们生活得很好，一切不用担心。

斌斌相信收到，等你们的信

爸々

九月四日

外公外婆给晴雁的信（2）

家教手记二
好习惯在小学阶段养成

我认为自己对女儿的学习还是挺重视的。这里所谓的“重视”不是对具体学科知识的辅导，更不是守着她做作业——我和她妈妈从来没有守着她做过作业。我说的“重视”，主要是指重视对女儿学习习惯的养成。

一　让孩子永远快乐地学习

宽容孩子的第一次挫折——女儿只考了 77 分

许多孩子的家长都曾问我："孩子早一点上学好不好？"

我说："这不好一概而论，还得看不同孩子的具体情况。对于早慧的孩子，早点儿上学当然要好一些。但对于多数孩子来说，还是按正常的规定年龄上小学比较合适。因为国家规定的学龄，总是有其道理的，是符合大多数儿童的心理发展状况包括智力发育阶段的。"

如果刻意地让孩子提前读小学，而孩子天资又不是特别突出，那么，孩子往往会在刚进学校的时候遭遇很多挫折，比如接受能力不强，动作慢，成绩平平，有自卑感，等等。这种遭遇会导致孩子产生继续学习的心理障碍。

我女儿就是如此。晴雁读小学一年级的时候，还差三个月满 6 岁。并非因为我们发现她智力超常，才让她提前读小学，而是因为一个偶然的原因，我们不得不让她提前进了小学。

晴雁在乐山的幼儿园大班毕业后，和妈妈来到成都，一家人终于团聚了。马上要开学了，我们想的是让晴雁先读学前班，所以，我开始准备晴雁读学前班的事。当时我所任教的成都玉林中学附近有一所玉林小学。于是，我来到玉林小学。但我没有想到，当年玉林小学不办学前班了！这可把我急坏了——如果让晴雁直接读一年级，她的年龄显然太小，我们怕她跟不上；如果让她再读一次幼儿园大班，她坚决不愿意，闹着要读小学。怎么办呢?

想来想去，我们最后还是决定让她读小学。我们当时是这样想的，就把一年级当学前班吧！如果晴雁学习吃力，明年就让她再读一次一年级。于是，晴雁就这样成了小学生。

1993 年 9 月 2 日，我们带晴雁去成都玉林小学报名。在我的日记中，有这样的记载——

吃了午饭，你睡了一会儿，起来后妈妈特意给你梳了头，又特意换上一件花连衣裙。我们便带你去学校了。

在路上，我教你要对老师有礼貌，对老师要鞠躬，要大方。

到了学校，来到办公室，看到你的班主任是一位年轻的女教师，你怯生生地叫了声“老师好”，又给老师鞠了个躬，老师笑了起来。办公室还有几位老师也笑了，说：“还是女娃儿看起来乖！”

老师问我：“她听不听话？”

我说：“听话，就是有些胆小。不过，晴雁还是大方的。”后面一句是怕伤你的自尊心而鼓励你的。

老师又问：“爱不爱劳动啊？”

我说：“爱劳动。”

老师对你说：“爸爸说你爱劳动，你是不是爱劳动啊？”你不好意思起来，没有回答。

交了费（98.7元），老师说：“明天早晨背上书包，带张抹布来上学吧！”

我问：“老师贵姓？”

她说她姓顾。

你向老师说了“老师再见”，我们便牵着你的手离开了学校。

第二天，晴雁放学便滔滔不绝地对我说学校的事，特别提到顾老师：“顾老师教我们语文，当班主任。顾老师的样子有点像我读幼儿园时候的魏老师，我看到她就想起魏老师。”

晴雁还很得意地说：“今天顾老师叫我们每个同学都走到讲台上去介绍自己的名字，我走上去大声说：‘我叫李晴雁！’顾老师表扬我说：‘好！’”

看来第一天，晴雁就喜欢上顾老师了。晴雁性格很文静，或者说是腼腆，加上年龄小，显得很胆小。但第一天顾老师表扬她的一个“好”字，却给了她无穷的信心。的确，有时候家长或老师一句鼓励，会点燃孩子心中的自信。

但毕竟晴雁年龄小，再加上智力平平，所以刚开始学习还是很吃力的，尤其是她有一个顽固的弱点，就是动作慢。这个弱点严重地影响了她的学习。我们有点后悔让她提前上小学了。但既然已经如此，我们考虑更多的是如何给她信心。

但是开学后一个多月的一天，我去晴雁学校接到她后，她递给我一张试卷："爸爸，这是我的语文考试试卷！"

我打开晴雁平生第一张试卷，红色的分数赫然醒目：77 分。

那一刻，我心里有多难过。要知道，这是小学一年级啊！

但我克制住自己的情绪，我在心里告诫自己千万不要把自己的难过无意中传染给女儿。所以，我很轻松地说："哟，第一次考试就得了 77 分，下次争取上 78！"

没有哪个家长不希望孩子考试成绩好，但是，面对已经很糟糕的考试成绩，如果家长一味地责怪孩子，那么孩子的自信心必然会受到挫伤，这比糟糕的考试成绩更糟糕！相反，如果我们能够及时鼓励孩子，并认真帮孩子一起分析问题、总结教训，那么这正是孩子学习进步的开始。

学习信心比学习成绩更重要

也许朋友会说："现在中考高考应试竞争这么激烈，怎么能够不看重孩子的分数呢？怎么能够不从小就给孩子以压力呢？"

作为长期从事中学教育的教师，我对应试竞争的激烈程度远比一般的家长更为清楚。但是我还是认为，对于刚进小学的孩子来说，如果我们一开始就急功近利地把几年后的中考高考压力拿来"教育"（实际上是"威胁"和"恐吓"）孩子，这无疑是毫不留情地摧毁孩子刚刚产生的学习兴趣，摧毁他们对学习成功的憧憬之梦，把他们一下子带进一个令人恐怖的学习心境之中。在这样的心境中，孩子哪里谈得上充满乐趣和信心地学习，又哪里谈得上参与未来的中考和高考竞争呢？

因此，对于刚刚进小学的晴雁，我从来不对她提出过分的要求，更没有给她提过什么成绩上必须达到什么名次的要求——不只是在小学，直到她后来读高三，我也从来没有给她提过一次关于名次的要求。

我要做的，就是鼓励和表扬。晴雁的学习能力不是太强，但只要有一点进步，包括作业本上的"红钩钩"，我都及时夸张地表扬："晴雁真不错！"我用一切办法，让她感到学习是一种乐趣。她比较胆小，上课不敢发言，我就鼓励她上课发言，只要发了一次言，我就给她奖励。慢慢地，她开始有进步了。

下面是我于 1993 年 1 月 22 日（也就是晴雁第一次考试后十多天）为她写的成长日记——

自从你读小学以来，我们觉得你十分辛苦——早出晚归，简直没有时间出去耍。有一天晚上，我问你：“晴雁，你觉不觉得累？”你说：“不觉得累。”我又问：“想不想回乐山读幼儿园？”你说：“不想。还是想读玉林小学。”可喜的是，你的考试一次比一次有进步。自从第一次语文考试得了77分后，在第二次语文单元测验中，你得了94.5分，虽然老师说你在班上名列二十二名，但你已经超过了爸爸为你提出的78分的目标。后来的一次数学测验中，你又得了98分！爸爸妈妈真为你高兴啊！

以前顾老师说你上课不爱发言，可那天爸爸去学校，顾老师说你有进步，爱发言了。这一段时间我接你回家，你爱说：“爸爸，我今天又发了言。小朋友们还欢迎了我。”今天下午，你们评“小五星”，因为你进步大，顾老师和同学们为你加了一个“小五星”，这样，教室墙上你的名字下便有了两个“小五星”了！

我认为，对于小学生来说，考试成绩并不是最重要的。多几分少几分又怎样呢？在我看来，就学习而言，最关键的是——

第一，要精心呵护孩子的自信心，让孩子相信自己能够学好；

第二，要保护孩子的求知欲和学习兴趣，这比分数更重要；

第三，要让孩子养成学习的好习惯，比如读书的习惯，自己动脑思考的习惯，当天的作业当天完成的习惯，保存收藏有关学习资料的习惯，等等。

第四，要培养孩子的时间观念，注意让孩子提高学习效率，生活和学习都要利索，不要拖泥带水。

前面三点，晴雁一直都做得比较好，但第四点，在很长时间里，是让我们头疼的事。但我们不断训练，从吃饭开始强化她的时间观念。当时我们给她规定，吃早饭不超过10分钟，吃午饭和晚饭不超过25分钟。而且吃饭时就把小闹钟放在饭桌上。时间一到，即使没有吃完也不许再吃了。刚开始，女儿当然不习惯，但只要她按时吃完了饭，我们就及时鼓励和奖励（比如给她买一本她喜欢的书，或周末带她到公园玩，等等），慢慢地晴雁做事的动作越来越快。到了小学高年级，我们再也不为她做事慢而操心了。

不要在攀比中视孩子为“笨蛋”

女儿小学时代学习成绩一直不拔尖，但我很满意，因为女儿一直都很快乐，而且她的求知欲很强。我觉得这比单纯的考试高分更重要。现在小学生承受了许多不必要的压力，而且这压力并非都是学校给的，很多方面是望子成龙的家长给孩子外加的，这些爱孩子的家长往往不知不觉地充当了学校应试教育的助纣为虐者！

我曾在一篇文章中这样写道——

> 如果从理论阐述教育的意义，我们可以从“促进社会进步”“促进儿童个性的全面发展”等方面洋洋洒洒地说出一大堆毋庸置疑的道理；但是，对于一个具体的孩子来说，教育意味着什么呢？我认为，首先意味着让他成为一个现在就感到快乐的人。需要解释一下：这个“快乐”显然主要不是指吃得好穿得好，甚至也不仅仅是将来成才以后谋得一份好职业以便过上好日子，而是孩子在受教育的过程中，不仅充分体验到求知的快乐，思考的快乐，创造的快乐，成功的快乐，而且还充分体验到来自纯真友谊的快乐，来自温暖集体的快乐，来自野外嬉戏的快乐，来自少年天性被纵情释放、青春的激情被随意挥洒的快乐……

我也是这样看待我女儿的成长的。我一直坚守这样的信念，无论应试竞争如何严酷，我一定要让女儿在学习过程中感到快乐，而且我的确是这样做的，一直到女儿高中毕业。

关键是家长要有良好的心态。面对越来越浓烈的应试硝烟，许多家长沉不住气。特别是看到亲戚、邻居或同事的孩子学习成绩比自己的孩子好，或者上名牌大学，心里就很不平衡，于是反过来给自己的孩子加码，在学习成绩上逼孩子。于是，孩子和家长越来越对立，而且孩子也更加厌学。

一切都源于攀比，不光与邻居或同事的孩子比，还与书上的神童比，越比越觉得自己的孩子不如别人的孩子，这样一来，家长丧气，孩子也灰心。

为什么不换一种比法呢？这就是发现自己孩子独一无二的优势，觉得自己的孩子比别人强。我始终认为，每一个家长都要欣赏自己的孩子，这是培养优秀孩子的前提。苏联杰出的教育家苏霍姆林斯基这样告诫教育者："要在每一个人（毫无例外地是每一个人）的身上发现他那独一无二的创造性劳动的源泉，帮助每一个人打开眼看到自己，使他看见、理解和感觉到自己身上的人类自豪感的火花，从而成为一个精神上坚强的人，成为维护自己尊严的不可战胜的战士。……人的充分的表现，这既是社会的幸福，也是个人的幸福。"任何一个家长也应该成为这样的发现者（"发现他那独一无二的创造性劳动的源泉"）和帮助者（"帮助每一个人打开眼看到自己"），让自己的孩子"成为维护自己尊严的不可战胜的战士"。

说到攀比，我不得不提到有些家长对"哈佛女孩"刘亦婷的崇拜。多年前，一本《哈佛女孩刘亦婷》引起了许多家长的关注。应该说，无论从哪个角度看，刘亦婷都是一个非常优秀的学生，她的家长在家庭教育上无疑是成功的，许多经验也值得其他家长借鉴。但问题是，许多家长以天赋很高的刘亦婷来打量比照自己的孩子，进而希望自己的孩子也成为"刘亦婷"。当时，我班上一些学生家长就是这样想这样做的。为此，我专门写过一篇短文《假如我是刘亦婷的老师》评论这种现象——

> 假如我是刘亦婷的老师，我在为她欣慰的同时，又会为班上更多的学生忧虑。因为在媒体如此可劲儿的炒作中，那些只能在国内读大学甚至连大学也考不上的学生，面对刘亦婷这个"身边的榜样"，自卑感定会油然而生，我怎么去抚慰这些同样需要鼓励的年轻的心灵？素质教育的要义之一，便是让每一个学生都成为"最好的自己"。我们这个世界既需要参天的大树，也需要无边的小草。我曾多次告诉我的每一个学生："你也许不是最美丽的，但你可以最可爱；你也许不是最聪明，但你可以最勤奋；你也许不会最富有，但你可以最充实；你也许不会最顺利，但你可以最乐观……在未来的人生路上，你也许不能成名成家，不能名垂青史，但你可以成为同行业中千千万万普通劳动者里最好的那一个！"但是，面对媒体中如此灼热耀眼的刘亦婷，我担心许多普通的学生会感到炫目因而失去了自我。
>
> 假如我是刘亦婷的老师，我会为一些学生家长的家庭教育认识误区感到忧虑。因为从某种意义上讲，素质教育恰恰是个性教育。这里的"个性"也包括针对不同的孩子所采取的独特教育方法。刘亦婷能取得如此优异的成绩当然离不开其有效的家庭教育，

> 但还离不开家庭教育以外的一些因素。其中，尤其不应被忽视的是她本人的出众的天资——作为唯物主义的科学教育观，这一点是不应该被忽视的。应该说，相当多的中小学生并不具备刘亦婷那样的天资，但我们相当多的家长却把培养天才的教育方法当成普遍适用的家庭教育良方。我相信，因为有了刘亦婷，在最近一段时间许多中学生、小学生乃至幼儿园小朋友的饭桌上，爸爸妈妈又多了许多唠叨："比比人家刘亦婷，再瞧瞧你……"我们的教育就这样在造就出个别"天才"的同时又培养出了许多自暴自弃的"笨蛋"。其实，每一个人都是一个独特的宇宙，从这个意义说，人与人是不可比的；但如此强大的舆论，使人们不得不比。于是，对多数家长来说，越比越觉得自己的孩子"不行"进而失望；对多数孩子来说，越比越觉得自己"太笨"进而自卑！——我想，这一定不是刘亦婷的众多炒作者的初衷吧？

当许多家长纷纷用刘亦婷作为标杆去苛求孩子的时候，我还算清醒，一直保持着对女儿的欣赏。我从不以刘亦婷为尺度去衡量女儿，相反，我总不放过女儿的点滴闪光点，同时不放过任何一个可以表扬的机会，对女儿说："你是最优秀的！"

把周末的欢乐还给孩子

星期天，许多家长都纷纷把自己的孩子送往这个班那个班，我并不反对让孩子拥有更多的才艺，但我觉得这应该建立在孩子自己的兴趣之上，而且不能加重孩子的负担。晴雁从小爱跳舞，刚到成都，她就要求我给她报舞蹈班，当时我考虑到女儿本来比较腼腆，学会舞蹈可以有机会上台表演，这对改善她的性格有好处，于是她每周都要去少年宫学习跳舞。后来她看到班上其他小朋友绘画，便回来要求我带她去学画画，于是她又学了一段时间国画。这些学习，都是很随意的，我们没有让她成名成家的期待，她也没有什么负担，想学就学，不想学就不学。尽管她后来并没有学成无论舞还是画，我们却不觉得有什么失落。因为晴雁快乐了呀！何况通过这些学习，她的确潜移默化地增加了一些艺术修养，而且多了些抛头露面的机会——比如多次代表班级参加学校的舞蹈表演，大大地改善了她的性格。

还有对周末的学科辅导班的态度，我也和一些家长不同。一天，女儿放学后对我说："爸爸，老师说周末学校有巴校（即巴金写作学校）和奥数班，问我们要不要报名参加。"

我问："你想不想读呢？"

晴雁说："我不知道。"

我说："那爸爸给你参谋参谋吧！巴校就别去了。你读巴校，不如读'爸校'！呵呵，爸爸就可以教你写作文了。奥数班嘛，我想想再说。"

为什么对是否让晴雁参加奥数班我没有当即表态呢？是因为女儿的数学一直不太好，我对数学教学又是外行，心里还是有点想让女儿通过奥数班提高成绩的意思。过了几天，女儿又回来说老师希望她参加，我便同意了。于是，每周星期六上午，女儿便去奥数班上课。第一天回来便说听不懂，我还鼓励她："不要紧，刚开始可能比较难，坚持下去，你会听懂的。"结果一学期下来，她的考试成绩仅 60 多分。我问她还想不想学，她说不想了。于是我说："好，咱不读奥数班了！"

女儿仅仅读了一学期的奥数班便中途而废了。也许有的家长会说我太迁就孩子。可我认为，没有什么比保护孩子对学习的兴趣和信心更重要的了！如果我女儿本身有数学天赋，且学有余力，那么让她去上奥数班则完全是可以的，问题是她并非数学天才，企图通过上奥数班来提高她的数学成绩是不可能的，相反只能增加她学习数学的失败感。虽然平时在学校她的数学不是太好（属于中等），但在奥数班，她绝对属于"后进生"，如果我不当机立断让她退出，她可能连正常的数学学习都没有兴趣了。

有针对性地对少数数学尖子进行奥数训练，我是没有意见的，因材施教嘛！但对要求人人"自愿"参加的奥数班我则深恶痛绝。小学阶段，本来有正常的数学课，但还要利用周末开设奥数班，据说是为了中学做准备；到了初中，奥数训练几乎是全民总动员，"一个都不能少"了；到了高中，奥数训练更是到了无以复加的重视程度，几乎成了统考——每一次初试都是要求学生必须参加的。为了训练极少数可能参加国家或国际奥数比赛的数学天才，让所有学生都陪练，我很怀疑有关组织者的用意未必是奥数本身，奥数之意不在"奥"，在乎"奥数经济"也！

其他家长愿意参与其中，我管不着，但我和我女儿不愿玩这"游戏"！

我女儿退出奥数班后，以一个平常而正常的态度认真学习每一天的数学知识，虽然成绩一直不拔尖，但她对数学至少不反感。

不仅是否读奥数班我尊重女儿的兴趣，在其他才艺学习方面我也绝对尊重女儿。她看到学校旁边的少年宫有舞蹈班，常常看到穿着舞蹈鞋的小姑娘们从里面优雅地走出来，便对我说想学舞蹈。好，学就学吧！后来，她看到少年宫里面还有国画班和书法班，也想学。好，学就学吧！虽然在我看来她很累，可她愿意呀！这种学习很轻松，因为没有什么考级之类的功利心，随心所欲，自得其乐。

过去人们爱说："艺多不压身。"这话在今天未必是真理，因为现在家长压在孩子身上的"艺"实在太多太多，孩子已经不堪其累不堪其苦。孩子多才多艺当然很好，对于未来社会而言，孩子多一项特长，便多了一分生存的能力。问题是，无论学什么，都要注意两点：第一，是否符合孩子的兴趣与天赋？如果是，当然无可非议；如果否，那便是家长把自己的意愿强加给孩子，是不足取的。第二，是否以剥夺孩子的休闲快乐为代价？如果孩子因此而失去了周末失去了假日失去了田野上的奔跑失去了蓝天上的风筝，那么，孩子在"得到"的同时已经"失去"——失去了童年应有的欢乐！于是，在儿童精神的天空中没有了追逐鸟儿的云彩，在少年心灵的原野上没有了随风起舞的花朵；在孩子们的意识中，没有了纯真，没有了童话没有了梦想；他们的目光一天天呆滞，他们的心灵一天天沉重！

——面对此情此景，家长于心何忍！

熏陶孩子的书卷气

在小学阶段，孩子最重要的习惯是读书的习惯。我认为，孩子的艺体特长可以少一些，但有一个习惯绝对不能少，那便是读书的习惯。

我们为什么要读书？可能不少人会说，"因为需要考试"或"学以致用"，这些当然是无可非议的原因，但还有一个更重要的原因是：我们是"人"！如果就生物学本身的角度而言，人和动物是没有区别的；但"人是一枝会思想的芦苇"，于是人便成了自然界"万物之灵长"。人之为人在于"精神"，而通过阅读，我们可以尽可能完整而完美地建构无愧于作为一个"人"所应有的精神世界。正如培根所说："读史使人明智，读诗使人灵秀，科学使人深刻，伦理使人庄重，逻辑修辞之学使人善辩；凡有所学，皆成性格。"茫茫宇宙，匆匆人生，"我是谁？""我从哪儿来的？""我要到哪儿去？"——对自己生命的追问，需要我们徜徉于人类精神文明的长廊，在触摸历史的同时憧憬未来，在叩问心灵的同时感悟世界。对于孩子来说，阅读的这些意义当然太深奥了，但作为教育者，无论教师还是家长都应该在孩子的童年时代，用好书把他们引入一个高尚的精神世界，为他们的人生打好"精神的底色”。

我对女儿的读书引导，主要是通过三个方面进行：第一，营造家庭的书香气，用书香气熏陶孩子的书卷气。第二，和孩子一起读书，并尽可能让孩子在玩儿的气氛中接触好书。第三，自然而然地让孩子多背一些古典诗文。

女儿虽然小学时成绩不是特别好，但她从小就喜欢读书，这可能与家庭氛围有关，我本身喜欢读书，家里最多的东西是书。每次她有了进步，我给她的奖品最多的是书。她幼儿园时就背过一些古诗词，上了小学这种兴趣依然存在，于是我便引导她继续诵读更多的古典诗词。当然，这种背诵一定不能有一丝完成任务般的勉强，而仍然是游戏一般的心态，在轻松愉快中走近李白，走近杜甫，走近苏东坡，走近李清照……更多的时候我和她一起背诵。

记得她读三年级的时候，寒假里我们一大家人在乐山大佛对面的一个茶楼休闲。我捧着一本《古文观止》读苏东坡的《赤壁赋》，她好奇地凑上来，很感兴趣地问我在读什么，我便很通俗地给她讲其中的内容，还对她说苏东坡是我们老乡呢！她更感兴趣了，抢过书去就读了起来，读几句就说读不懂，于是外公在旁边就给她一句一句地讲。读完了，我随便笑着对她说了一句：“晴雁能不能把这么长的文章背下来呀？”她马上就说：“这么长，我哪能背下来！”扭头就走了。的确也是，这是一篇高中课文，要她这么一个小学三年级的学生背诵下来，太为难她了。当然，我不过是开玩笑而已。她走了，可我却一个人开始背诵《赤壁赋》，这篇文章我以前背过的，只是时间一长就背不全了。晴雁在一旁听我背得结结巴巴，又忍不住过来说：“爸爸，我给你看着，你背。你背错了我就给你指出来。”我说：“好呀！”于是，我开始背诵了：“壬戌之秋，七月既望……”但我老出错，晴雁急了：“爸爸记性太差了。我肯定比你背得快。”我说：“那我们来比赛，就背第一段，看谁先背得！”“好！”她兴趣大增。于是，我们开始比赛。结果，她当然很快就把第一段背下来了。我表扬她：“晴雁的记性好得惊人！”她说：“我还要背第二段！”接下来，她又开始边读边背了：“于是饮酒乐甚，扣舷而歌之……”就这样，在紧张而快乐的气氛中，她那天下午居然把《赤壁赋》全文背诵了下来！

可以说，她小学阶段所背诵的许多古代诗文，都是在这种愉快的心境中完成背诵的。

现在一些家长急于把孩子培养成各方面的尖子，于是便拼命地灌“知识”灌“能力”，唯恐孩子在现在和以后的各种竞争中落后，这种心情是可以理解的，但他们忘记了，这样做的目的很可能败坏孩子的兴趣。

写到这里，我想到我的一段经历。原来我对吃羊肉并不反感，但2000年4月，我去西安讲学，西安的朋友请我到当地最好的一家羊肉泡馍馆吃羊肉泡馍。我一端起碗就觉得膻味呛人，简直像走进了羊圈！但出于礼貌又不得不吃，每咽一口都十分困难而且痛苦。从那以后，我再也不吃任何羊肉了！为什么？超量的羊肉，败坏了我本来还有的对羊肉的一点兴趣。由此联系到我们对孩子的学习要求，不也是这样的吗？孩子就其天性来说，学习兴趣、求知欲望都是很浓的，根本不需要刻意培养——哪个小孩子不是刚懂事就喜欢读童话听故事，喜欢拨弄研究自己不懂的玩意儿？可是，如果我们急功近利地给他们予以“知识加码”“能力加码”“特长加码”，到最后，他们可能什么都不想学了！我是教中学的，常常遇到一些厌学的学生，其厌学的原因是复杂的，但他们小时候就被家长败坏了学习兴趣，应该是很重要的原因之一！

所以，尽管女儿小学时候的成绩一直不冒尖，但我一直非常注意保护她的快乐感。对小学生来说，学习的快乐感比学习成绩更重要。我一直坚定不移地这样认为！

日常生活中的“磨难教育”

“快乐”并不意味着不让孩子培养应该培养的能力。但各种能力中，我认为最重要的还不是吹拉弹唱的能力，而是为他人服务的能力。我一直对女儿说：“让别人因我的存在而感到幸福！”那么在一个班集体中，就要让老师和同学因你的存在而感到幸福。为他人服务的能力，往往通过当班干部得以培养和锻炼。关于孩子做班干部，在一些家长中往往有两种不好的观点：一种观点认为当班干部吃亏，为别人做事却耽误了自己的学习；还有一种观点认为当班干部有好处，在升学时可以获得保送或加分的机会。这两种观点都是不对的，如果用这些观点来教育孩子那等于是在污染孩子的心灵。我认为，当班干部就是培养服务精神和服务能力。晴雁因为年纪小，而且很胆小，再加上成绩也不是很好，所以小学一至四年级连小组长都没当过。到了五年级，因为我调到了成都石室中学，她也转学到了成都市人民西路小学。纯粹是因为偶然的原因（比如她很守纪律，还有就是刚去的时候，第一次写作文碰巧写得不错，被老师在班上读了，于是便给大家留下了好印象，等等），去了一个月，居然被全班同学选为中队长！这可让晴雁紧张了好一阵子，因为她实在是胆小而腼腆，但我却鼓励她多多为同学做好事，在集体活动中抛头露面，直到最后毕业那一天，在全校代表毕业班的同学发表告别母校演说。虽然她当班干部的时间只有两年，也没有多大作为，但仍然获得了很大的锻炼。现在她的组织能力、口头表达能力都不错，不能不说是从当中队长开始逐步形成的。

“快乐”也不意味着不让孩子吃苦。说到吃苦，不少人就想到“磨难教育”，比如在假期参加各种各样的“磨难教育”夏令营或者把孩子送到乡下去呀等，这些当然可以，但我更认为，这些对孩子来说并不一定是一种磨难，相反，他们会觉得这是一种游戏，好玩呢！无论多么“苦”，他们都会想到反正总要回城里去总要回到家里的。而一回到家里，一切都回到了舒适状态。因此，这样的“磨难教育”，效果究竟有多大，我一直表示怀疑。我认为的让孩子吃苦，应该是让孩子持之以恒地做一件需要用毅力战胜自己的事。比如，前面所说的，我要求女儿晚上洗碗，还有就是她读五年级开始，我不再用自行车送她，而让她每天坚持走路上学放学。

每天让孩子坚持做一件他不喜欢但应该也必须去做的事，这就是最好的“磨难教育”！

就像洗一次碗并不难，难的是每天都坚持洗碗一样，偶尔走路上学也不算什么大不了的事，但如果天天都坚持走路上学，则需要毅力，需要战胜自己。晴雁读完小学四年级，我调动工作到了成都石室中学，晴雁自然也转学到了成都市人民西路小学。我对晴雁说：“你大了，爸爸就不送你了。从现在开始，你每天上学放学都自己走路。”刚开始她有点不愿意，因为从家里到学校步行走快些需要 20 多分钟，走慢些需要半个小时，的确有些辛苦。但在这个问题上，我却一点都“不尊重”她，非要她步行上学放学不可。刚开始几天放学回家总要在我们面前叫苦，但慢慢地她理解我们了。读六年级的时候，她曾在一篇作文中写道——

不管是朝霞满天还是刮风下雨，不管是春风拂面还是浓雾迷漫，每天早晨，我总是一个人穿过拥挤的小巷朝学校走去。现在，我上六年级了，爸爸说：“你可以骑车上学了！”我却说：“不，还是让我走路上学吧！”因为，走路上学不仅能锻炼我的身体，而且更能锻炼我的意志。……我觉得我才是最幸福的。因为爸爸妈妈经常对我说：“用自己的双脚走路的人最幸福！”今天，我用自己的双脚走向学校；明天，我要用自己的双脚走进 21 世纪！

就这样，晴雁用她的双脚一直“走”到小学毕业。

把规则变成习惯和性格

我常常对朋友说：“孩子读小学，最最重要的是要养成好习惯。”我现在依然坚持这个观点。

“播种行为，收获习惯；播种习惯，收获性格；播种性格，收获命运。”这话一点不错。习惯是人生的奠基，是美德的源泉。所以有人认为，培养孩子良好的习惯是学校德育和家庭教育的重点，也是素质教育的突破口。让孩子养成良好的习惯，让孩子拥有一个健全的人格，就给了孩子一个幸福的人生。我还要强调的是，这里所说的行为与习惯，绝不仅仅是学习方面的，也包括做人的行为与习惯。

所以，虽然女儿小学阶段学习成绩平平，但我非常注重她良好习惯的养成。这种养成，需要某种程度的强迫性训练，但更多的还是和孩子商量制定一些规矩，然后严格用孩子同意的规矩要求孩子。

这里，我强调了“和孩子商量”，因为在我看来，孩子虽小，家长也应该尊重孩子，哪怕是正确的要求，也应该尽可能让孩子理解，并心甘情愿地接受。只有建立在孩子理解基础上的要求，才能真正变成孩子的行动。这种理解基础上建立的规矩，既是科学的也是民主的，因而不会妨碍孩子学习的兴趣和快乐感，因而也更为持续有效。

下面是晴雁读四年级的时候，我和她反复商量制定的《晴雁学习、生活常规》——

晴雁学习、生活常规

（1997 年 2 月 19 日晴雁和爸爸共同制定）

一、学习

1. 上课专心听讲，积极思考并主动举手发言；不说小话，不搞小动作。

2. 每天下午放学回家后，应认真完成老师布置的作业，自觉预习功课，并且抄钢笔字帖一篇。

3. 作业必须细心，出现一个错字，重写该字五遍；计算错一道题，重做五遍类似的题。

4. 作业、作文和试卷的书写必须字迹工整，文面美观。

5. 书籍、本子必须保持整洁，不得乱涂乱画，不得卷角，也不得有破损。

6. 自觉订正并妥善保存单元测验试卷。

二、生活

1. 每天晚饭后负责洗全家人的碗。

2. 自己洗自己的袜子、内裤等小衣物。

3. 吃饭必须抓紧时间：早餐不超过 10 分钟，午餐和晚餐不超过 25 分钟。

4. 除星期六和星期日外，每天晚上睡自己的房间。

5. 除双休日外，平时下午放学回家后不能出去玩。

6. 每天应尽量挤时间读有益的书报。

三、奖惩

1. 每周小结，如果没有违反本《常规》，就记“小红花”一朵，连续三次得“小红花”，就利用双休日在爸爸妈妈的陪同下，任选一个公园玩。如果全期得“小红花”15 朵以上，奖一本晴雁喜欢的书或一张晴雁喜欢的动画影碟。

2. 在品德和学习上取得一次重大成绩，加记一朵“小红花”。

3. 如违反《常规》一次，就取消一朵“小红花”，直至取消有关奖励。

这份《常规》看起来很普通，但实际上把我们希望晴雁养成的好习惯都包括进去了。关键是，这份《常规》一旦制定出来，我和晴雁都尽最大的努力将它变成行动，并坚持下去。我也根据晴雁的表现严格按《常规》奖惩办法对晴雁进行奖惩。每周总结一次，如果做得好，我就在墙上挂历的日子旁边画一朵小红花。晴雁非常在乎墙上小红花的多少。如果有哪一周没有得小红花，她会很难过，我们就鼓励她下周争取得小红花；如果她的小红花增加了，她会非常高兴。

日子一长，晴雁的好习惯养成了，不用奖励她也会保持好习惯。比如洗碗，刚开始的时候，连她母亲都有些心疼她，说看见小晴雁围上围裙在厨房里洗碗，好像我家请了一个小保姆。但我坚持要晴雁洗，我觉得这是一种品质的养成，而且要她坚持下去。就这样，她一直坚持到了高中毕业，连高考那几天晚饭后的碗也是她洗的。现在周末她回家，也是洗全家人的饭碗。

二　孩子应该有怎样的学习习惯

不要用“粗心”来原谅自己

据我所知，不少孩子包括他们的家长爱用“粗心”来原谅或者说掩饰学习上的问题。但我经常对女儿说的是：“不要用‘粗心’来原谅自己！”

我认为，虽然许多孩子在学习中的确存在粗心的毛病，但更多的时候，考试的失败不是由于粗心而是由于知识不熟练所致。比如说，我们平时回家，即使心不在焉也不会迷路，为什么？因为我们对回家路线非常熟悉，以至于形成了不受意识支配的条件反射。同样的道理，如果我们对所学知识也烂熟于心，即使我们在做题时不是百分之百的细心，但出错的概率还是要小得多。然而，不少学生并不这样想，他们面对分数不理想的试卷，往往会说：“都是因为粗心！”好像这样一说，他就可以心安理得地原谅自己了：我不是因为笨，也不是由于知识没掌握好，而仅仅是因为粗心！

晴雁小学时也曾这样对待自己的考试失败。但我不允许她这样轻易地说自己“粗心”。因为轻松的一句“我粗心”，把自己在掌握知识方面存在的许多问题都掩盖了起来，等到下一次再因同样原因考试失利时，又会用“我粗心”来原谅自己，如此恶性循环，会给自己下一步的学习带来多么大的危害啊！

为此，我给晴雁提出要求——

1. 将平时经常容易出现的所谓“粗心错题”归类分析，然后强化训练。既然考试时的粗心是由于知识不牢固所造成，那么，可以将自己某一段时间（如一个星期、一个月或半学期）的作业、试卷集中起来认真分析，再有针对性地训练，让知识由“懂”到“会”。如“审题不仔细”是同学们常常犯的错误，那么不妨专门做一做审题练习。

2. 训练自己“快速一次对”的习惯。好些题其实在平时做作业时都是能做对的，但一遇考试就出错。为什么？因为平时做作业时没有时间压力，又有充分的时间检查；而考试则不然。所以，孩子在平时做作业就要给自己提出“快速一次对”的要求，不要拖拖拉拉没完没了地检查。也许开始这样做不太习惯，但坚持下去，考试时因“粗心”而丢分的情况会大大减少。

3. 准备一个错题本。教材上的练习和老师平时布置的习题，大都是有代表性的作业；也就是说，这些作业往往体现了某一个方面的知识点。那么，平时同学们作业中的错误，也往往反映了同学们知识上的一些缺漏。因此，专门准备一个错题本，把平时容易做错的题记录下来，经常不断地琢磨这些题，以加深某些知识难点的印象，将有助于孩子在考试时逐步彻底消灭这些错误。

学习计划要切实并严格执行

许多优秀学生的学习经验已经证明，科学而且能够落到实处的学习计划，直接关系到学习成绩的真正提高。不过说起来，订计划对孩子们来说倒也不是什么新鲜事。往往是刚开学的时候，老师或家长就会布置孩子写计划；于是，保证书之类的“计划”就写出来了；然后这些“计划”往往又醒目地贴在书桌前的墙上。但相当一部分孩子也就到此为止了：计划并未真正实施，而只是成了摆设。学习照样杂乱无章，随意性很大，有时看上去花费了不少时间，学习效果却并不见佳。于是，老师家长再要求订计划时，孩子们都不太情愿了，总认为“订了没用”。

订学习计划肯定是没错的，问题在于孩子们所订的计划是否真正切实可行并真正执行。

我要求女儿制订学习计划时，要尽可能符合自己的实际。学习计划当然很重要，但不切实际的学习计划是难以真正实施的。这里的所谓“符合实际”，主要是指三点：一是紧扣教材上的学习内容，与学校老师的要求同步，避免与老师的要求发生冲突；二是与自己的学习基础和接受能力吻合，不要提出自己现在达不到的目标；三是要考虑自己每天所能自由支配的时间的多少，以此来确定每天应该完成的任务量。学习计划越符合实际，就越能被坚持执行下去。

计划制订好后，就应持之以恒地实施计划。对孩子们来说，坚持计划比制订计划要难得多，因为不完成计划的“理由”太好找了：“今天搞卫生耽误了时间！”“今天的晚饭吃迟了！”“今天的电视太好看了！”“今天我不太舒服！”……我决不允许女儿以类似的各种“理由”塞责，从而放松对自己的要求；相反，让她随时提醒自己：别忘了当初的决心和承诺！

当然，任何一成不变的学习计划都是不科学的，再好的计划也应随学习情况的变化而适时调整。尽管制订计划时可能考虑得比较周到，但随着学习的深入，计划也可能会有不适应的时候。比如：考试前的学习任务可能要重些，某一单元的知识点特别难或者某一天老师布置的作业特别多，等等。在这种情况下，我便引导女儿对计划进行一些调整，尽量使计划富有一定弹性，这样也便于计划能坚持下去。

善于在学习中发现问题

往往有种情况，孩子在小时候，总能提出各种各样稀奇古怪的问题，可是，随着年级的增高，进了中学以后，孩子竟然什么问题都提不出来了！从根本上讲，这当然是我们现行教育制度造成的后果，但就每一个具体的学生而言，恐怕就得从自己身上多找找原因了。胆子小，不敢提问，当然是原因之一；但我认为最主要的还是思想上的懒惰，或者对学习上提出问题的意义认识不足。

我女儿也存在着这个问题，她本来就胆小，上课发言都很腼腆，更不用说主动向老师发问了。但我不断地对她讲提出问题的重要性，让她认识到，在学习过程中提出问题的意义是很重要的。最初她说：“我没问题，就说明我对老师的讲课都听懂了啊！”这话听起来似乎很有道理，其实不然。我对她说：“如果一个学生在学习中从来都提不出什么问题，并不是什么好事，这至少说明他的思维没有真正活跃起来。其实，对于越是熟悉（即所谓‘弄懂’）的知识，我们的问题越多，相反，对陌生的事物我们则往往无疑可问。比如，爸爸是教语文的，我每次备课钻研越深问题越多；但假如有人拿一本《天体物理学》的著作让我提问，我还真的提不出一个问题，因为我对这门学科一窍不通！所以当你能够对所学的功课主动提出问题了，这至少说明你不但对这门功课感兴趣了，而且已经开始主动钻研这门功课了。”

质疑的前提是要有一定的知识准备，在把老师讲的知识尽可能弄懂的基础上，我常常引导女儿从不同的角度深入思考：可不可以补充或替换？（老师讲的这道题，能否有另外的解法？老师举的这个例子能否换一个其他的？）可不可以从反面想想？（如果不按老师分析的情况去做，会怎样？）可不可以完善？（能否为老师的讲解再增加一个理由？）可不可以找到特例？（真的就像书上说的那么绝对吗？）等等。

有了问题，还要有寻求解决疑难正确途径的欲望。每当女儿提出了疑问，我总是叫她不要急于请教老师和家长，而应自己动脑分析：这个问题老师讲过没有？书上是否有答案？如果老师没有讲过，书上也没有现成答案，那么可不可以综合运用已学过的知识进行分析解答？总之，尽量通过自己动脑解决疑难。

有一段时间，我“强迫”她每天必须到办公室去问老师一个问题。我多次给女儿转述一位科学家的话：“打开科学大门的第一把钥匙，无疑是问号。”

树立紧迫的时间观念

女儿从小就磨蹭，做什么都很慢。小学时，我认为她学习态度还是很端正的，可学习成绩老提不高。造成这种状况的原因当然可能很多，但学习效率不高是最主要的原因。因此，进入中学后，我把提高女儿学习效率当作重点来抓。我给她提出要求并在行动中强化训练。

1. 明确任务，减少犹豫。女儿原来学习时拖拖拉拉，很多时候是因为学习时拿不定主意究竟先做什么：是先做语文，还是数学，或者是改正刚发的试卷？在犹豫之中，时间已过去很多了。所以，我要她必须制订每天的学习时间和学习任务安排表，这样一坐到书桌前，就明白自己该先做什么、后做什么。这样，被犹豫所浪费的时间将大为减少。

2. 形成规律，养成习惯。一个人，经常在固定时间内做同一件事，久而久之，便形成条件反射般的习惯；而对习惯了的事，人们做起来常常效率很高。我通过对女儿的一些训练，使她在学习方法、学习节奏上尽快“习惯成自然”，形成学习效率的“惯性”。到后来她放学回家后的复习、作业、预习等事情，都是自觉的行为，那她的效率必然就提高了。

3. 专心致志，有效劳动。在我教的学生中，常有孩子抱怨：“我天天都在学习，很少玩，但学习效果并不好。真是学没学好玩没玩好！”是的，这些孩子往往在书桌前一坐就是很久，可是他们真的学进去了吗？实际上，很多人做了无效劳动：花了时间，却收效甚微。其重要原因就在于学习时思想不集中。我要求女儿学习时必须集中精力，减少无效劳动。办法之一，是学习之前给自己规定时间；如果在规定时间内未能完成应该完成的学习，不得延长时间。这样“逼逼”女儿，其学习效率将会改观。到了初中，女儿做事已经非常利索，很少拖泥带水。

善于归纳整理学习资料

到了期末或者临近毕业时，作业、测验自然要比以前多一些。我当然不主张“题海战术”，正因为如此，我才提倡对有关资料进行认真的筛选、归纳和整理。对孩子们来说，这既是一种良好的学习习惯，更是一种有效的学习方法。因为在孩子们做过的练习和试卷中，分布着知识重点和难点；通过分析做过的题，特别是做错了的题，孩子们可以了解自己的知识缺漏，从而更有针对性地复习。从这个意义上说，不管以前做过的试题是满分还是错题累累，对今后的学习尤其是期末复习和毕业复习来说，都是一份珍贵的财富。因此，对这“财富”的归纳整理自然是十分重要的了。在女儿读小学时，我便要求她养成归纳整理学习资料的习惯，一直到读中学也是如此。

那么，究竟哪些学习资料需要归纳整理呢？

1. 教科书。每次复习，必然要涉及各个阶段的知识，因此，从初一年级起，我就要求女儿妥善保存有关的教材，特别是各册语文书、数学书、外语书、物理书、化学书。我还要女儿平时就要根据老师的教学，随时留心在书上记下老师强调的重点知识。这样在总复习时，复习起来就更加方便。

2. 练习册。平时各类练习册很多，当然不可能也没必要全部收存。值得收存的是与老师教学同步的练习册。而且，我也不是要求女儿把这些练习册中的所有习题都记下来，而要有重点。平时做题时，女儿就根据老师的评讲筛选体现知识重点的典型例题，并及时做上记号。到了总复习时，查找起来就十分容易了。

3. 考试题。这里的考试题就是指单元试卷和大考试题。一般来说，这类试题比较集中地体现了教学大纲对学生的学习要求，我要女儿平时就应重视考后分析。对做错了的题，不但要及时弄清做错的原因，并立即改正，而且，还应把一些有代表性的错题筛选归类，便于以后复习时引起重视。

4. 其他资料。如：平时的课堂笔记本，往往写有老师课堂板书的教材上没有的一些补充知识；还有老师平时为学生精心选择的一些重要的补充题；另外，平时女儿在课外找的一些典型的习题等，我也要她随时注意收存。

乐于与他人交流学习

我原来有个非常优秀的学生叫陈峥，她有一大特点，就是特别喜欢和同学交流学习。只要一下课，总会看到她和同学们交流学习——或争论问题，或给其他同学讲难题。我不认为这仅仅是助人为乐，其实这也是一种很好的学习方式。通过给别人讲，可以把已学过的知识再次梳理，以达到更加巩固的目的。

我多次给女儿讲陈峥姐姐的这个学习方式，并要求女儿也多和同学交流学习，善于做同学的“小老师”。我对女儿说，从一定意义上看，“讲”是最好的“学”，给同学讲解，不但等于又温习了一遍功课，而且可以把原来虽然也许懂了，但不一定很清晰的知识简约化、条理化，更加便于记忆。尤其要乐于为一些学习困难的同学辅导，或者为别人讲自己做出了的难题。

因此，从进初中开始，女儿就有给同学讲题的好习惯，一直到高三毕业前，她都还很乐意做同学们的“小老师”。

教子关键点

1. 对刚进小学的孩子，保护他对学习的兴趣、信心和快乐感，是第一重要的。每一个人都是一个独特的宇宙，每一个家长都要欣赏自己的孩子，发现自己孩子独一无二的优势，觉得自己的孩子比别人强，我始终认为，这是培养优秀孩子的前提。

2. 让孩子多接触音乐、舞蹈、画画等活动，可以丰富孩子的内心世界。当孩子随音乐舞动或是拿着画笔涂鸦时，其实都是孩子抒发他内在世界、表达情感的方法。但千万不要强迫孩子参加周末各种各样的才艺培训班和辅导班。孩子多才多艺当然很好，但无论学什么，都要注意两点：第一，是否符合孩子的兴趣与天赋？第二，是否以剥夺孩子的休闲快乐为代价？

3. 培养孩子对阅读的爱好，用书香气熏陶孩子，多和孩子一起读书，并尽可能让孩子在玩儿的气氛中接触好书，为他们的人生打好“精神的底色”。

4. 每天让孩子坚持做一件他不喜欢但应该也必须去做的事，这就是最好的“磨难教育”。就像洗一次碗并不难，难的是每天都坚持洗碗一样，偶尔走路上学也不算什么大不了的事，但如果天天都坚持走路上学，则需要毅力，需要战胜自己。

5. 重视上学，尽量避免因家庭问题导致孩子缺课，这有利于培养孩子将来的敬业精神。

6. 和孩子一起制定学习生活规则，然后坚持不懈地执行，慢慢把规则变成好习惯。

7. 好习惯的养成越早越好。让孩子懂得不能用粗心原谅自己学习上的失误，要学会总结、归纳。引导孩子养成多问问题的习惯，可以很好地激发孩子的学习兴趣，爱提问题的孩子比被动接受知识的孩子知识掌握得快，而且觉得负担轻。

8. 家长要以自己良好的习惯去影响孩子。

9. 适当采用奖励或惩罚。但要记住，对于孩子来说，宽容往往比惩罚更有效力。奖励最好以精神形式，不要以物质形式，后者容易养成孩子强烈的功利心。

家教手记三

帮助孩子战胜学习挫折

女儿在中考复习过程中也曾唉声叹气和恐惧，有一回我这样对她说："爸爸希望晴雁是一个超越困苦的人！当你的同龄人在为眼前的学习叫苦时，你能够在心里对自己说：我和他们不一样！我希望学习上的困难越多越好，因为这样才能练就我坚忍不拔的毅力！"

（高二时，晴雁脚趾动了手术，依然坚持学习）

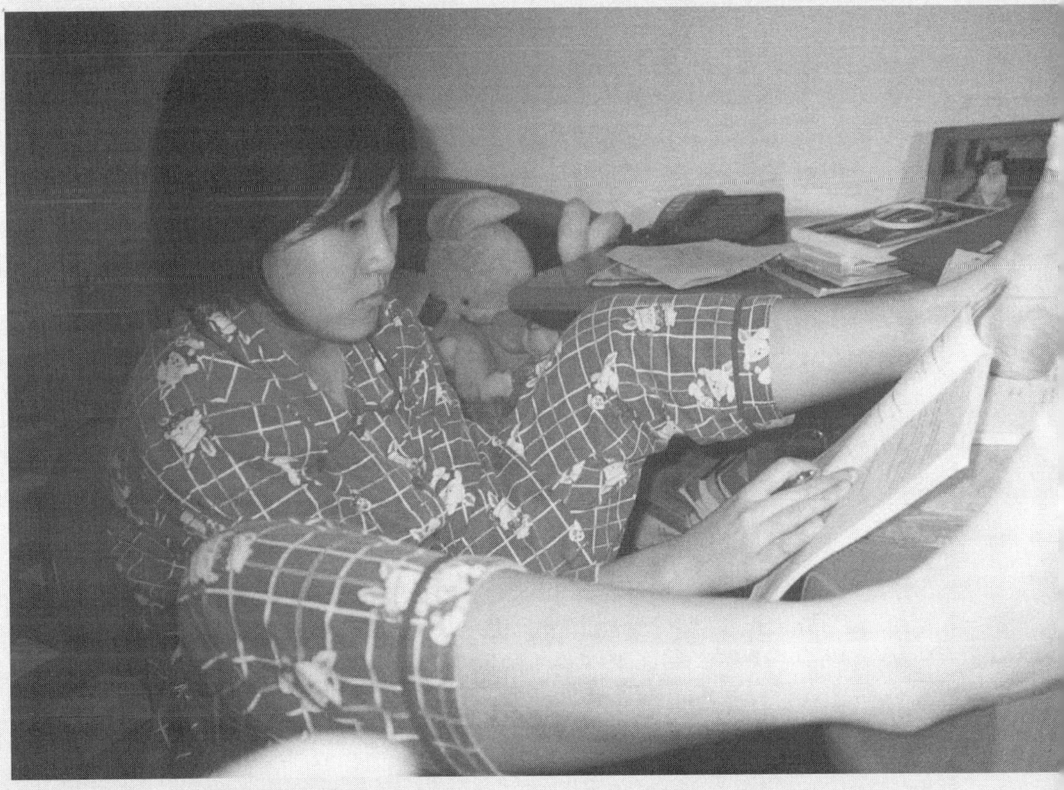

一　自信心是怎样找回来的

如何面对孩子升学考试的惨败

对孩子来说，在所有打击中，最大的打击莫过于升学考试的失败。几年的艰苦学习被一个可怜的分数毁于一旦，随之可能被毁灭的，还有本来也许就很脆弱的自尊和自信。同时受到打击的，还有家长。从某种意义上说，家长比孩子更看重分数，所不同的是，家长往往只能急在心里而在行动上却毫无办法。

孩子出现了这种情况怎么办？这里，我想讲述女儿小学毕业升初中的经历。

1999 年 6 月底，女儿小学毕业。最后一次到学校领成绩，是我陪着她去的。因为我想到女儿在小学一直没有留下过照片，我特地带着相机和她一起到学校给她照几张相。

那天下着小雨，可晴雁心情很愉快，她撑着鲜艳的雨伞，与同学们照了好几张相。直到老师通知同学们到教室集中领毕业成绩单。

我在校门外等了不多久，女儿出来了，脸色很不好看。我问："成绩单拿到了？"她点点头："嗯。""怎么样？"我问。"不好，很不好！"她的声音很低，带着哭腔。

从学校回家的路上，我们在小雨中穿过一条条小街小巷，晴雁一言不发。这是从来没有过的——以前她和我一起从来都是蹦蹦跳跳、欢声笑语的。

我知道她心里很难过，当然，我的心里也很难过。主要不为她的成绩不好而难过，而是为她的难过而难过。

一到家，晴雁把成绩单从书包里拿出来扔给我，一句话没说，便扑倒在她的床上号啕大哭起来——从她读小学起，六年来这是她第一次为学习而伤心大哭！

我展开成绩通知单一看：语文 93.45 分，数学 84.5 分，两科总分仅

177.95分！

这的确是一个非常让人难过的成绩！

其实，我从来没有对我女儿的学习抱过多大的期望值。因为我深知她并没有特别高的天赋，只是一个很普通很普通的孩子。小学六年，即使将平时的小测验算上，她也很少得100分——在我记忆中，她最多得过三次100分！因此对她小学毕业的成绩，我也就没有特别高的期望。

尽管如此，面对这个成绩，我仍然非常沉重！

我看着女儿还在呜呜地哭，我真不知该对她说什么。

本来我似乎也能找到批评她的理由。在考试前的那段时间，电视里正播放《还珠格格》，晴雁看得如痴如醉，晚上回家几乎没有复习过。但是，我现在想，如果她不看《还珠格格》，是不是就能保证毕业考试考得好呢？再说，现在再批评她，有什么用！

其实，无论是就升学还是晴雁本身的知识水平，我都还不是特别难过。因为如果说升学，我不应该发愁——我在石室中学教书，教师子弟可以直接读与石室中学有联系的石室联合中学，这是成都市最好的初中之一；如果就晴雁的知识掌握而言，我相信她不会只有这个水平。因为我没有子女升学的后顾之忧，所以小学六年从来没有给她施加过任何压力，包括考试前还容忍她看《还珠格格》，而不像她班上有些家长，为了争取仅有的几个保送重点初中名额，便从五年级甚至更早便给孩子请家教，到了毕业考试前夕，孩子往往要复习到深夜。晴雁的成绩虽然很低，可我自信这个成绩低于她本身的知识水平。

然而，我心情仍然很沉重，因为看到晴雁第一次如此伤心痛哭，我深知她的自信心遭到了前所未有的打击，本来就自卑的她会更加自卑。而这自卑，将是她未来学习中巨大的心理障碍！

女儿还趴在床上痛哭着，我拍拍她不停颤动的肩膀，说："晴雁，别哭了！你这只是一时的失误，其实，你是能够考得更好的。"

我只能这样安慰她，但女儿还在哭，同时摇头："爸爸，我学不好了，我学不好了！"

"谁说你学不好了？"我提高了声音，"你一定能够学得好！"

但女儿哪里相信我的话，仍然不停地哭着……

那几天，女儿一直没有笑容。

寻找增强孩子自信心的切入点

必须让女儿走出自卑的阴影，重新树立自信心，这是当务之急。但简单的几句“你一定能学好”连我都觉得太苍白，对她超越失败更是无济于事。

我应该从哪儿入手呢？那一段时间，我一直在想这个问题。

有一天，我爱人对晴雁说：“晴雁，现在你小学毕业了，应该把你的所有学习资料，包括书呀作业本呀之类的东西好好清理清理，该保存的保存，该丢弃的丢弃！”

于是，晴雁便开始清理她的东西了。看着她无精打采的样子，真是楚楚可怜！我也帮着她清理起来。在她的写字台抽屉里，我翻出几张旧报纸，我正准备扔了，晴雁忙说：“不要扔！上面有我发表过的文章！”

我随便翻开其中一张，是《华西都市报》，果然在《校园内外》版上，有晴雁一篇《书呆子爸爸》，这还是她三年级时写我的一篇短文，稚气也很有情趣，当时我鼓励她投寄《华西都市报》，没想到竟然发表了！

“这是你发表的第一篇文章！”我赞叹道，“你看，爸爸第一次发表文章已经 24 岁了，而你小学三年级就发表文章了！”

对我的夸奖，晴雁没有任何反应。她正在清理一摞日记本，翻着翻着，她抬头问我：“爸爸，这些日记本还要不要？”

“我看看。”我接过来，也翻了起来。

晴雁从刚会写字就在我的要求下开始写日记了。当然，一开始总是“今天上语文课，老师表扬我了！”“今天，我又得了一朵小红花！”之类的“一句话日记”。后来，渐渐长一些了，但仍然是些鸡毛蒜皮的小事——不过，哪怕再鸡毛蒜皮，日记的结尾往往总是：“今天过得多么有意义啊！”或者“今天过得真愉快！”翻着这些日记，我仿佛看到了小晴雁几年来成长过程中留下的歪歪斜斜的小脚印。这一篇篇日记，稚嫩但纯真，没有一丝矫情，真正散发着清新的气息！

我忍不住赞叹：“这么好的‘文物’，丢了多可惜呀！得好好保存呢！”

就在我半开玩笑半认真地对晴雁说这话的同时，我的心里突然闪过一个火花：何不将这些文字整理成书呢？小学六年，女儿不但写有几大本日记，还有那么多的作文，这些文字虽然幼稚，但毕竟是她童心的流露呀！如果能够将这些文字编辑成书，这是多么有意义的一件事啊！

同时，这也是帮女儿找回信心的机会！

珍视和放大孩子的光荣和自豪

女儿还在埋头清理她的“文物”，我却捧着女儿的日记本顺着我刚才的思路越想越兴奋：如果这本书真的编成了，等到女儿长大了甚至到晚年，她再翻开这本书看看童年的自己，那是多么有意思啊！但是，这本书最大的意义还在当前——让女儿从自己的作文集中找回信心！

想到这里，我对女儿说：“晴雁，我想把你小学阶段写得比较好的作文、日记编成书，怎么样？”

晴雁好像没听懂我的话：“什么？编书？”

“是呀！”我很认真地点点头。

“我的作文、日记能够编成书？”她还是不太相信。

我对她说：“就是你的作文、日记！可别小看这些文字，我觉得你写得挺好的，至少比爸爸当年小学的作文不知要好多少倍！将这些文章编成书，也算是对你小学生活的一种纪念嘛！”

她问：“谁愿意为我出书呀！”

“你自己呀！”我说。

“我自己给自己编书？”她很惊讶。

我很肯定地说：“是自己！当然，爸爸会指导你的。你先把你能够搜集到的小学写的所有的作文、日记找出来，然后一篇一篇地看，选出你认为最真实的文字。注意，首先是最真实，然后再考虑是否写得好。如果真实，哪怕文字粗糙一些都没有关系！”

“然后呢？”晴雁好像来兴趣了。

“然后你将这些选出来的作文全部输进电脑。”

“啊？我可不会电脑啊！”她说的是实话。

我笑了：“爸爸教你呀！反正整个暑假又没有其他作业，你有的是时间。在输入的过程中，你还可以对文章进行一些修改。等你把所有选出来的文字输入电脑后，你便已经掌握了电脑汉字输入的技能了，而且我相信会非常熟练的。”

“然后呢？”晴雁接着问。

“然后，爸爸为你的每一篇文章写评点。”

“然后呢？”

“然后，爸爸教你将文章归类编辑，设计栏目，取栏目标题，等等，就像一本杂志一样。”

“然后呢？”

“然后爸爸为你这本书写一篇序言。”

“然后呢？”

“然后爸爸请人将你编辑好的文章印成书！”

“然后呢？”

“然后——你的书就诞生了呀！”

“真的吗？啊！太好了！”女儿终于笑了，好像那本书已经捧在了她的手上，这是几天来她第一次露出这么灿烂的笑容。

但她马上提了一个问题：“我这书有没有人读呀？”

我说：“怎么会没有人读呢？到时候，说不定还有人拿着书来请你签名呢！”

当时我真是这样想的，也许女儿的文字在旁人看来微不足道，但这里面有她曾经有过的光荣和自豪；在女儿灰心丧气的时候，作为父亲，我要帮着她珍视和放大这些光荣和自豪，并引导她重新找回自己曾经的光荣和自豪。

说干就干！第二天，女儿开始编辑她的“文集”了。

和孩子一起回眸纯真岁月

她先认真地从作文、日记中筛选好文章，标准就是我上面所说的“真实”，有些文章虽然文字似乎还不错，但属于应试作文，便不在入选之列。文章选好后，从来没有摸过电脑的她，开始在我的指导下用“智能 ABC”输入法一个字一个字地输入她的文章。一边输入，一边修改。

整整一个月，选出的文章全部修改输入完毕。这时，她输入汉字的速度已经和我差不多了！

“晴雁真是聪明，电脑输入，一学就会！”我由衷地表扬她。

文章输入完后，我带晴雁去云南旅游了一次。昆明、石林、西双版纳、丽江、玉龙雪山……每到一地，我都要晴雁写旅游日记。旅游回来，马上整理修改这些日记，然后又输入电脑。这样，经过筛选整理修改的作文、日记和游记，总共有四万多字。

我开始一一仔细认真地读这一篇篇文字。在读这些文字的时候，我感到我是在用耳朵谛听她幼小而强劲的心脏在怦怦跳动！我饱含情感地在晴雁的每一篇文章后面都写了评点文字，这些文字不仅仅是对她过去文字的评价，更寄托了我对晴雁未来的期望。

然后，我指导晴雁将这些文章按内容分为四个部分——也就形成了这本书的四章，并给这四部分分别取了贴切的名字，“缤纷记忆”“晶莹童心”等。

在取章节名的时候，晴雁突然问我：“爸爸，这本书叫什么名字呢？”

这个问题我早就想过了，不过，我决定把这本书的命名权交给女儿，因为这是她自己的书呀！于是我说：“你自己取一个名字吧！”

后来，女儿将这本书的名字确定为《晴雁展翅》。

最后，我为女儿这本《晴雁展翅》写了一篇序言：《晴空一“雁”排云上》。

在序的结尾，我这样写道——

爸爸在你这个年龄的时候，哪写得出这样的文字！那时，我只能鹦鹉学舌地写“愤怒声讨叛徒、内奸、工贼刘少奇”之类的“大批判”文章和“红小兵，气昂昂，以笔作枪上战场”之类的歪诗，像你笔下的缤纷色彩，在那个年代我是不会写也不敢写的！至于什么电脑写作，那更是无论我的想象力多么丰富也想不到那里去的！

雁儿，你知道爸爸也喜欢写作，但不管你是否意识到，你现在已经对爸爸形成挑战了！这是好事，而且我希望你早日超过爸爸。当然，爸爸是不会轻易服输的；那么，让我们父女俩在未来的日子里，展开一场旷日持久的写作竞赛吧——这也是一场人生的竞赛！你有信心战胜爸爸吗？

——我等待着你的超越，我亲爱的女儿。

还记得你背过的一首刘禹锡的诗吗——“自古逢秋悲寂寥，我言秋日胜春朝。晴空一鹤排云上，便引诗情到碧霄。”现在，也到秋天了，我自然想到这首诗，但我想把其中“晴空一鹤排云上”一句略作改动，改成“晴空一雁排云上”。因为在我的眼里，我的小晴雁正排云而上，向着万里蓝天飞去！

在开学前夕，我花了一些钱将这本书印了出来，总共印了100本。虽然不是正式出版物，但仍然精美，薄薄一册，捧在手上却是那么厚重。封面是晴雁一年级入队那天的纪念照：她的右手正庄严地举过头顶，鲜艳的红领巾映照着她那充满稚气的可爱脸蛋，一双明澈的眼睛注视着所有注视她的人……

用善意的谎言鼓励孩子

开学了，我领着晴雁去学校报名。

晴雁即将就读的学校是成都石室联合中学，这是成都市办学质量最好的初中之一。该校是我所任教的成都石室中学的友好学校，我校教职工子弟都可免试进这所学校。所以，晴雁能够读成都石室联合中学，应该说是非常幸运的。

但同时也是很残酷的！因为其他学生要进该校则非常不容易：首先，小学毕业考试语文数学两科成绩必须在 190 分以上才有报名资格（而晴雁的总分仅 177.95 分）；其次，还要经过严格的考试，通过选拔者方能入学。尽管能进入这所学校读书的孩子应该说都是成绩非常拔尖的，但三年后能够通过中考进入石室中学高中部的也只是少数。因此，这也就决定了晴雁未来，不，已经面临的竞争是非常残酷的。

在第一天报名时，我背着晴雁悄悄看了看班主任手中的花名册，晴雁的毕业成绩在全班 62 名学生中名列第 61 名，即倒数第二名！尽管这已经在我的意料之中，但这个名次仍然让我感到触目惊心。当时，我实在不忍心将这个名次告诉晴雁。

值得庆幸的是，晴雁遇到了一个很好的班主任。班主任姓王，是个三十出头的青年教师，他不但数学教得棒，而且很爱学生。我向他介绍了晴雁的情况，并表达了我的忧虑，怕晴雁在班上跟不上学习，特别是数学。他说：“不要紧，只要晴雁有信心，加上努力，学习一定会搞上去的。”

我说：“问题就在于现在晴雁比较自卑！尤其是对数学有惧怕心理。请王老师多鼓励鼓励她。”

王老师说：“那当然！我们一起来鼓励她吧！”

女儿第一天上学回来情绪似乎不错，吃晚饭时，她高兴地说：“爸爸妈妈，今天王老师找我谈心了！”

我问：“王老师给你谈了些什么呀？”

“他说，我很聪明，只要努力，学习肯定能够上去的！”女儿说道。

过了几天，王老师给我打电话：“我从晴雁这几天的作业看，她很认真，作业质量也不错。她是能够学好数学的！”

我再给晴雁转述王老师的话时，有意夸大其词：“晴雁，王老师说你有学数学的天赋！”

“真的吗？”女儿有些怀疑，“王老师怎么看出我学数学有天赋？”

我一本正经地说：“人家王老师教了那么多年的数学，了解学生当然很有经验啦！再说，从你这段时间的作业，王老师也能感受到你的聪明！”

开学不久就迎来了教师节，女儿问我：“爸爸，教师节我想给老师们送份礼物。你说买什么礼物好呢？”

我笑了：“买什么买，不是有现成的礼物吗？”

女儿问：“什么现成的礼物？”

“《晴雁展翅》呀！”我说。

于是，晴雁找出几本《晴雁展翅》，一一在上面为老师们签名，然后，教师节那天果真拿到学校去送给老师了。

《晴雁展翅》赢得了好评——晴雁回来说，她的语文杨老师还专门夸奖她：“晴雁的作文写得真不错！”

我趁热打铁，说：“你看，王老师说你学数学有天赋，杨老师说你作文写得真不错！你的确很聪明，只要努力，你的学习成绩绝对可以很优秀！”

渐渐地，有叔叔阿姨来向晴雁索要《晴雁展翅》，他们听说晴雁这本书很不错，都想拿去让自己的孩子好好学一学。一时间，晴雁签名赠书，真成了忙人！不到一个月，100 本《晴雁展翅》就“告罄”了！

晴雁顿时感觉十分良好，阳光又映在了她的脸上。放学回到家里，总是像小鸟一样快乐，连做作业时都在摇头晃脑地哼歌……

两个月后，在进入初中的第一次半期考试中，晴雁名列班上第 10 名。

如果当初面对女儿惨不忍睹的升学成绩，我只是一味地责备孩子，或者只是和孩子一起悲伤地流泪，情况又会怎样呢？

二　孩子，爸爸允许你下次考试失败

抚慰孩子考砸后受伤的心灵

一般来说，孩子如果考出了好成绩，爸爸妈妈多半会说：“可别骄傲！争取下次考得更好！”

但女儿考出了好成绩，我却对她说："晴雁，爸爸允许你下次考试失败！"

女儿刚进初中时，她的入学成绩在全班 62 个学生中名列倒数第二。在我和老师的鼓励下，第一次大考（初一上期半期考试）就名列第 10 名，以后便总是在十几名到二十名之间徘徊。我从不用分数和名次压她，总是给她创造一种宽松的氛围。但有一点我的要求很强硬，这就是每天晚上 10 点以前必须睡觉。我觉得她的发展一直很正常。有次半期考试，她考了全班第 4 名，名列全年级近 700 名学生的 24 名。但当她打电话告诉我时，我却说："祝贺你！但爸爸允许你下次考试失败。"

不少家长往往爱对考出好成绩的孩子说"不要骄傲""下次争取再前进几名"之类，以为这是对孩子的严格要求，其实这样只会过分增加孩子的心理负担，不利于孩子的学习。有时候，家长的"减压"反而会使孩子轻装上阵，取得好成绩。

所以，如果女儿考差了，我会说："祝贺你！因为你通过这次考试暴露出了问题，这正是进步的开始，考试嘛，还有下次呢！不过，下次也失败了仍然不要紧，关键是认真反思总结。"

相反，如果女儿考好了，我会说："祝贺你！但爸爸允许你下次考试失败！"

为什么我会对女儿说这些"反常"的话呢？因为我认为，孩子的学习心态远远比其学习成绩更为重要。学习成绩只是一时的荣耀，而学习心态却可以影响其长期的学习状况。孩子考差了，当然需要家长帮着孩子总结反思，并找出原因所在，而这正是孩子进步的开始，难道不应该祝贺吗？孩子考好了，表面上很得意，但其实压力更大了；学习上有一定的压力是必要的，但如果这种压力超过了限度，就很可能成为孩子一种心理障碍，影响着孩子下一步的进步。所以，在这种情况下，家长适当减轻点孩子的压力，反而更有利于孩子下一步的学习。然而，我们一些家长却不懂这种辩证法，以为"只许成功，不许失败"的"高标准""严要求"才能提高孩子的学习成绩，但这样的结果往往适得其反。

2000 年 4 月，我在西安学习，给女儿写了一封信，谈我学习的紧张。女儿半期考试后给我回了一封信。信中谈到她半期考试的失败——

你走了以后，我因为想你，哭过一次，可后来一想，哭也没有用，只有把半期考试考好，给你报喜，才是关键。但是，这次半期考试我也考砸了。其实我也很想考好，但成绩却总是不理想。其实我是可以考得更好的，但我一到考试时，我就紧张，只想着上次没考好，这次一定要考好。可没想到这次也这样。你会说我不懂的没有去问老师，但老师讲的我都懂呀！看着别人考得好，我心里真不是滋味。回到家里，妈妈还会责怪我，我心里更难受。我知道妈妈也是为我好，但她为什么就不理解我呢？爸爸，你要在多好呀，我想你会理解我的，对吗？俗话说："哪里跌倒，就从哪里爬起来！"再给我一次机会，我会做得更好！

接到这封信，我给她去了一个电话，热情而充满信心地对女儿说："你一定会学得很好的，绝对没有问题！"同时，又在电话里就她的成绩帮她做了一些分析和总结。

女儿说："每当我考试考差了的时候，我就想，要是爸爸在的话，一定会安慰我，不会怪我的。"的确如此。

不把孩子当天才

我曾在我的学生家长会上批评过一些家长的错误观念："有的家长对孩子的成绩永远不会满意，这是因为在内心深处，这些家长总把自己的孩子看成是天才，而没有把孩子看成是一个普通人。既然是天才，那每次考试都应该是满分，所以家长永远对孩子表示失望。而这种失望，对孩子的自信心来说，无疑是最具杀伤力的。"

从女儿刚进小学一直到她高中毕业，我从来没有对女儿提出过任何分数和名次的要求。我一直有个秘密——这个秘密直到写到这里我才公开，我女儿才知道的——这个秘密就是，我在内心深处，从来没有把女儿当作天才，相反，我总是觉得她智商平平，夸张地说，我甚至把她假想为"弱智"——当然，这种假想只能深藏于心。因此这样一来，她每次考试如果考得不好，都在我意想之中：本来我女儿就不是特别聪明嘛！能考这样的分数已经不错了。而如果她考得不错，我会格外惊喜："哟！我女儿居然还考了七八十分！"所以，我一直对女儿都怀着一颗平常的心看她的学习和考试成绩。

但是另一方面，虽然我在心里从没把女儿当作天才，但平时我在评价女儿时，总说她是"高智商"，她是"天才"。随便举一个小例子，有一天她放学回来说她在语文课上很快就把课文背诵完了，我很平静地说："嗯，你记忆力很好，这是天才的特征。"整个中小学阶段，她就是在我关于"天才"

的“吹捧”中成长起来的。这样做是不是会让她盲目乐观以至骄傲自满呢？不会的。因为我在夸她的同时，并没有放松对她学习态度的要求。只是用这种方式让她充满自信。而这种自信，对于学习来说是至关重要的。

还有一次，学校要开家长会了，女儿很自豪地对我说：“爸爸，我的同学一听说开家长会都很害怕，害怕开了家长会后爸爸妈妈会去算账。”她说的“算账”就是家长因孩子成绩不好或表现不好而回家打骂孩子。然后她又说：“同学们都很羡慕我，因为我从来不怕开家长会。”女儿说的是。无论考好还是考差，女儿从来不怕我去开家长会。因为我从来不会因为在家长会上得知了她的不好的成绩，而回来斥责她。我要做的，只是充满信任地帮女儿分析失败的原因，并热情地安慰她，让她明白：我能行！

有的家长也许会说：“孩子每次都考得不好，让我怎么安慰孩子呢？每次都‘下次考好一些’，但‘下次’到何时？”作为当了二十多年班主任的教育者，我完全理解家长们急切的心情，因为我的女儿也并不就是“下次”一定就考得好，很多时候还“屡战屡败”。在这种情况下，女儿的心情比我还难过：“爸爸，我又没考好！”她会觉得非常对不起爸爸。我是这样对她说的：“如果把中考（或高考）当作山顶的话，那么你现在每次的考试都是登一级台阶。只要你每次考试后能够真正找到失败的原因，这一级台阶你就登上去了。正是最后一次考试前的无数次考试，奠定了最后考试的胜利！如果从现在到中考（或高考）有 100 次考试，那么，前面 99 次考试的失败都是通向最后一次胜利的必经之路！”

做最好的自己

我对晴雁的考试成绩一直比较“沉得住气”（当然，也不是没有着急的时候，但相对比较少），还基于一个观念，就是一个人不应该简单地和别人比，而应该和自己比，用昨天的“我”与今天“我”相比，看是否有进步。我经常给女儿说的一句话是：“做最好的自己！”

曾经有个外地中学生朋友给我写信，问“什么样的自我是最好的”，我给她写了一封回信——

面对你的提问，我的回答是：做一个最好的自己！

谁都渴望成为英雄豪杰、伟人巨匠，但受自身条件、社会环境等制约，真正成为艺术家、文学家、企业家的，只是少数。“人比人，气死人”，因为你比的人，处于人类文明的金字塔尖，当然越比越觉得自己无能。但是，请别忘了，虽然也许你永远成不了“家”，但通过努力，你却完全可以成为最好的“我”。

有人说：“每个人都是一棵树。”的确，我们生活的世界像一片森林：其中有的人是乔木，有的人是灌木；有的人是参天的白杨，有的人是婆娑的杨柳。你即将毕业，可能升入大学，可能参加工作，但志愿与职业的选择现在还不能取决于你自己。你以前的理想都是很好的，但现实并非可以随心所欲。因此，问题不在于你做什么，而在于你要成为最好的——

你也许不是最美丽的，但你可以最可爱；你也许不是最聪明的，但你可以最勤奋；你也许不会最富有，但你可以最充实；你也许不会最顺利，但你可以最乐观……因此，你若是工人，就要当技术最出色的工人；你若是营业员，就要当服务质量最佳的营业员；你若是医生，就要当医术最高明的医生；你若是教师，就要当最负责的教师；甚至你哪怕只是一名个体户，也要当最受顾客称赞的劳动者！你也许不能成名成家，不能名垂青史，但你可以成为同行业中千千万万普通人里最好的那一个！

一位外国诗人曾这样写道——

如果你不能成为山顶的一株松，就做一丛小树生长在山谷中／但须是溪边最好的一丛小树／如果你不能成为一棵大树，就做灌木一丛

如果你不能成为一丛灌木，就做一片绿草／让公路上也有几分欢娱／如果你不能成为一只麝香鹿，就做一条鲈鱼／但须做湖里最好的一条鱼

我们不能都做船长，我们得做海员／世上的事情，多得做不完／工作有大的，也有小的／我们该做的工作，就在你手边

如果你不能做一条公路，就做一条小径／如果你不能做太阳，就做一颗星星／不能凭大小来断定你的输赢／不论你做什么都要做最好的一名

姝洁同学，不管今天你从事什么，都让自己成为最好的吧！——做最绿的小草，最纯的水滴，最亮的星星……

后来这封信收入了我的《青春期悄悄话——致青少年的101封信》。我

把这本书给女儿看，她也看到了这封信。

我对女儿说："向比自己优秀的同学学习当然是应该的，但别人有的优点是你永远学不会的。你就争取做最好的自己吧！包括考试成绩，再和优秀同学相比的同时，更应该和自己比。而且，这种比，不只是比分数，更比经验或教训。无论考得好或坏，只要能从中总结经验或吸取教训，就是最好的进步！"

女儿接受了我的观点，逐步树立了"做最好的自己"的信念。

好成绩不是打骂出来的

我曾经有一位朋友，对孩子要求非常严，但这个"严"已经不是一般的"严格"而是"严酷"甚至"残酷"了。他对儿子的考试成绩"明码实价"地提出要求：得 70 分至 79 分罚站半个小时，60 分至 69 分罚站一个小时，60 分以下挨打并饿一顿饭。当时，我和许多人都好心地劝他，他不听，反而说这是"严格要求"。但他的孩子吃了不少罚，成绩却从来没有上去，最后连高中都没有考上！

可见，好成绩既不是骂出来的，也不是罚出来的，更不是打出来的。

关于我对晴雁的考试态度，她自己曾写过一篇作文——

考试前后

门开了，一张笑嘻嘻的脸出现在我面前，是爸爸。"晴雁回来了？快进来，吃鸡腿。"看样子，爸爸挺高兴的。我心想，你现在倒高兴，待会儿我告诉了你我今天没考好后，还不知道你要怎么骂我呢！

这是期末考试的第一天，上午考语文，下午考理化。谁知这第一天我就都考砸了，和同学对完答案，我就知道自己考砸了。我把书包往地上一扔，说："我不想吃鸡腿了，没心情。""今天没考好吗？"爸爸问。我有气无力地"嗯"了一声。爸爸又笑了起来："没考好有什么了不起，我们又没有因为你没考好就不给你吃鸡腿。来，洗手！"我终于忍不住哭了起来，边哭边说："那道计算题，我就是没有在草稿纸上算，直接写出了答案，结果算错了；还有那道选择题，我本来是选对了的，但后来又改错了……""你怎么就改不掉这个老毛病呢！"妈妈皱着眉头说。"哎呀，没有关系没有关系，这次考不好还有下次嘛。明天考什么？”爸爸好像很乐观。我低声说：“数学和英语。”爸爸乐了：“哈，这不是你的强项吗！不要紧，今天晚上不要复习了，看电视去，放松一下，明天肯定没问题！”“啊？”我大吃一惊，“明天要考试，你居然让我看电视？”“那你觉得你怎么复习呢？”“不知道。”“你看，你都不知道该怎么复习，还不如去看电视呢。放心，没问题！”爸爸仍然满脸笑容。

我回想起以前，爸爸从来没有因为我考试考得不好而打我骂我。每一次，他都是耐心地给我讲道理，鼓励我，使我对待考试能有一个良好的心态：考好了不骄傲，考差了不气馁。我的眼泪情不自禁地又流了下来：“爸爸，你怎么不骂我呢？我没考好，你还对我笑嘻嘻的，我觉得我对不起你。爸爸，你放心，我下次一定考好。”“好，晴雁，你看你已经很难过了，下定决心要考好，我又何必骂你呢？记住，明天要沉着、冷静地应考！”

第二天，我顺利地考完了数学和英语。最后的期末排名，我还是在前五名。我在心里感谢爸爸。

我始终相信，孩子的成绩不是逼出来的，孩子的潜力也不是逼出来的，而是期待和鼓励出来的——这里的“期待和鼓励”和对学习态度的严格要求是不矛盾的，所以，哪怕女儿考得不好，我也能从容地对她说：“爸爸允许你下次考试失败！”

三　激励孩子战胜“中考恐惧症”

不要与孩子一起唉声叹气

“考、考、考，教师的法宝；分、分、分，学生的命根！”恐怕很少有孩子不惧怕考试的，因为在许多人看来，这“命根”关系着眼前面子的荣辱和今后人生的兴衰。尤其是升学考试，那更是命运的赌博，在老师和家长焦灼而又充满期待的眼光中，孩子疲惫不堪地挣扎在应试的生死线上。

面对孩子对升学考试的恐惧，家长怎么办？有的家长可能会一味批评孩子：“怎么这么没出息？大家都能过，就你不能过？”这样的家长首先没有理解孩子，而没有理解孩子就不可能真正走进孩子的内心，也就谈不上有效地引导。有的家长可能会和孩子一起埋怨残酷的考试竞争，和孩子一起唉声叹气。这样做，倒是“理解”孩子了，却不能解决孩子的任何问题，相反只会增加孩子对考试的厌恶。当然，还有一些家长既不责怪孩子也不和孩子一起怨天尤人，而是设法针对孩子学习上的漏洞为孩子请家教进行一些补习，以增强孩子考试获胜的实力。这种做法当然很好，但我觉得要想从根本上解决问题，得增强孩子的心理素质，让孩子克服对考试的恐惧。

在女儿初三迎考的时候，我和她有过一段曲折的心路历程。我有过教训，最后吸取教训获得了家庭教育的成功；孩子有过哀叹，最后却超越了哀叹赢得了升学考试的胜利。

进入初三后，女儿说得最多的一句话是：“唉，我的命比黄连还苦！”

第一次说这话是因为她妈妈说自己“家务事太多，命苦”，正在做作业的女儿马上抬起头：“什么？你命苦？要说命苦，还是我最命苦！”

在旁人看来，女儿是那么幸福，生活在改革开放的年代，既没“吃过糠”也没有“下过乡”，更别说“过江”“负伤”了，何来命苦！

但是，我深深理解女儿，她的命的确很苦！

她每天天不见亮就出发，直到天黑才回家，真正是披星戴月！

上个星期，她不得不去配了一副眼镜，戴上眼镜的女儿顿时让我感到陌生而难受。那一刻，作为特别疼爱女儿的我，真想抱着女儿哭一场！

作业多考试多，女儿还能忍受，她感到最痛苦的，是要背一些她根本不能理解而且在我看来也没有多大用处的“知识”。比如政治。一次政治阶段性考试前夕，她说：“爸爸，政治要背一本书啊！”她说的“书”，是指政治教材。我说：“政治嘛，只要上课认真听讲，背起来就容易了。”她说：“我们老师也是这样说的。但我上课根本听不懂啊！不只是我听不懂，我们的同学都听不懂！”

记得考试前的那个星期天，她很早就起来了，连早饭都不吃，开始背政治了。“生产力”“生产关系”“多种所有制经济共同发展”“对个体农业、手工业和资本主义工商业进行社会主义改造”“垄断资本主义”“人民日益增长的物质文化需要同落后的社会生产之间的矛盾”……

星期天的早晨，人们大都在睡懒觉，四周一片寂静。女儿的琅琅书声传得很远很远。

我的天！即使是请一位省委书记来背诵，恐怕也未必能够过关！而我的女儿只是一位刚满 14 岁的初三学生啊！

于是，我和她一起梳理所有要背的内容，并为她抽背……

我女儿的记忆力其实很强，虽然很痛苦但一会儿她就背了许多——尽管她根本不懂背的东西是什么，只知道这些东西要考，就是分数！

休息时，她对我说："只要考完，我一定把这书撕了，烧了！"她又说："世界上最可恶的职业是老师！因为他们就是这样整学生的！"

女儿的话，当然是极为偏激的，但我不可能要求一个小女孩具有多么辩证的思想。

我对她说："爸爸理解你。但是，第一，现在的教育制度有很多需要改革，你不应把现在教育的某些弊端视为教育本身，因为教育本身是神圣的。第二，老师也是无可奈何的，他们也是教育弊端的受害者，你不应因此而恨老师，更不能因此恨教师这个职业。第三，不管怎么说，目前你还得背，你就把它当作意志的考验吧！"

我知道这些话现在说服不了晴雁，但我也只能这样说。

她听了，还是叹气："唉，我的命真比黄连还苦呀！"

我在网上发帖子，反映女儿的苦闷。我对她说："爸爸在网上为你喊冤！"

她问："这样就可以免除我的考试了吗？"

我无言以对。

在那一段时间，我实际上是陪着女儿在叫苦，结果不但没有减轻女儿的痛苦，反而让她感到更痛苦。

现在想起来，那的确是我的一个教训。

不要渲染升学考试的恐怖

后来她政治考试考了 90 多分，在班上名列前茅，但她高兴不起来："有什么用！现在我已经忘得一干二净了！"

我有十二万分的理由理解女儿的心情。作为教书二十年的教师，我深知现在的教育制度有多么不合理而且不合人道！但我又想如果听任女儿保持这样一种消极态度，不但不利于她的学习，而且也不利于她形成坚忍不拔的意志。要知道，她未来的人生还有多少可以预见和不可预测的困难、挫折在等着她呢！

按说，女儿的成绩应该算是不错的，半期考试名列班上第 4 名，在年级近 700 人中名列 24 名。然而她对学习却如此厌倦！

我反思我自己的教育。我感到女儿的这种精神状态，固然与现在的教育制度有关，但也与我有关。在初二结束的那个暑假，我曾半开玩笑半认真地对女儿说："晴雁，从下学期开始，你将度过四年有期徒刑！"她一下子就明白了我的意思："我知道，你说初三和高中三年的学习生活会很紧张，学习压力会很大，是吧？"

我说："是的。因此你现在必须有充分的心理准备，准备承受你以前没有承受过的学习压力。"

当时我觉得我是在给晴雁打预防针，现在看来，我这个预防针不但没有收到应有的效果，反而产生了副作用，让女儿带着一种恐惧的心理进入初三，这种心理使她被动学习，更使她对初三生活真有一种坐牢一般的感觉。试想：如果一个人对所做的事感到是在服劳役，这是多么痛苦！

我估计像我一样的家长也不少，总以为提前打了预防针，就能够让孩子有心理准备，使他们对未来的困难有足够的思想准备，但由于孩子是怀着如临大敌的心情被动地进入迎考阶段，这样的心情恰恰是不利于迎考复习的。女儿现在的唉声叹气，充分证明我打的预防针并不成功，反而还有副作用！仔细想来，女儿现在之所以对考试怀有恐惧，是因为我这个做家长的对考试有恐惧——换句话说，正是我本人的"考试恐惧症"不知不觉地传染给女儿了！

我决定弥补我的过失。

为孩子寻找精神力量

从何入手呢？

我分析了女儿的情况，她当然在知识方面也有一些漏洞，这些漏洞使她对考试缺乏信心，所以，我和她一起分析平时每一次考试的试卷，找出原因，并鼓励她多向老师请教，弥补知识上的缺漏。

同时我也意识到，女儿目前最缺乏的，是精神力量。因为她表现出来的，是精神面貌不佳，所以我最应该做的，是为她寻找精神力量，帮助她在精神上站起来。那么，什么样的精神力量，孩子最容易接受呢？我想到了同龄人的榜样。一般来说，同龄人中的强者最容易打动孩子，也最容易征服孩子的心。我想到我过去教过的毕业班学生，他们的事迹也许对女儿会有一些启发和帮助。

那天晚上，晴雁比平时完成作业早一些，我来到晴雁的房间：“晴雁，爸爸给你看一本书。”说着递给她一本《花开的声音》。

《花开的声音》是我为我的2000级初三毕业的学生编撰的一本书，这是反映我和我的学生三年生活的纪实作品。正式出版后，引起了很好的反响。里面有一章叫《挑战青春》，是写我的学生如何迎接初三挑战的，有的段落就是学生自己的文字。

我对晴雁说：“你看看这本书里的哥哥姐姐们是怎样度过初三的。”说完我退出了女儿的房间，但我相信，书中的内容会打动她的。

在书中，崔涛同学这样说道——

初三是青春的摇篮！它让我们去拼搏，去友爱，去战胜自我。“沧海横流，方显英雄本色！”让我们这些青春的同学，扬起风帆，冲破重重阻碍，共渡中考难关！让我们携手共进，去热爱，更去挑战这青春的初三！

潘琴同学这样说道——

初三是一场比赛，初三是一场战斗。初三，就是这样，不是你把它打倒，就是你被它打倒，只能在胜利与失败之间做出选择。当别人在窗外打羽毛球时，我不能；当别人在面对卡通片发呆时，我不能；当别人在音乐中享受快乐时，我不能，因为我们是初三的学生！老师们常在耳边说：“人生的路很长，可关键的只有几步！”谁又愿在这关键的几步中“一失足成千古恨”呢，于是便有了这暴风雨般的初三。此刻，我们分明听到了高尔基笔下的海燕在呐喊——“让暴风雨来得更猛烈些吧！”

杨璐同学这样说道——

我们也曾拼命地诅咒应试教育惨无人道，但我们躲不开又怎么办？与其坐以待毙，不如奋起抗争！再从另外一个角度想，不妨把这苦难当成人生的磨炼吧！就像孟子所说：“故天将降大任于是人也，必先苦其心志，劳其筋骨，饿其体肤……”是呀，天降大任，唯有拼搏!

……

第二天我问晴雁:“读了《花开的声音》,感觉如何?”

她说:“你们班的学生真幸福!”

于是,我再给了她一本《恰同学少年》,这本书与《花开的声音》属于同一类型,是我为我教过的高95届学生编撰的,里面有一章《决战高三》。我对女儿说:“你看看爸爸的学生是怎样面对高考的。”

《上甘岭精神》《六月的主题》《烈火金钢》《我们的进行曲》《吃苦的意义》《这就是人生》《冲锋号吹响了》……仅看书中这些小标题,就足以感受到当年我的高三学生是怎样一种豪迈乐观昂扬奋进的风采了!我相信,我女儿一定会被主人公的精神所感染所打动。

其实,书中哥哥姐姐们所说的关于拼搏之类道理,我也给女儿说过,但同样的话,从同龄人的嘴里说出来,就是不一样。

这次我没有问女儿的读后感,但接下来的几天里,我已经没有听到她感叹“命苦”了。

把升学考试当作一笔财富

要让孩子走出“考试恐惧症”的阴影,家长首先就要让自己的心灵充满乐观豪迈的阳光。只有我自己把升学考试想透了,才能以积极的情绪去影响孩子。

如果中考是躲不过的,无论它有多么残酷,作为家长也应该帮助孩子超越残酷。我反复告诉女儿,中考闯关所收获的,本身也是一笔财富。与其唉声叹气地怨天尤人,不如迎难而上,接受命运的挑战,这便是走向成熟!

我决定正式找她谈一次心。于是,在一个周末的晚上,我把女儿叫到我的书房。

“晴雁,爸爸首先要向你承认一个错误。我对不起晴雁!”我很认真地说。

她很吃惊,以为我又在开玩笑,问道:“又发神经了?”

我说:“不,的确对不起晴雁。你不是说你的命很苦吗?不光是由于学习负担重,其实,我也有责任呢!”

她问:“为什么?”

我反问她："还记得初二结束时我给你说的四年有期徒刑的话吗？"

她点点头："记得呀！你说这四年的学习很苦，就像坐牢。"

"那你进入初三后是不是想到在坐牢呀？"我又问她。

她仍然点头："是的。我确实觉得像是在坐牢。"

我说："所以，你现在坐牢的感觉，命苦的感觉，很大程度上就是由于爸爸这个说法造成的。你是以坐牢的心情进入初三的，因此，遇到什么困难都感到是在受刑。这种心理夸大了也强化了初三的压力，使你觉得自己的命比黄连还苦。爸爸有罪，爸爸才该坐牢！爸爸现在收回这种说法！"

我又提到这几天我让她看的书："你看，同样是面对中考和高考，不同的心境所表现出的精神面貌就是不一样！爸爸教了二十年的书，多次带初三和高三，深知某些教育方式对人的身心摧残，我平时发表了大量文章，也是呼吁教育改革，呼唤解放孩子。因此，你所面临的中考压力，你所面临的不合理的负担——比如背政治等，爸爸完全清楚。但是，爸爸今天要说的是，我不应该以坐牢服刑来形容初三和高中生活，那样会使你一开始就以忍受痛苦的心情对待学习。爸爸经常对学生说，今天也对你说，如果这一切难关是非过不可，那么，唉声叹气也是过，高歌猛进也是过——你何不换一种心情呢？就像《花开的声音》和《恰同学少年》中的哥哥姐姐们一样。更重要的是，你应该把中考高考看成是命运对你的磨炼，经过这种磨炼，你一定能够拥有无比坚忍的意志！"

她一双明亮的眼睛专注地看着我。

我继续说："人们爱说现在的孩子真幸福！我不同意这个说法。"

晴雁赶紧接嘴："就是就是。你们那时读书可没有我们现在苦。"

"是呀！那时开门办学，经常学工学农。学工就在工厂学修汽车，学农在农村的小河里摸鱼虾，可好玩了。但我们这一代人没有学到什么知识，所以爸爸现在还要读博士！我们那时学习虽然轻松，但毕业后不得不'上山下乡'，到农村锻炼，吃的苦可不比你们现在的应试教育少！"

晴雁笑了："那我和爸爸扯平了！你读书不苦，但要下乡；我不下乡，但读书很苦。"

我说："这说明老天对任何一代人都是公平的，因为任何一代人都有他们的幸与不幸。而这所谓'不幸'不过是种种磨难，只要经过了这种种磨难，人便坚强起来，才有出息，就像你刚刚学过的一篇孟子的文章里所说：'天将降大任于是人也，必先苦其心志……'"

晴雁马上接过去，像竹筒倒豆似的背了下去："劳其筋骨，饿其体肤，空乏其身，行拂乱其所为，所以动心忍性，曾益其所不能……”

“好了，别背了！晴雁的记性就是好！”我打断她的背诵，“有一点是肯定的，没有吃过苦的人肯定不会成大器！但是，吃苦并不是非要把你弄到乡下去挨饿，或者去干苦力活。你现在每天的学习就是一种吃苦的锻炼，这同时也是一种快乐，成长的快乐，走向成熟的快乐！”

最后我说：“爸爸希望晴雁是一个超越困苦的人！当你的同龄人在为眼前的学习叫苦时，你能够在心里对自己说：我和他们不一样！我希望学习上的困难越多越好，因为这样才能练就我坚忍不拔的毅力！”

在我说这些话的时候，晴雁听得很认真，她很少这么认真地听我的严肃谈话……

这次谈话不久，她就迎来了期末考试。学习负担比平时显然更加重了，但我没有听晴雁叹过一声气。这次考试，她的成绩再次在班上名列前茅。

“感谢中考！”

刚放假，我带晴雁去参加我一位朋友的婚礼。婚礼结束后我们在一个茶楼喝茶，我和朋友闲聊。座中有一位朋友是《教师之友》杂志社的钟丽曦老师，她给我谈到她最近刚刚接到一部小说稿，作者是本市一位刚刚毕业的高中生，小说内容是作者的高三生活。她说：“这位学生将小说的题目定为《感谢高考》，他认为，一般的中学生总是喜欢诅咒高考，但他通过高考的磨炼却很感谢高考。”

她说这话时，女儿正坐在我身旁。她悄悄对我说：“爸爸，把钟阿姨说的那部书稿借来看看吧！”

于是，第二天我便去《教师之友》编辑部拿回了那部小说稿。寒假回老家，晴雁除了带上她的作业，还带上这部书稿。

在乐山老家，晴雁每天做完作业，总要翻几页小说稿。我问她写得如何，她说：“写得不好，没有吸引力。但是，序言写得很好。”

我拿来看了看。的确，就写作而言，这部小说不算成功，人物芜杂，情节凌乱，缺乏应有的冲突。但正如女儿所说，作者自己写的序言很好。不过我仍然问晴雁：“你为什么觉得序言写得好呢？”

她翻到序言，指着其中的一段话，说：“你自己看吧！”

这一段话是这样的——

可能有人说我们是怯弱而麻木，甚至丧失自我的高三生，因为他们看到书中没有对高考时髦的诅咒。我们是省重点中学实验班的学生，我们清楚自己的目标，我们是现实理智的人。即使我们有对现行教育制度的不满，我们也必须接受并适应它，大喊大叫是无助于目标实现的，反而会浪费时光。或许高三是个铁屋子，但我更愿称其为炼狱。炼狱是在天堂与地狱之间，它的门开了条缝，我们走向那道光亮，但我们不知道门后是什么，是通向天堂的楼梯还是坠入地狱的深渊。我觉得我可以感谢高三，尽管我没有实现最终的目标，但我有了脱胎换骨的感觉，我觉得成功经历高三洗礼的人，只需要坚持，继续学业是没有多大问题的。高三的经历是笔财富！

寒假结束回成都的前一天，女儿自己写了一篇作文，我一看题目，是《感谢中考》，全文如下——

感谢中考

前不久听爸爸说，一位已毕业的学生写了一本反映他高中生活的书，书名为《感谢高考》。刚听到这书名时，我感到不解：高考多残酷啊，许多人骂它都来不及，他居然还要“感谢高考”？但仔细一想：嗯，高考的残酷正磨炼了人的意志，从这一点讲，的确应该感谢高考。而我现在正面临中考，中考又何尝不值得我感谢呢？

相信进入初三的同学都感觉到了初三的紧张和沉重。课本知识越来越难，不只是语数外理化五门主科，连政治、历史也越背越头痛了；考试几乎是天天与我们见面，一张比一张难的试卷铺天盖地向我们扑来，同学们都叫苦连天；睡眠时间由十小时减为八小时，又由八小时减为六小时、五小时，每个同学上课时都精神恍惚；还有那残酷的体育考试，让我们在精神上饱受折磨之后，又多了一项身体摧残……是的，这一切看来都是那么“惨不忍睹”，但这只是事情的一面，而它的另一面可能我们并没有看到——

课本知识越来越难，就使我们不得不刻苦地去钻研它们，正是在同学习困难的较量中，我们的知识渐渐转化成了能力；天天考试，使我们习惯于把考试当练习，多了一份轻松应考的心态，不再有“考试恐惧症”；睡眠不足，又要专心听课，让我们每个人都多了一份战胜自己的毅力；为通过体育考试而进行的每天 800 米长跑，又让我们体会到了“天将降大任于是人也”的含义……

爸爸经常对我说：“老天对任何一代人都是公平的。我们读中学时学习很轻松，但我们不得不接受‘上山下乡’的锻炼；你们虽然不会‘上山下乡’，但现在的充满竞争压力的学习同样是一种锻炼。”我感谢中考，并非要否认现行教育制度的种种弊端；而是觉得，当我们不得不面对它时，当我们被初三紧张的学习压得透不过气的时候，我们不妨这样想一想，中考固然残酷，但如果能够经受考验，我们便变得坚韧起来，而这份坚韧将使我们在以后的人生中笑傲任何困难！所以，不管中考结果如何，我们也要坚持到底，因为这个过程本身就是一笔财富。所以，我真诚地感谢中考！

我亲爱的同学们，准备好了吗？向中考进军！

读完作文，我问她：“晴雁，这真是你的心里话吗？”

她说：“是呀！我什么时候在作文里撒过谎？”

是的，我知道女儿从不在作文中言不由衷的（为此她也吃过“亏”），于是，便激动地拥抱女儿：“晴雁，你真伟大！”

初中生应该为将来做好哪些准备

——答《初中生世界》编辑部梅香老师问

我曾在一封写给女儿的鼓励她的信中说道：“应江苏《初中生世界》的要求，我接受了他们的采访。主要内容是给中学生的希望。我把这篇采访记也给你寄来，你一定要认真看看。因为这里面的每一句话，也是对你说的。”是的，这篇采访，可以说是给女儿给学生树立追求的目标，鼓励他们往这个方向奋斗的挺有概括性的谈话。

问：应该讲初中阶段是为一生奠基的黄金时代，您觉得这一阶段除了要完成基础知识的学习和学识的积累之外，学生还应该为自己今后的更好发展做哪些准备？（比如人格的塑造、自我品质的修炼，良好学习习惯的养成……）那么这些方面又该如何去做？

答：初中阶段的确是一个人的黄金时代。这一阶段，是为将来人生做好准备的阶段。准备的内容当然有很多，但我想除了您说的学业准备，同学们至少还应该有这样四个方面的准备——

第一，确立志向。同学们将来具体从事什么职业，现在当然无法预见，但每个学生从现在应该有这样的信念：也许我永远都只是一个平凡的人，但我的精神境界一定不能平庸，而且要尽自己所能做一番事业。要特别强调的是，“立志”不是仅仅在写作文或讲演时空喊几句口号，而是自己发自内心的追求。为此，确立一个人生榜样是至关重要的。现在不少同学崇拜歌星影星，作为个人爱好，只要不过多分散精力影响学习，当然无可指责。但我们更提倡同学们从古今中外的杰出人物中选择一位自己的人生榜样，这实际上是为自己的一生确立一个精神坐标，也是自己人生前进的动力。

第二，学会尊重。尊重他人是现代社会人与人相处的基本准则，也是一个人文明程度的标志，但现在的独生子女往往不太注意这一点。一个人也许他的智力很好，学习成绩也不错，但如果他不懂得尊重他人，将来很难在事业上取得成功。学会尊重，应该从小事做起，比如从尊重父母做起，从尊重周围的人（老师、同学以及一切普通的劳动者和弱者）做起，从生活小事做起。比如，我要求我的学生尊重他人从打电话这样的小事上开始——拿起话筒，首先要说“您好！”。如果别人拨错了号，你应该真诚地表示谅解。又如，不要轻易给别人打传呼，因为这可能给对方回话带来麻烦；能够打座机就不要打手机，因为这会增加对方的话费，等等。看起来这都是微不足道的生活小事，但正是从这些小事上能够体现出一个人尊重他人的文明修养。而这种修养对于一个人将来的成功是非常重要的。

第三，独立思考。现在都在提倡创新能力，而创新能力应该从“怀疑”开始。我经常教育我的学生，要勇于质疑，破除迷信。这里所说的“迷信”主要是指学生长期以来形成的对教师的迷信、对名家的迷信、对权威的迷信和对多数人的迷信。同学们应该明白：世界上不存在万能的圣人；老师也好，名家也好，权威也好，都不可能句句是真理；虚心听取别人的意见是应该的，但这些意见只能供我们独立思考时参考，而对某个问题的认识，对某篇文章的看法，我们只能忠实于自己的心灵，不能盲目从众。决不能用别人的思想代替自己的思想。

第四，热爱读书。学习并不只是中学时代的事，而是终身的使命，不，应该说是终身的生活习惯，这种习惯将使一个人一生真正拥有充实而幸福的精神生活。而这个习惯要从初中时代开始养成。遗憾的是，现在热爱读书的中学生越来越少了，他们让流行歌曲、让电子游戏、让足球联赛占去了太多的时间。一个不读书的人将是一个精神萎靡的人，一个不热爱书籍的民族将是一个很危险的民族。因此，同学们无论怎样都应该养成读经典书籍的习惯。可以在老师家长的指导下选择一批真正的名著，然后自己订个计划，一学期读多少本，一学年读多少本，整个中学阶段读多少本。

问：您作为一位关爱学生的班主任，研究学生，带着对孩子们的热爱之情，为他们写了一部部成长日记，记录他们的成长历程，并在对他们的研究和思考中与他们共同进步，这也算是您的一笔宝贵财富。那么，对于学生您是否也有这样的建议，是否也希望他们能用自己的笔为自己的中学生活留下点什么？

答：我的确爱用笔记录自己生活的历程。我至今还保存着我中学时代的作文和日记，这个日记一直写到插队、读大学和当教师。当了教师后，我的日记主要是记录我的教育生活。这的确是一笔财富，已经出版的《爱心与教育》《走进心灵》等著作几乎都是由我的教育日记整理而成的。所以我曾经专门写了一篇文章，题目就是《写作让我的事业如此美丽》。而且我还把这种做法用于我所带的班级，我每带一个班都要和我的学生一起写作编撰出版一本我们的“班级史册”，比如《未来》《花季》《恰同学少年》《花开的声音》等。这样的书，对我来说，是我教育的纪念碑，对我的学生来说，是他们青春的里程碑。其意义已经远远超出了写作本身，它是一段生活的定格，一页历史的缩影，一种精神的凝固，一份情感的珍藏，一簇创新的火花，一道理想的光芒，一串记忆的珠宝，一束青春的花朵……

所以，我要求我的学生除了养成读书的习惯，还应养成写作的习惯。比如写日记、写随笔等。坚持写作，能培养我们的观察能力，使我们养成随时随地留心社会、思考生活的好习惯，这将为我们的学习积累大量知识和生活素材。坚持写作，能够充实并完善我们的精神世界：一则日记，就是心灵的一面镜子和人生的一个脚印；一个追求高尚的人，将在日记里审视自己的思想，反思自己的生活，评价自己的道德……而这正是我们净化心灵、走向成熟的过程。当然，现在同学们学习负担比较重，要求每天都写日记不太可能，但我主张一个星期写两三篇随笔，这是可以做到的。我在去年出版的最新的一本“班级史册”《花开的声音》就收录了我班六位同学初中三年写的日记随笔。用笔记录下自己成长的足迹，记录自己心灵的色彩，的确是一件很有意思也很有意义的事。人总是在不断成长，谁也无法挽回流逝的时光，但写作可以让我们的童心和青春永远定格。现在，也许很普通的一则日记或随笔，在长大以后看来，也许就是一段闪光的记忆，更是一份珍贵的人生财富。

问：在您多年来带的学生中，学生们在学习生活身心发展上，出现过哪些具有普遍性或典型意义的现象和问题？您是如何帮助他们克服这些的？希望能结合一些生动具体的事例阐述。

答：应该说，不同时期的中学生会面临不同的问题。就目前的中学生来说，我个人觉得面临的最大问题，是如何抵御来自各方面的诱惑，从而把握自己健康成长。在当今这个信息发达的社会，各种各样的诱惑都在考验着影响着中学生。据我所知，现在相当一部分同学的学习被各种诱惑干扰着：电子游戏、电视节目、卡通漫画、武打小说、歌星影星、足球赛事、兵器知识、赛车模型……不少人痴迷于这些爱好，浪费了多少宝贵的时间啊！看着学习一天天下降，听着老师、家长的一声声责备，这些同学也悔恨不已。在我的教育实践中，我花了大量的精力来帮助同学们抵御这些诱惑，让他们把握自己成长的航向。

在我班教室的黑板上方，贴的班训往往是："战胜自己，追求卓越！""向每一秒钟挑战！""做自己意志的主人！"我经常给学生们说：抵御种种诱惑最有效的武器，就是战胜自己的意志。所谓"战胜自己"，就是不断同自己的弱点做斗争，不断克服自己心灵深处可能有的自卑与懈怠，进而不断创造出新的成绩或取得新的进步。谁不希望自己更辉煌？谁甘愿一生平庸？但到底是"平庸"还是"辉煌"，在很大程度上取决于我们是否能真正战胜自己。

在《爱心与教育》一书中，我专门写了我的一位叫杨嵩的学生，这是我十多年前教过的一个学生。杨嵩天资聪明，但调皮好动，特别迷恋乒乓球，因此学习成绩并不十分理想。于是，我多次给他讲"战胜自己"的道理。我记得在一次谈心结束时，他终于真诚地向我表示一定要努力战胜自己，并主动为自己出了一个"难题"："以前，我每天中午都是在乒乓球桌前度过的，浪费了许多宝贵的时间。现在，我决定，以后每天中午打乒乓球不得超过 1 点钟，到了 1 点钟必须进教室学习。当然，我一开始不一定能做到，但我请老师提醒我、监督我，发现我下午 1 点钟过后还在玩乒乓球，就叫我回教室。"第二天中午，我在校园散步，走过操场时远远地看到杨嵩正在那边乒乓台前厮杀。我一看表：刚好 1 点整。于是，我高声呼喊他："杨嵩！"他回头看着我，好像在问："什么事？"我对着他扬了扬左手腕，并用右手指了指表，意思是“已经1点钟了”。于是，他立即毫不犹豫放下乒乓球拍大步向教学楼走去。不久，在一篇《灵魂的搏斗》的作文中，杨嵩真实细腻地描写了那次他从乒乓台走向教室的心理过程：“当时，我是多么希望能再玩一会儿啊！但时间毕竟是无情的，我只好向教室走去。也许在老师和同学们看来，当时我走得很爽快很坚决。可是，对我来讲，从操场到教室不过百米的路程，却是那么遥远，走起来是那么艰难。我的脚步很沉重，简直可以说是一步一步地挪动！当时，我是多么想回头看一看乒乓球桌啊！然而我在心里对自己说：‘千万不能回头啊！如果一回头，你可能就控制不住自己而弹回乒乓球台旁去了！不能回头，决不能回头！’我终于走进了教室。这是一段十分痛苦的路程，却又实实在在是令我无比自豪的！因为我又一次战胜了自己！”难能可贵的是，杨嵩类似的“战胜自己”，绝不是昙花一现，而是一直保持到中学毕业。后来，他因品学兼优被保送就读复旦大学。

著名翻译家傅雷曾为他翻译的罗曼·罗兰名著《约翰·克利斯朵夫》写下这样的题词：“真正的光明绝不是永没有黑暗的时间，只是永不被黑暗所掩盖罢了。真正的英雄绝不是永没有卑下的情操，只是永不被卑下的情操所屈服罢了。所以在你要战胜外来的敌人之前，先得战胜你内在的敌人；你不必害怕沉沦堕落，只要你能不断地自拔与更新。”的确如此，如果把天赋比作矿藏的话，那么不断“战胜自己”的奋斗，便是开掘的钻头。实际上，任何人的心灵深处都有两个“自我”：一个是高尚的“我”，一个是卑下的“我”。而且，心灵深处这两个“自我”随时随地都在进行着较量：如果高尚的“我”占了上风，那么我们就会做出高尚的行为；反之，如果卑下的“我”占了上风，那么我们就会表现出卑下的举动。

愿我们每一位同学终生都拥有战胜自己的勇气和行动！

教子关键点

1. 对于一般孩子来说，应该告诉他为人要“自信不失谦虚，谦虚不失自信”，而对于从小就不自信甚至很自卑的孩子，应该用“骄傲使人进步，虚心使人落后”这样的观念鼓励他。

2. 面对孩子的失败，不要简单地责备，否则孩子往往因自卑而一蹶不振，更不能为了提醒孩子不再犯错误，而总是揭孩子的伤疤。

3. 要善于发现孩子某一个方面体现出来的“尊严的制高点”，孩子过往的光荣和自豪，尤其值得拿出来“晒”并且努力放大它，比如在房间为孩子准备一个陈列架，用来展示他自己制作或赢得的各种物品。

4. 在孩子最沮丧的时候，给他一句温暖的鼓励。尽可能耐心细心地和孩子聊天，告诉他挫折不是惩罚，而是学习的机会，让孩子傲视困难，挑战考试。为了鼓励，有时候适当的善意的谎言也不妨说说。

5. 帮孩子树立“做最好的自己”的观念——虽然也许你永远成不了“家”，但通过努力，你却完全可以成为最好的“我”。成功就是成为最好的你自己，每个人的成功都独一无二，应该懂得成功是各种各样的，可以在各个方面实现的，而不要限制于“在学校看成绩，进社会看名利”的狭隘成功论里。

6. 孩子考出了好成绩，要热情地祝贺，同时要允许孩子下次考试失败。孩子这次考得好，意味着下次考试背负着好成绩的压力，所以家长要在这时给孩子减压，让孩子有持续的好的学习心态。

7. 别老把自己的孩子当天才，也别把孩子的好成绩寄托在拳头上，这两种做法都会严重损害孩子的自信心，会使孩子产生厌学心态。

8. 不要渲染升学考试的恐怖，这样只会让孩子丧失学习的斗志。一方面不要一味批评孩子没出息，这样的家长首先没有理解孩子，而没有理解孩子就不可能真正走进孩子的内心，也就谈不上有效地引导。另一方面也不要和孩子一起唉声叹气，这样做，倒是“理解”孩子了，却不能解决孩子的任何问题，相反只会增加孩子对考试的厌恶。

9. 家长在采取了一定的教育措施进而看到效果之后，要及时反思自己的教育是否得当。

10. 让孩子心中有可供其学习效仿的拼搏榜样，尤其是同龄人中的或新近出现的榜样。家长的生活经历是最好的教育资源之一，但要找准切入点，使用得当。

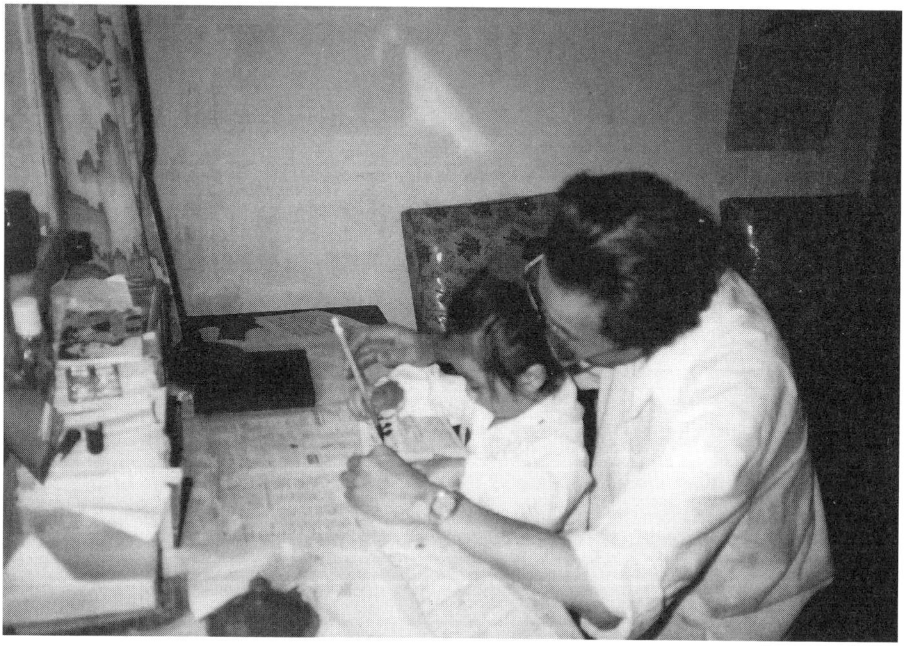

外公教晴雁写字

家教手记四

让孩子拥有美好品格

可以毫不夸张地说，中国的家长从来没有像现在这样重视孩子的学习成绩或各种能力的提高；同样可以毫不夸张地说，中国的家长从来没有像现在这样忽视孩子的道德培养。如果现在你对某位家长说“孩子最重要的素质是善良，是随时为别人着想”，很可能会被嗤之以鼻。但我始终认为，一个人最最基本的素质的确是善良。

（晴雁补衣）

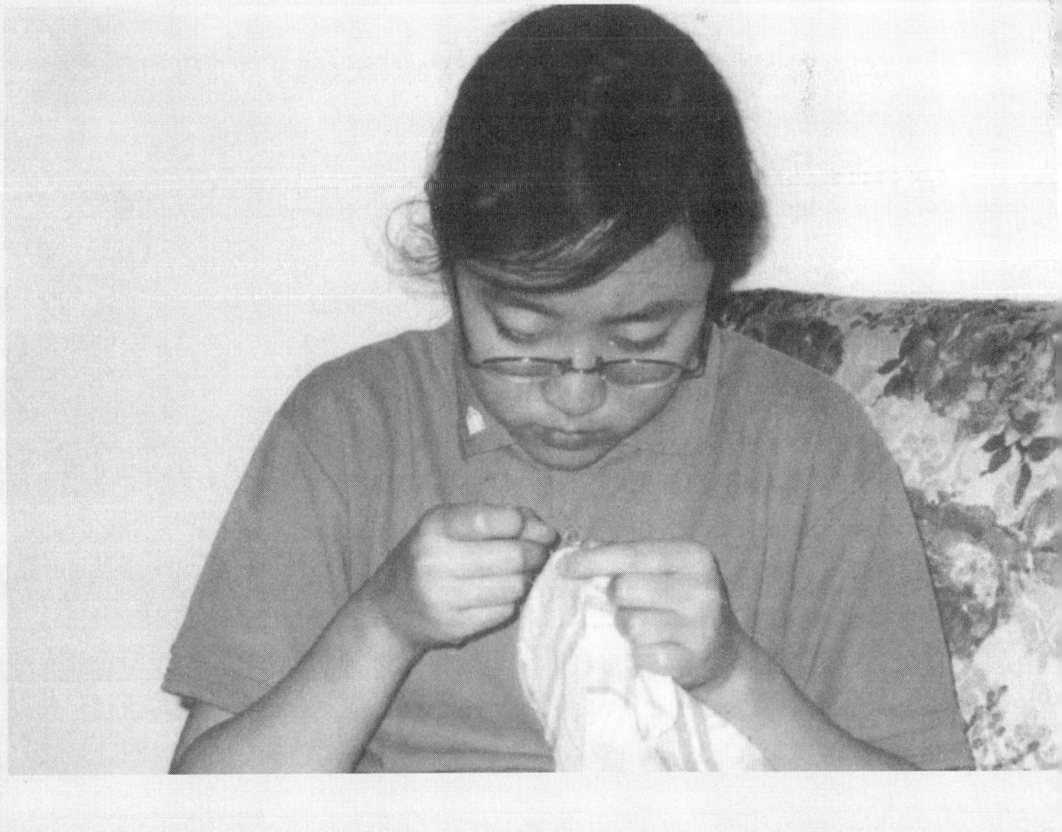

一　孩子，善良最美！

以帮助别人为快乐

可以毫不夸张地说，中国的家长从来没有像现在这样重视孩子的学习成绩或各种能力的提高；同样可以毫不夸张地说，中国的家长从来没有像现在这样忽视孩子的道德培养。如果现在你对某位家长说“孩子最重要的素质是善良，是随时为别人着想”，很可能会被嗤之以鼻。但我始终认为，一个人最最基本的素质的确是善良。

那天去女儿学校开高三学生家长会。按老师要求，各位学生家长都坐在自己孩子的座位上。

刚在晴雁座位上坐下不久，我身边坐下了一位中年妇女，她看了看我，然后试探着问我：“你就是李晴雁的父亲？”我点点头：“是的。”

她马上热情地对我说：“我要感谢你女儿！”

“谢她做什么？”我有些不解。

于是她说：“我女儿回来老是说李晴雁如何如何帮助她的学习！我女儿数学不太好，李晴雁便经常帮助她。我女儿还说李晴雁是她的师父呢！”

我说：“没有什么！这是应该的，同学之间嘛！”

正说着，班主任进来了，家长会开始了。我和身边这位家长便不说话了，静静地听班主任讲话。

但我心里一直想着身边这位家长的话，并为女儿骄傲。

是的，在我的心中，女儿令我骄傲的，首先不是她那名列前茅的学习成绩，而是她在日常生活中自然而然表现出来的爱心。我常常接触很多家长，发现他们更多地关注孩子的学习成绩、考试名次等，其余的却不太关心。我则认为，比成绩更重要的是健全的人格，而健全人格的基本底线是善良！

晚上回到家里，我给晴雁说起她同桌的妈妈感谢她的事，她居然有些惊讶：“这都值得感谢？都是同学嘛！”我问：“为什么没有听你说过你帮助同学的事呢？”她说：“这没有什么呀！我周围的同学都爱问我数学难题，我就给他们讲。这有什么好说的呢？”

那天我和晴雁聊了一会儿，我才知道，长期以来，她一直帮助班上一些学习不太好的同学，班上成立四人学习小组，是按成绩好坏搭配编的，晴雁是组长，自然便有义务帮助其他同学。我问：“你用什么时间来帮助他们呢？”她说：“平时下课后他们随时都可以问我！另外，我每周二下午都用两节自习课时间给他们讲一周来遇到的学习难题。”她还很得意地告诉我：“许多同学都叫我‘祖师爷’呢！”我问为什么，她说：“我给一位同学讲了难题，她又给另外一位同学讲，这同学就叫我‘祖师爷’，叫多了，大家都叫我‘祖师爷’了！”我从女儿充满得意表情的脸上读到了她的快乐——帮助别人的快乐。

同学之间在学习上互相帮助，至少在我这种年龄的人看来是再正常不过的了；可是我知道现在的中学生并不是每个人都愿意在学习上帮助别人的。由于种种原因，现在的独生子女很容易产生自私自利的思想，我们有的家长也自觉不自觉地助长着孩子的利己主义倾向，尤其是一些成绩优秀的孩子和他们的家长，往往以自私自利的种种做法来赢得“竞争”中的“胜利”。在这种情况下，提倡孩子之间的互相帮助，并以此培养学生的爱心，我认为是很有必要的。

“首先做一个善良的人！”

不一定每一个人都能成为科学家，但每一个人都可以成为一个善良的人——给别人带去快乐，因而自己也快乐。

女儿刚读小学，我便经常给她讲我不少善良学生的故事。比如，我多次给女儿讲陶璀的故事。很多年前，我班上有一个学生叫陶璀，这孩子成绩特别好，而且特别有爱心。当时我给他们推荐了一本书《爱的教育》（意大利亚米契斯著），我要每位同学都去买来读。不久，陶璀找到我，要求我把班上一位成绩很差表现也不好的同学安排来和他坐一块儿。我问陶璀为什么，他很真诚地说：“这样我就可以每堂课都提醒他认真听课，每天放学后我还可以帮他补习当天的功课！”我非常感动，便答应了他的要求。从此，陶璀成了那位同学的“小老师”，每天放学后人们总能够在教室里看到他们一起学习的情景。但过了不久，我接到陶璀妈妈的电话，她以责备我的口吻说：“我们陶璀每天放学很晚才回家，据说是帮助同学的学习。我们陶璀还是一个孩子，凭什么要把本来该老师做的事交给他做？那个‘后进生’把我们陶璀的学习拖垮了怎么办？”我当即在电话里很不客气地对她说：“你不知道你有一位多么富有爱心的儿子！我为你儿子有这样纯真的爱心而骄傲，同时为他有你这样自私的母亲而遗憾！”后来，陶璀给我谈了他的苦恼，说他很愿意继续帮助那个同学，但妈妈反对。我说：“你做得对！这件事你别听你妈妈的！”就这样，陶璀在我的鼓励下，一直帮助同学到毕业。高考时，陶璀考上了中国科学技术大学，有一年我去合肥讲学，报告地点就在中国科学技术大学的报告厅。我特意把陶璀叫来，并且在报告中讲了他的故事。

像陶璀母亲这样的家长应该说不是个别的，我不怀疑他们非常爱自己的孩子，但这种爱是自私的爱，而且这种自私很容易传染给孩子。如果以孩子童心的丧失去换取所谓优秀的学习成绩，我认为这是很可怕的。

很多次，面对许多朋友的问题：“李老师，你最希望你女儿是什么样的人？”我的回答总是这样的：“首先做一个善良的人！”

《爱的教育》：不朽的“教育圣经”

上面提到的一本世界名著《爱的教育》，是我给我班上学生推荐的书。在我女儿刚刚可以独立阅读时，我也送了她这本《爱的教育》。这本书对女儿的影响很大，直到她上大学后到我班上去和我的学生交流时，有学生问她什么书对她的影响最大，她首先提到的就是小时候读过的《爱的教育》。

是的，《爱的教育》于1886年问世以来，以其震撼人心的“爱”的魅力，让世界上千千万万不同国度不同民族的读者流下了热泪！

该书的中文首译本，是夏丏尊先生于20世纪20年代翻译的。他在该书的序言中写道：“这书给我以卢梭《爱弥尔》、裴斯泰洛齐《醉人之妻》以上的感动。我在四年前始得此书的日译本，记得曾流了泪三日夜读毕，就是后来在翻译或随便阅读时，还深深地感到刺激，不觉眼睛润湿。这不是悲哀的眼泪，乃是惭愧和感激的眼泪。除了人的资格以外，我在家中早已是二子二女的父亲，在教育界是执过十余年教鞭的教师。平日为人为父为师的态度，读了这书好像丑女见了美人，自己难堪起来，不觉惭愧了流泪。书中叙述亲子之爱，师生之情，朋友之谊，乡国之感，社会之同情，都已近于理想的世界，虽是幻影，使人读了觉到理想世界的情味，以为世间要如此才好。于是不觉就感激了流泪。”

半个多世纪以后，我和我的学生们也为《爱的教育》流下了同样的热泪。1983年,《中学生》杂志的主编刘希亮同志就著名作曲家谷建芬为我的学生创作班歌的事采访我，感慨之余，特意送给我一本《爱的教育》。从此，《爱的教育》便成了我历届学生的必读教材：每天放学后我和学生轮流朗读“恩里科的日记”，成了我班最激动人心的时刻，也成了他们毕业以后心灵深处最难忘的记忆！

“爱”是《爱的教育》的灵魂：爱父母，爱老师，爱同学，爱邻居，爱一切普通的善良者，爱那些素不相识却渴望温暖的不幸者，爱所有为他人为民族献出生命的英灵，爱“葬着自己祖先”、给自己以尊严的祖国！……但是,《爱的教育》绝非充满空洞说教的“教科书”。该书的副标题是“一个意大利小学生的日记”——作者正是透过一位小学生的视角，以日记体小说的形式诉说着一个又一个“爱”的故事。主人公恩里科的100篇日记由三部分组成：恩里科的生活片段，他的父母和姐姐对他的教诲，老师所讲的“每月故事”。作者通过恩里科的日记，引导读者从一个质朴、纯真的角度观察“爱”、品味“爱”、感受“爱”，并忍不住与恩里科和他的父母、同学、朋友一起欢笑、流泪、沉思、憧憬……

在这本书的影响下，我的教育生活发生了许多令人感动的故事。后来我有了女儿，我也把这本书推荐给她，于是这些故事的主角中也包括了我的女儿。

聆听苏霍姆林斯基讲《做人的故事》

还有一本书对我女儿的影响也很大——《做人的故事》，该书的作者是苏霍姆林斯基。这位杰出的教育家生前为他的学生写了许多童话故事，给孩子们的心灵注入真善美的甘泉。他的女儿苏霍姆林斯卡娅将这些童话故事汇集成册，取名叫《做人的故事》。1998年11月底，我在北京见到了苏霍姆林斯卡娅，她送了我一本她刚刚出版的中文版《做人的故事》。两天后回到成都，我把这本书作为生日礼物送给了我的女儿。我在该书的扉页上写道——

在晴雁十一岁生日之际，爸爸送你这本书。愿你学会做人，创造卓越的人生！

爸爸

1998年12月1日

这是一本怎样的书呢？
请允许我随意摘录两则书中的故事——

对别人说“您好”

夏天，父亲和小儿子走在小路上。周围一片寂静，只听到远处什么地方响着啄木鸟的敲击声和小溪在林子深处的潺潺声。

突然儿子看到，一位拄着拐杖的老奶奶向他们迎面走来。

“爸爸，老奶奶去哪里？”儿子问。

“既然看到了，我们就去迎迎她或者送送她，”父亲回答，“当碰到她的时候我们就对她说‘您好’。”

“我们为什么要对她说这个词？”儿子很奇怪，“我们根本就不认识她。”

“我们这就去迎接她吧，对她说‘您好’，那时候你就知道为什么了。”

他们与这位老奶奶相遇了。

“您好。”儿子说。

“您好。”父亲说。

“您好。”老奶奶说，她开心地笑了。

儿子吃惊地看到，周围的一切都变了。太阳照耀得更明媚了。一阵轻风掠过树冠，叶子沙沙地响。鸟儿在灌木丛中歌唱，而在这之前没听到它们的歌声。

小男孩的心里好快活啊。

“为什么会这样？”儿子问。

“因为我们对别人说了‘您好’，她还微笑了。”

安德列卡是怎样背尼娜过水沟的

安德列卡和尼娜从学校回来，半路上有一条小沟。太阳一晒，雪化了，水流进了沟里。

湍急的溪流在水沟中喧哗。小溪边站着安德列卡和尼娜。

安德列卡迅速地蹚过了小溪，站到了对岸。男孩望着尼娜，他感到羞愧。因为他穿了靴子，而尼娜穿的是便鞋。她怎么过来呢？

“唉，我做得真不好，”安德列卡想，“为什么我没有立刻发现尼娜穿的是便鞋呢？”

小男孩返身回来，走到尼娜面前，说道：

“我只是想知道，水深不深。因为，我们俩要一起过去。”

“怎么过去啊，”尼娜懊丧地说，“我穿的可是便鞋。”

“趴在我背上！”安德列卡说。

尼娜趴在安德列卡的背上，小男孩背她过了水沟。

《做人的故事》中六七百个童话故事，都是这么简洁朴素而闪耀着人性的光芒。那一段时间，这本书成了我女儿床头的必读书。我曾在一次报告会上说：“我认为，全国所有中小学生应该人手一本《做人的故事》！”

非功利地爱身边的人

我常常给女儿说：“要爱周围的一切人，首先包括你每天面对的同学和老师。这种爱应该是自然而然流露出来的，而不是为了拉关系，或者是为了让老师表扬你。你爱别人，别人也会爱你，生活在一个爱的氛围中，你也成了一个幸福的人。”

我给历届学生的见面礼是一句话：“让人们因我的存在而感到幸福！”在女儿刚上学的时候，我也把这句话送给了她。我多次对她说：“在你给别人带去幸福的同时，你也会很快乐的！”

女儿的确很快乐——她为她生活的班集体而快乐！

女儿的善良自然赢得了周围同学对她的真诚。平时晴雁无论遇到什么困难，都会有许多同学帮助她。高二时，她脚趾的甲沟炎复发，不得不再次动手术。这给她的学校生活带来极大的不方便，但有了她的同学们，我就放心了。果然，那一段时间每次女儿回家，总是说同学们对她好：“一下课，他们就问我想吃什么他们去给我买。如果买来了，我问多少钱，他们怎么也不肯收我的钱！我的同学太好了！”

有一次，我们一家人去吃火锅，在餐桌上，晴雁又情不自禁说起坐她周围的一群同学：“这些同学的成绩不是很好，常常挨老师批评；但我觉得其实他们也有许多闪光点。”我接了一句嘴：“他们也有善良的一面。”晴雁马上反对我这个说法：“什么‘也有善良的一面’？人家本身就善良！”她又说起他们的种种可爱之处——耿直，真诚，仗义，乐观，开朗……然后说："但是不少人看不起他们，认为他们是'差生'。从小到大，他们一直生活在批评中，在家挨父母的骂，在学校挨老师的骂，对批评他们也无所谓了。其实，这样的同学，只要你对他们好一点点，他们就会很感动，就会对你好得不得了！"

我鼓励晴雁说："你做得对！应该继续关心帮助他们。"

她又接着说："其实，知识和能力对于一个人来说虽然重要，但不是第一重要的。第一重要的是学会与人和谐相处。人都有优点和缺点，要多看人家的优点。"

我简直不相信这是我女儿说的话！我觉得她真正长大了。我说："我完全同意你的说法！一辈子都应该善于和人相处，用爱心对待周围的人，多关心帮助别人，这样你就是一个幸福的人！"

把爱心献给无愧于享受爱的人

在街上，我们不时会碰到一些身强力壮的乞丐，女儿从不给这些人捐助，而且还反对我给钱："好手好脚，为什么不去劳动？这种人不值得同情！"

渐渐长大的女儿认为，爱心不能滥施，而应该献给真正需要爱的人。女儿学校对面有一位老奶奶，每天都在街边卖自己用草编织的小鸟、蝴蝶等小玩意儿，每个卖一元。只要女儿看到老奶奶，便会去买那些小玩意儿，不但自己买，女儿还动员班上的同学去买。有一段时间，女儿和她的同学们几乎每天下课都去买老奶奶的劳动成果。女儿兴奋地对我说："其实，老奶奶编的那些东西并不是特别精致漂亮，但我们就想帮助老奶奶！只要她一出来，我们全班女同学都跑去买，把老奶奶编的东西全买光！"

有一次女儿偶然看到一个电视节目，说的是打工者子女读书的艰难，节目中有一首歌，让女儿特别感动，她赶紧把歌词记了下来——

我们远离自己的家乡
我们也有自己的梦想
我们同样渴望知识的海洋
和明媚的阳光
我们彼此都来自四方
就像兄弟和姐妹一样
那红色的旗帜在心中飘扬

我们在这里成长

虽然女儿当时无法给他们以帮助，但我从女儿满脸的同情中读到了善良。

还在读小学的时候，晴雁就曾代表他们班给贫困山区的小朋友写过一封慰问信，并在全校大会上朗读这封信——

亲爱的山区小伙伴们：

你们好！

我们和你们虽然相隔很远，也从未见过面，但是我们已经从报纸上、电视里认识了你们，早已心心相连。

当我们背起书包高高兴兴地去上学时，你们中的一些小伙伴却因为家里困难而不能上学；当我们坐在宽敞明亮的教室里学习时，你们却只能在又阴暗又破烂的茅草屋里上课；当我们读着许多课外书的时候，你们中的一些人可能连一支铅笔也买不起；当我们星期天和爸爸妈妈一起在公园里玩耍的时候，你们却要为父母分担生活重担而在地里干各种农活……你们是和我们一样美丽的花朵，却不能尽情盛开；你们是和我们一样可爱的雏鹰，却不能展翅高飞。同在祖国的蓝天下，我们应该向你们伸出温暖的手！

亲爱的山区小伙伴们，我们都生活在社会主义的大家庭中，都是祖国妈妈的孩子，我们应该心连着心，手拉着手，一同健康成长。我们要向你们献出一颗真诚的爱心，尽我们的力量帮助你们上学；我们更要学习你们不怕困难、勤奋好学的吃苦精神，把我们的学习搞得更好。让真情在我们之间架起一座友谊的桥梁，互相帮助，共同进步，把我们祖国的明天建设得更加美好！

致以

少先队员的敬礼！

成都玉林小学四（一）班全体同学

1997年3月17日

为远方的失学同龄人捐一份爱心

2002年暑假的一天，女儿偶然看到中央电视台《东方时空》的一个特别节目，反映的是贵州山区一些女孩子不能读书的现状。她便表示要用自己的零花钱捐助一位贵州小妹妹上学，我当即表示支持，并给她说："你这一举动很平常，但很可能会改变一个农村小女孩的命运。关键是你一定要坚持下去！"我通过贵州六盘水市妇联给女儿物色了一个父母双亡的小女孩作为捐助对象，从此，每学期开学前，女儿便给远在贵州的小妹妹寄一笔钱去，帮助她完成学业。钱不多，但女儿因此时时牵挂着远方的小妹妹，心里多了一份责任感。

有一次，她除了寄钱，还给小妹妹寄去了一些衣物和学习用品。那年年底，晴雁收到了小妹妹的来信，全文如下——

爱我关心我的姐姐李晴雁：

我是 ×××，在八年前，妈妈病逝时我才两岁半，没想到去年父亲又因病去世了。从此我便和只比我大三岁的姐姐相依为命。父亲的去世，本来就很清贫的家里更是雪上加霜，可怜的姐姐本该属于学校的，但由于家庭贫困她一天也没有走进教室，可现在体弱多病的她又要挑起一家之主的重担，她才十六岁呀！

就在我面临失学之际，是政府是姐姐你帮助了我，让我能从（重）新走进舍不得离开的教室。在收到你的礼物的那一刻，我非常激动，可那不争气的泪水却像断了线的珠子一样往下流。但是我知道光流泪是没有用的，我只要（有）用自己的努力来报答你们。

姐姐，我期末考试的成绩也出来了，虽然不太好，但我还是想让你知道。其中思想品德 61 分，语文 68 分，数学 88.5 分，社会 64 分，自然 60 分，音乐 75 分，体育 70 分。今后我会加倍努力，不会让你们失望的，姐姐请放心吧！

在此我真心地向姐姐说声："谢谢你！"祝你一生幸福快乐！

×××

2002 年 12 月 14 日

女儿读了来信，马上给她回了一封信——

亲爱的小 ××：

你好！

其实你不用感谢我，因为我不是无偿地帮助你，我帮你重返校园，是因为我相信你可以学得很好，能有美好的前景。所以说，我给你的是上学的机会，而你给我的是一个成绩优秀的好学生。

你说你怕没有人管你，怎么会呢？我不是在帮助你吗？你没有必要担心别人会对你怎么样，你要对自己有信心。你比起同龄人来，已经很出色了。同龄人还在父母怀里撒娇，你却懂得了什么叫“独立”；同龄人还在整天嬉戏，你却已经发誓要好好学习了。你非常优秀、出色。不要怕同学们骂你，你要主动和别人沟通、交流，不要把自己封闭起来，你应该学会相信别人，和别人成为好朋友，别总是以为别人会欺负你。你也要学会忍让。也许现在你不会完全懂，但以后你会发现这几点，非常重要。

这次除了这封信，我还给你寄了些东西，帽子是新的，玩具是苏州的一个朋友送的，我送给你，希望你能像马一样，一直向前！

很高兴你能说要努力，但记住你的确要取得好成绩，但不是为了报答我，我对你的帮助你不要当成一种恩情，只需当成一个姐姐对妹妹所做的事。如果你一定要报答我，那就常给我写信吧，比起看到你取得好成绩，我更愿意看到我的妹妹过得幸福、高兴。下次给我写信，就请直接寄到：四川省成都市石室中学高一（一）班李晴雁。

祝生活得幸福！新年快乐！

爱你、关心你的姐姐李晴雁

2002 年 12 月 20 日

不知什么原因，后来再也没有收到这位小妹妹的来信。但女儿依然坚持在每学期开学前给她寄去学习费用。一天早晨，她突然想到了贵州小妹妹，说：“算起来小 ×× 已经小学毕业了，不知道她读上初中没有！”……

二　尊重孩子才能让孩子学会尊重

从生活细节中学会尊重

尊重，是一种素质，也是一种美德。

独生子女时代的孩子，往往以自我为中心，而不懂得尊重别人。因此，教育孩子尊重他人，就显得尤为重要。

尊重的前提是确立人与人之间的平等观念。所以我们应该让孩子从小在心灵深处确立平等观念并在日常生活中表现出这种平等，这是我们教育的分内之事。我们要让孩子认识到，现代社会生活要求人与人之间拥有人格上的独立与平等；还要使孩子了解公民之间权利与义务的平等性以及在法纪面前的一视同仁，懂得尊重、维护自身与他人权利的道理；努力使孩子具备尊重自己，同时又尊重他人，善于交往，善于与人合作，重视各种横向联系的生活态度。

但是，关于“尊重”的教育，并不是要对孩子进行喋喋不休的说教，而是“生活化的教育”，即在日常生活中，家长通过自身充满尊重的行为去感染孩子，让孩子在生活细节中体现出对他人的尊重。

1994 年，我家安装了电话，我便叫女儿打电话，我对她说，拨通电话后，一定先要向对方说一句:“你好！”后来，她打电话果真非常有礼貌，外面有电话来，她总是说:“您好！请问您找谁？”好几次有朋友对我开玩笑说:“你家里好像有专门的话务员小姐！”

直到现在，无论是谁，只要往我家里打电话，如果是女儿接听，第一句话一定是:“你好！”

拿起话筒先说“你好”，虽然只是个细节，但这涉及良好的习惯——对人的尊重。

每天晚上女儿入睡前，只要我和她妈妈还没有睡，她总会对我们说：“爸爸晚安！妈妈晚安！”

这也是很多年的习惯了，一直保留到现在。

这样的习惯还有许多。每次我帮女儿做了一件事，哪怕是一件非常小的事，诸如顺手为她递了一本书之类，她总会习惯性地说“谢谢”。包括后来我每次开车送她去大学，她也会先说“谢谢爸爸”，然后再说“爸爸再见”。

我去四川大学看女儿，她领我参观新建的教学楼。当时是中午休息时间，教学楼里空荡荡的，女儿聊着聊着，我便禁不住大笑几声，女儿马上会“嘘——”的一声止住我的笑声：“爸爸，教室里还有同学在学习呢！”我仔细看了看，果真发现一些教室里坐着一两个苦读的学生。在女儿看来，哪怕有一个同学在学习，我们都不应该发出干扰的声响。

还有一件小事非常让我感动——

女儿读大学后，有时睡得比较晚，所以第二天起床也稍迟一些，但早起的同学常常无意之中发出剧烈的声响把女儿吵醒，女儿心里虽烦，但从来不埋怨同学。我对她说，你可以有礼貌地提醒同学小声一些嘛！但她不，因为她觉得自己睡懒觉，怎么能干涉早起勤奋的同学呢！有一天中午，她给妈妈打电话说她正无聊地在校园里瞎逛，妈妈问她为什么不回寝室午休，她说：“我去洗澡，回寝室时才发现钥匙忘记带了。”妈妈说：“这很简单，你敲门叫寝室里的同学帮你开门，不就行了吗？”女儿说：“不，那样会影响人家午休的！”就这样，为了不影响同寝室同学午休，她一个人在校园里逛了一个多小时。

这是我 2001 年 6 月 5 日的日记（当时女儿还在读初二）——

> 今天我和女儿一起逛街，路上她挽着我的手，滔滔不绝地给我说她班上的事。在她的心中，她的班集体非常可爱。她经常对我说：“爸爸，同学们都很喜欢我！我的人缘在班上是最好的！”我说：“那当然，因为你对别人真诚，别人对你自然就真诚！”
>
> 我最得意的，绝不仅仅是女儿现在成绩不错，而最主要的是，晴雁的善良真诚纯朴，这表现在行动上，便是对别人的尊重。我觉得，这才是她将来的立身之本！

尽管她在班上年龄最小，但每次班上选举，无论是三好学生还是班干部，她的票数不是第一便是第二。为什么她在同学们心中有如此威望呢？我说一件小事——

有一次，她妈妈去学校开家长会，看见她的衣领没理好，便很自然很亲切地帮她理，这本是一个很普通的母女相处时的细节，但晴雁当时却不高兴妈妈这个动作，她把身子扭开了。后来，她妈妈自然很生气。回到家里，晴雁才解释说：“妈妈，刚才在我身边的同学，她的父母是离了婚的，她长期跟着爸爸，很少见到妈妈。你给我理衣领，她看见了会想到自己的妈妈，会很伤心的！”

事情虽小，却让我很感动。我觉得，女儿对他人的尊重正是通过这些细节自然而然流淌出来的。

一些家长认为，教育孩子如果太“正统”太“老实”，孩子长大会“吃亏”。我却从来把对人的尊重，看得比学习成绩还重要。我认为：只有真善美能够给人带来真正的幸福。我愿我的女儿在走向成熟、拥有机智的同时永远保持一颗晶莹童心——哪怕她一辈子只是一个普通的劳动者。

尊重只能靠尊重来培养。就是说，只有家长对孩子的尊重，才能培养孩子对别人的尊重。家长对孩子真正的尊重，不应只是出于爱的情感，更应该出于一种民主的理念。

是的，民主的理念！

对他人尊重的小小细节，的确折射出一种民主精神。

请尊重孩子应有的自由权利

在我看来，民主，既是一种政治制度，也是一种生活方式（态度）。对此，请允许我稍微谈点儿“理论”。

作为一种政治制度的民主，通俗地说，这是一种管理国家的方式；但是，民主也是一种生活方式。这个观点最早是杜威提出的。也许是受老师的影响，陶行知也曾指出：“民主的时代已经来到。民主是一种新的生活方式，我们对于民主的生活还不习惯。但春天已来，我们必须脱去棉衣，穿上春装。我们必须在民主的新生活中学习民主。”

这是对民主更为深刻的理解。将民主看作一种个人的生活方式，即认为民主不只是一种形式或者说外在的东西，而是一种内在的修养。这种内在的修养体现于日常生活和与人交往的过程中：相信人性的潜能；相信每个人不分种族、肤色、性别、家庭背景、经济水平，其天性中都蕴含着发展的无限可能性；相信日常生活与工作中，人与人之间是能够和睦相处能够真诚合作的。民主的生活方式，意味着自由、平等、尊重、多元、宽容、妥协、协商、和平等观念浸透于社会的每一个角落，体现于生活的每一个细节。

要指出的是，作为生活方式的民主和作为政治制度的民主不是割裂的，更不是对立的，而是互为因果、相辅相成的。民主的政治制度需要社会土壤，这土壤便是民主的生活方式；同样，民主的生活方式需要制度保障，这个保障制度便是民主的政治制度。

那么，无论是作为政治制度，还是作为生活方式，“民主的”是什么呢？我认为，是“尊重”。其实，这并非“我认为”的，我不过是接受了许多杰出思想家的见解而已——

爱因斯坦说：“我的政治理想是民主。让每一个人都作为个人而受到尊敬。”

阿克顿：民主的实质，就是“像尊重自己的权利一样尊重他人的权利”。

由此引申到教育。如果说“民主政治”意味着“尊重”——对公民权利的尊重的话，那么“民主教育”的核心，仍然意味着“尊重”——尊重学生的人格、尊重学生的情感、尊重学生的思想、尊重学生的个性、尊重学生的差异、尊重学生的人权、尊重学生的创造力……当然，与此同时，教会学生尊重他人。

再回到家庭教育。教会孩子尊重，就是培养一种民主素养和民主的生活方式，就是为未来的共和国培养真正的公民！

再重复一遍我前面说过的意思，教会孩子尊重的前提，是教育者（家长和教师）本人对孩子有充分的尊重。那么，每一位教育者不妨问问自己：我是否给予我的孩子以足够的尊重？

比如，我们是否允许（在此基础上再谈“尊重”）孩子有自己自由的私人空间？

很遗憾，我做过调查，结果表明现在的孩子在许多本来属于私人空间的领域并没有受到应有的尊重。比如，我们许多孩子没有通信自由，因为孩子的书信总会受到家长和老师的干涉——以担心“孩子会分散学习精力”为由不准通信，扣压孩子信件甚至私拆孩子的信件！除此之外，在诸如课外阅读、听流行歌、安排自习内容、穿什么衣服等方面，我们的教育现在是不是干涉得太多了而尊重孩子不够？我们能不能让孩子也能拥有并尊重他们自己的私人空间？

说来惭愧，我也有过不尊重女儿的时候，常常情不自禁地把我的爱好强加于她。但我后来意识到这个问题后，便尽量尊重女儿各方面的自由权利。包括读什么书，唱什么歌，课余时间怎么安排，我会给女儿许多建议，但绝不强迫。如果女儿的自由不被尊重甚至受到侵犯时，我还会尽力维护女儿的自由！

2002 年 2 月，我曾在《华西都市报》上发表过一篇《女儿长发祭》的教育随笔，为捍卫女儿的长发呐喊。缘由是这样的——

> 从一出生开始，女儿的头发就浓密乌黑得让人羡慕。十四年来，她一直没有剪过短发，因为她的鹅蛋形脸根本就不适宜于短发。于是，辫子（双辫子或独辫子）就陪她度过了幼儿园和小学。进入初中，学校要求剪发，但因为她学舞蹈，而“剪发规定”对学舞蹈的孩子网开一面，所以她的秀发幸免于难。但是，再过半年，她即将读高中，我日渐恐慌。不是为她的升学考试，而是为她的长发——这次她的秀发绝对在劫难逃。
>
> 对要求女生剪成短发的规定，我是坚决反对的。在我看来，孩子的长发与品德是没有关系的，与校风更没有关系。强行规定女生剪长发，不仅仅是对孩子的不尊重，更是对孩子权利的侵犯。

我的文章《女儿长发祭》发表后，立即引起强烈的社会反响。《华西都市报》由此展开大讨论：“强令剪发该不该？”四川省教育厅机关报《教育导报》也转载了我的文章，也在全省范围内展开讨论。最后，讨论的结果是：有关学校取消了女生必须剪掉长发的规定。

那天回到家里，我兴奋地对女儿说：“你的长发不用剪了，爸爸掀起的‘护发运动’大获全胜！”

几年后，已经读高中的女儿的确感到每天梳长辫子实在是耽误宝贵的学习时间，于是便问我：“可不可以把长发剪了？”从我内心来说，当然还是喜欢女儿的长发，但我必须尊重女儿的选择。于是我说：“当然可以了，你有权支配自己的发式！”而且，假如——我说的是“假如”——那时有人强行女儿必须留长发而不准剪成短发，我一样会写文章捍卫女儿的意愿。因为我写文章根本的目的，本来就不在乎头发的长短，而在于女儿的自由和权利是否得到尊重！

这只是一个小小的例子。其实，在中小学，学生的自由空间是相当狭小的。多年来，我们的孩子从幼儿园开始，接受得最多的教育是“不准这样”“不准那样”！久而久之，孩子们已经不知道自己可以拥有哪些自由，因而也习惯了种种“不自由”。孩子既然没有被尊重过，他自然也不懂得尊重别人。

怎样才是真正的尊重老师

读了上面一则关于我女儿长发的故事，也许有的家长朋友会说："难道学校的规定可以不遵守吗？你这样做，倒是尊重了女儿，可是你尊重没尊重老师呢？而且，这样会不会助长孩子不尊重老师的行为呢？"

如果真有家长朋友这样说，我只能说这是一种误解。

其实，对于学校不合理的规定，我从来都是这样的：坚持自己的不同看法，并通过合法渠道理智地提出建议；而在学校没有改变有关规定之前，我教育女儿一定要服从学校的规定。对于"女生不准留长发"的规定，如果不是因为当初学校对学舞蹈者"网开一面"，我也会叫女儿剪成短发的。思想上保留不同意见，行动上服从学校规定，这就是我的态度。

孩子当然应该尊重老师，因为从某种意义上说，没有孩子对老师的尊重，就不会有理想的教育。所以我们在对孩子谈到尊重的时候，首先应该是对学校老师的尊重。

作为班主任，我所遇到的绝大多数家长都很尊重我，因而在教育子女方面和我配合得很好。但我也遇到过个别这样的家长，喜欢一味地指责老师，甚至干涉老师的教育教学。比如，打电话给我，要求我撤换某个科任老师（其实，他不知道，我作为一个班主任哪有权力撤换科任老师呢）；比如，要求我安排其孩子当班干部或不当班干部（在我的班上，这同样不是我能做主的，而应该让全班同学投票决定）；又比如，有的家长要我在安排学生座位的时候照顾他的孩子；再比如，有的家长对孩子说，你们老师这里讲错了那里也没有讲对；等等。

我在本书序言中谈到一个观点：家长也是教育者。这是从家长所承担教育责任的意义上说的，但这并不意味着家长就可以任意干预学校教育。老师和家长都是教育者，在教育使命和人格尊严上都是平等的，但对孩子的成长而言，这两个教育者的作用程度不是完全等同的。毕竟，从教师职业专业化的角度看，老师在教育上显然比家长更专业更权威。不是说教师在处理任何一件教育难题时都百分之百的正确，更不是说，家长的观点就一定不如老师。但是，从总体上说，教师的教育观念、教育经验、教育技巧，决定了相对于家长而言，他就是专家！

家长不但要充分尊重学校教育，尊重老师，更要教育孩子尊重老师！

女儿总的来说是很尊重她的老师的，但也有一次因为不尊重老师而和我发生冲突。那是进入高中后不久，因为对某一学科的新老师不太适应，女儿对那门功课学得也不是太顺利，因此回家在饭桌上便免不了要埋怨老师几句，说老师这也讲得不好那也讲得不好。我开始很耐心地对女儿说：“每一个老师都有自己的教学特点和风格，要让老师满足每一个学生的口味是不可能的，只能是学生去适应老师。”可是，女儿还是不服气，那几天几乎每天回来都要说这个老师的不是。我一下就火了，狠狠地批评了女儿，最后我说：“你这样的态度，不可能学好功课！记住，对老师的尊重是你学好功课的前提！”当时，女儿很不高兴，但第二天，她给我写了一封信，表示接受我的批评，尽可能适应老师的教学。过了一段时间，她果真适应了新老师，该科的学习成绩也慢慢提升了，回家后也没有什么对老师的埋怨了。

我是教语文的，而且还是语文特级教师，但我从来不干预女儿老师的语文教学。中小学十二年，女儿也曾对个别语文老师的教学表示过不满，但我从来不自以为是地对她的语文老师说三道四，我总是对女儿说：“无论怎样，你应该听老师的，因为老师这样安排教学总有老师的道理。”我真是这样认为的。我当然懂语文教学，但是我不懂女儿班上的教学实际，更不一定熟悉她所属年级当年的“高考（中考）行情”，而她的语文老师则是根据班上学生的实际情况和当年的升学考试动态来设计的教学，在这一点上，我恰恰是外行，因此当然应该尊重她的语文老师。我对女儿的语文辅导——无论是经典阅读、诗文背诵还是作文指导，都是属于课外学习的辅导，而且绝不与老师的课内教学冲突，同时，也很少涉及她在学校的课内语文学习。所以，即使到了高三阶段，我也没有对她的语文复习指手画脚，我只是说：“听你唐老师的，绝对没错！唐老师研究今年的语文高考绝对比爸爸深透！”

这样一说，可能又有家长朋友会说：“你是在培养唯唯诺诺没有主见只知道绝对服从的小绵羊，而不是善于独立思考敢于质疑权威的创造者。”

不，行动上对人的尊重和精神上保持清醒的是非判断是不矛盾的。我也经常给女儿说，世界上没有完人，对于老师有时的错误需要宽容；尊重就包括了宽容别人。如果老师出现了知识上的讲解错误或你自己有比老师更好的解题思路，可以在课后有礼貌地和老师探讨商榷。事实上，女儿常常在作文中表现出一种不迷信权威（包括对家长的不迷信）独立思考的状态，但这并不妨碍她真诚地尊重老师。

作为同是教育者的家长，要积极地参与学校教育，但不要自以为是地干预老师的教学。所谓“积极地参与学校教育”，就是和老师保持密切的联系，随时向老师通报孩子的有关情况，同时也富于建设性地对学校教育提出各种建议。家长当然可以批评老师，这是家长不可剥夺的权利。但这种批评应该是通过合法渠道理性地表达，而不应该是当着孩子的面对老师指责甚至破口大骂。

有一次我得知我的一位学生家长，曾当着孩子的面极无教养地骂我班上一位年轻的科任老师。我十分气愤。第二天我找来家长沟通，先是听取了他对那位老师的意见（其实，就是因为老师严格管理了他的孩子他就不高兴），然后很真诚也很严肃地对他说：“你这样做，不但无助于老师改进教学，而且你当着孩子的面让老师受辱，老师今后在你孩子面前还会有教师应有的尊严与威信吗？这件事更严重的后果是，你给你的孩子做了一个非常不好的‘示范’，如果孩子也像你一样不尊重老师，后果将会是怎样的？”

决不当着孩子说老师的不是，也教育孩子不许和老师顶撞（我女儿从没有过这样的事），这是教育孩子尊重老师的底线。

不过，说到“尊重老师”，近年来还有另一种现象：那就是一些家长热衷于和老师拉私人关系。比如请吃饭呀（通常不是说“请吃饭”而是说“聚一聚”），或者利用节假日送各种礼品，等等。总之，老想“表示表示”。

作为教师，我非常理解家长们对老师的敬意是真诚的，同时我也清醒地知道，有的家长未必是真心愿意请客送礼，只是在目前的社会风气下，他们出于某种担心（“如果不送礼，老师会对我孩子好吗？”“别的家长都送，我如果不送，孩子会不会被老师另眼相看？”）不得已也违心地请客送礼。对此，我多次对家长说：“我希望我们的关系尽可能纯净一些，这样我工作起来更有一种心灵的自由。反之，如果家长们都争相请客送礼，我会有一种沉重的精神负担，在对你孩子进行教育时，在处理班级事务时，总会有各种顾虑，这恰恰不利于我的教育。”

我不敢保证绝对没有热衷于收受家长礼物的老师，但我坚信，我上面的说法绝对能够代表绝大多数教师的真实想法。常常有家长对我说：“交个朋友吧！”我说：“不，我觉得我们现在的关系不是朋友关系。我们现在是‘战略伙伴关系’——都是为你的孩子（我的学生）的未来进行教育，这种教育需要我们双方的精诚合作，这当然是‘战略伙伴’啦！要交朋友等你的孩子毕业以后我们再交吧！”

这也是我的真话。如果孩子毕业之后，家长还愿意和我交朋友，这样的朋友才是真正的朋友呢——我有许多这样的家长朋友；反之，如果家长仅仅是在我教他孩子期间要和我“交朋友”，而一旦孩子毕业之后他便不再“交”我这个“朋友”了，这样的“朋友”不过是充满商业气息的逐利之徒而已，不交也罢！

由于我有这样的想法，所以，我从不主张给孩子的老师送礼，我也希望我和孩子的老师能够成为君子之交——事实上，我和女儿的老师也一直保持这种纯净的君子之交，我把对老师的所有敬意都记在心里，同时也将这份敬意化作与老师配合教育孩子的行动。但是，每当教师节来临之际，或新年前夕，我总会提醒女儿，别忘记给老师写一张贺卡，或打一个电话，在特别的时刻给老师特别的爱：“老师，祝福您！”

不妨和孩子一起“追星”

再说一个比较让家长头疼的问题，就是如何看待孩子“追星”。

之所以说家长头疼，是因为的确有相当多的家长都对孩子的“追星”感到不可思议，同时担心这“追星”会影响学习。于是，有的家长不许孩子“追星”，甚至撕碎孩子保存的明星照或收缴孩子买的歌碟。这样一来，家长和孩子的冲突不断升级。

如何正确看待并正确引导孩子“追星”呢？我认为，家长首先还是需要懂一点孩子“追星”的心理基础。心理学上把成长中的孩子这种对名人的极度崇拜的心理称作“英雄崇拜”心理，这是青春期的一种特有的心理现象。少男少女之所以比较容易产生这种狂热崇拜，是因为他们处于青春期心理矛盾阶段：一方面觉得自己是大人了，不仅要求行动自主，而且希望精神独立；可另一方面，他们又渴望自己的思想感情有所寄托和依附，于是便把目光投向影星、歌星、球星们，并在思想上、行动上，甚至言谈举止、衣着打扮上都情不自禁地受自己偶像的感染和影响。所以，这种崇拜心理是很正常的，也应该得到家长的理解。我甚至认为，孩子不“追星”才不正常呢！

我想到女儿小学时候，有一天回家对我说：“我们几个同学下课的时候各自说自己喜欢的歌星，有的喜欢王菲，有的喜欢刘德华。”

我问女儿：“你怎么说的呢？”

女儿骄傲地说：“我说我不喜欢任何歌星，我只喜欢《走进新时代》！”

那庄重的神情，把我逗笑了。

但我又不禁想，如果我的女儿只喜欢成人歌曲《走进新时代》，她在课余哪里会有共同的话题加入同学的聊天呢？

回想一下我们的少年时代，不一样也有着自己心目中的偶像吗？的确如此。一代人有一代人的演艺偶像，就像我小学时崇拜李玉和、杨子荣，中学时喜欢李双江、朱逢博一样。所以，应该理解并尊重孩子们追他们自己心中的“星”。

在理解的前提下，家长正确的做法应该是对孩子进行“两个引导”：第一，引导孩子把握好度，通过平等的谈心，和孩子沟通，让孩子理智地认识到，现在的主要任务还是学习科学文化知识，如果把大量精力都花在搜集明星资料上，必然会影响学习；而且到处贴着明星们的照片，也会分散自己的注意力，不利于专心致志地学习。第二，更重要的是，引导孩子将崇拜的目光由明星外在的形象逐步聚焦于他们内在的精神气质，或者通过他们的作品感悟其背后的文化内涵。换句话说，要让孩子渐渐由崇拜一个或几个人，升华为对一种精神、一种品质、一种文化的崇敬。

当然，上面所说的引导，除了推心置腹的真诚谈心，还体现在和孩子一起“追星”上。这不是迁就孩子，而是和孩子保持一种共同的话题甚至共同的爱好，在平等交流的过程中，自然而然地给孩子以积极的引导。

小学高年级开始，女儿渐渐喜欢上了韩国歌星，以后整整中学六年，直到现在，韩国歌星都是她追捧的对象。Se7en、S.E.S、神话、H.O.T、NRG、FIN.K.L、水晶男孩、东方神起……走进女儿的房间，打开她的文具盒，看看她的书包外面，到处都可以看到她喜爱的韩国歌星的图片，女儿特别喜欢东方神起的五个男孩。

我只是提醒女儿要注意“度”，不要因此而影响学习，女儿基本上做到这一点。冲刺高考的日子里，我看到她在房间里贴的东方神起巨幅画像下面写了一句话：“东方神起说——考不上大学，你别想来见我们！”

所以，女儿让我很放心，我没有理由不尊重她的这一爱好。不但尊重，我还给女儿买她所喜欢的韩国歌手的碟片和磁带。

最开始，我没有听过东方神起的歌，所以也谈不上喜欢，只是我尊重女儿，但后来在女儿的影响下，听了一些碟子，渐渐也被那活力四射的旋律和声音所感染，仿佛我也变年轻了。女儿给我介绍东方神起组合的五个男孩的名字，叫我一个一个记：“Hero 在中”“U-Know 允浩”“Micky 有天”“Xiah 俊秀”“Max 昌珉”。好不容易记住了，女儿又向我提出更高要求，“以五个人的年龄大小为顺序记！”把我折腾得够呛，但在女儿开心的笑声中，我也开心极了！耳濡目染，我也跟着女儿听东方神起，慢慢也熟悉了*HUG，THE WAY YOU ARE，TRI-ANGLE，RISING SUN*等东方神起的代表歌曲。我对这些歌手的演唱显然不如女儿的理解深刻，更没有她那种程度的“追捧”，但我真的觉得这带给我年轻的感觉。和女儿一起“哈韩”，真好！

女儿喜欢韩国歌手，但她决不同意我用“追捧”这个词的，她经常给我说：“‘追星’太肤浅！”

这点我相信。女儿很小的时候，我就教育她，品德比才能更可贵；德艺双馨的人最值得尊敬。应该说这个观点，潜移默化影响了女儿。女儿喜欢的韩国歌手，不仅是歌唱得好，而且为人也很好。女儿对歌手的评价，从来都是把人品放在第一位。而且由于我也和女儿一起“哈韩”，所以自然而然会经常和她聊关于韩国的话题，我们会谈到韩国的民族性格和民族精神。我就是这样渐渐地引导着女儿通过喜欢歌手到对歌手所体现出来的一个国家或民族精神品质的关注。

果然，随着年龄的增长，女儿已经不仅仅是喜欢韩国音乐而已，而是逐步发展为对韩国文化的欣赏。她曾经买过一本书叫《中国人比韩国人少什么》，读了之后，她将中国的国民精神、国民素质和韩国相比较。她曾对我说：“我在为我国一些国民的行为、素质感到遗憾的同时，对韩国的国民精神肃然起敬。”她把这本书给我看，评论道：“书中说到，韩国文化与中国文化的关系就好比，中国的传统文化是如黄河般源远流长，韩国取其上游清澈的部分悉心照料，保持其优良的本质，而中国留下的却是淤泥堆积的黄河下游。看韩剧、韩国的综艺节目，总是可以从中看到他们的礼节、修养与高素质。”

我经常和女儿一起讨论娱乐圈，有一次和她聊到中国乐坛的时候，女儿说：“当中国的乐坛越来越重偶像与人气而轻实力时，韩国乐坛始终不变地用歌曲打榜说明实力的模式让我佩服。”

我问：“你认为，中国歌手和韩国歌手究竟有什么不同？”

她说：“在我看来，中国的歌手能有极好的LIVE演出实力的屈指可数，而在韩国，这却是歌手得以出道的基础；在中国，走在大街上被星探相中，包装之后短期内便可出道，速成歌手并不罕见，而在韩国，就算是年纪再小的歌手，出道前也一般是经历过了3—5年的艰苦培训的；在中国，艺人走红后便是公司的宝贝，捧着，哄着，而在韩国，艺人再怎么大红大紫，终究也是公司的员工；在中国，歌手的地位高低是按人气而定，而在韩国，哪怕是比你早一个月出道的歌手，就算人气比不过你，见了面你也得规矩到鞠躬称前辈；在中国，因为歌手的走红程度更多取决于公司运作，所以常会出现某歌手不满某歌手导致不和的局面，而在韩国，实力最重要，所以前辈与后辈之间、同辈之间往往都十分谦虚，相处融洽……我对歌手的评判标准向来是先人格再实力，我欣赏韩国文化，更欣赏韩国文化熏陶中成长起来的有教养、有礼貌、谦虚又自信的韩国艺人。”

这一番话，让我更理解女儿了——女儿的确喜欢韩国歌手，但这折射出她对一种精神品质的敬仰。

我又问：“那么，喜欢韩国歌手的人和只喜欢中国歌手的人有什么不同呢？”

女儿说：“喜欢韩国这么多年，我也认识了不少和我一样的人，有姐姐，有妹妹，我发现真正‘哈韩’的人并不像人们想象的是打扮穿着怪异的小青年，而是真诚、正直、有教养的，如同喜爱的韩国艺人一般的人。我们把同样喜欢韩国艺人的人叫作‘亲’，就是因为我们在一起时很团结，很友善，很亲近，很亲切，我们有共同的爱好，更重要的是我们有相同的价值评判准则。”

女儿还对我说：“常常会有很久不见的朋友问我：‘你还在喜欢韩国吗？’我说：‘在，而且会一直这样下去！’现在在我的眼中，所谓‘哈韩’不单纯是一些家长们认为的疯狂举动，更准确地说，是一种精神状态吧。或许与其说我们‘哈’的是‘韩’，不如说我们‘哈’的是优秀的文化与精神，‘哈’的是一种单纯、规范的娱乐环境吧。”

这样的“哈韩”有什么不好呢？我有什么理由不尊重女儿的这种情感呢？

提醒孩子在“追星”的时候，别忘了学习；引导孩子在欣赏歌曲的时候，更要有一种更高的精神追求。如果孩子做到了这两点，他想追谁就随他去吧！

尊重普通的劳动者

教会孩子学会尊重，很重要的是对普通劳动者的尊重。在许多媒体纷纷对所谓富豪、明星以及各种“成功人士”狂热追逐的今天，我们已经很少对孩子说“要热爱劳动人民”了！而我认为，只有对默默无闻的劳动者也充满敬意，才是真正的对“人”的尊重。在这里，尊重的是“人”本身，而不是附加在“人”身上的金钱、权势、地位等。

教育孩子尊重劳动人民，同样可以从引导孩子关注身边的普通人做起。

比如，女儿小时候，我让她在新年前夕给守大门的李爷爷写一张贺卡送去，我对她说："李爷爷一年三百六十五天，为我们服务，我们应该在新年之际，向李爷爷表示感谢和祝福！"果真，女儿便给李爷爷写贺卡，然后一蹦一跳地跑下楼去送给门卫室的李爷爷。后来，女儿还专门写了一篇关于李爷爷的作文《我夸他》。

又比如，小学时候我每天下午骑车接女儿回家，常常路过一些建筑工地，常常看到许多农民工蹲在砖堆上手捧一个塑料碗吃饭，我就会对女儿说："晴雁，这些打工的叔叔最值得我们尊重了！他们非常普通，但他们是劳动者，这就值得我们尊敬！千千万万这样普通的劳动者，都应该值得我们同情和尊敬。"后来女儿读初中了，我也多次对她说："这些劳动者，比那些贪官污吏高尚一万倍！那些贪官污吏每天都在侵吞着国家的财产；而这些劳动者，每天都在用自己的血汗创造着财富，比如一座座高楼就是他们修建的！他们每天都在用自己的双手为周围的人提供着服务，比如拉三轮车，擦皮鞋，等等。用自己的双手养活自己，是最光荣的！"

女儿慢慢懂得了对普通劳动者的尊重。

有一年，我们回老家过年的时候，一家三口坐三轮车去女儿奶奶家。女儿从长得有些丑的三轮车女师傅的身上发现了美，后来还专门写了一篇作文，题目是《美，在我们中间》。那次乘坐三轮车，三轮车差点儿与一辆出租车相撞，我们也差点从车上摔下来。面对出租车师傅的斥责，三轮车师傅不住地道歉，消解了出租车师傅的怒气。文章接着写道——

> ……过一会儿，她又说："刚才那个司机虽然生气，但我道个歉就没事了。只要退一步就海阔天空了嘛！"我很惊讶，想不到这样的一个蹬车的人有这种胸襟。可更令我吃惊的是，到了目的地，她居然还不肯收我们的钱，说什么差点出事，都是她不好，就不收钱了。爸爸不肯，执意给了她钱，她拿过钱，还不停地说："谢谢！谢谢！"
>
> 看着车夫远去的背影，我突然间觉得她不丑了，反而还很美。她有一颗善良而宽容的心，这就是她的美。

尊重孩子，并教会孩子尊重，从细节做起，从身边做起。这是教给孩子一笔足以让孩子幸福一生的无与伦比的精神财富。

三　鼓励孩子关心班集体

为集体服务并不是吃亏

孩子为集体服务吃亏吗？可能有些家长认为是吃亏，因为牺牲自己的学习时间去为别人操心，这不是吃亏是什么呢？

我当班主任多年，就常常遇到持这种认识的家长，他们只关心孩子的学习，而不赞成孩子参与集体活动，更反对孩子牺牲自己的时间为班集体做事。他们认为，孩子为班级效力是一种吃亏。其实在我看来，这并不是吃亏，而是一种收获。在参与集体活动，在为同学们服务的过程中，孩子不但能够收获乐于奉献、与人合作的品质，而且还能收获各种能力。这种品质和能力，恰恰是今后孩子走上社会所必不可少的。如果孩子在中学时代没有这种收获，这才是真正的吃亏呢！

翻检女儿初中的作文本，看到她初三写的一篇回忆初二参加学校演出的作文——

记初二的艺术节

其实我们班在年级上不算很好，我是指体育、艺术方面。每次运动会、艺术节我们七班都是倒数几名。这也难怪，一方面我们七班不是体育特长生、艺术特长生居多的班集体，另一方面呢，班主任王老师在这方面抓得不是太紧，他认为，学生应该以学习为主，其他的嘛，重在参与。我很赞成，所以初一艺术节我们是敷衍了事。初二，我和几位班委商量了一下，决定让我们班的节目轰动一下全年级。

初二年级艺术节上要求每个班出一个舞蹈节目。当其他班还在商量跳哪一个民族舞时，我们班就来了一个出人意料：跳劲舞。要知道，政教主任是最反对学生跳劲舞的了。于是我们在汇报节目时专门向老师强调了，我们的这个劲舞不会跳得太劲爆，而是会跳出中学生的青春朝气。好不容易说服了老师和主任们，我们便开始选人，选音乐。

……

一切准备工作都就绪后，最艰难的工作开始了。跳劲舞最大问题就是不能像民族舞那样有现成的可跳，而是要从不同的地方东一个动作西一个动作凑到一块来，所以我和我的搭档泉一起找别人借了一大堆VCD回家看，凑动作。

……

这次比赛有三个班跳劲舞，我们班在跳劲舞的班级中排在第二个出场，应该说不太有利，但我们的表演非常出色，台下不断有掌声、叫好声和尖叫声。结束之后，还有不少我不认识的人跑我面前来称赞几句，当时的心情真的无法用语言来形容。我们只能狂喊："我们成功了！"

虽然最后的名次仍不高，但只要得到了大家的肯定，名次也无所谓了。

现在，我们七班的人只要一提起初二的艺术节，都会兴奋无比，因为那一年的艺术节让我们真正地骄傲了一次！

显然，女儿写这篇作文是在追忆原来的一次演出活动，但字里行间所洋溢出来的那份骄傲，依然那么鲜活。而这种幸福，是面对集体活动袖手旁观的人无论如何体验不到的。更重要的是，孩子在为集体服务的过程中，也在收获着单纯从书本上学不到的品质与能力。

奖励热心奉献中失意的孩子

比起她高中后的作文，女儿初中的文章在写作上很稚嫩，语言也比较粗糙，但我从中读到了一颗非常晶莹的童心，一颗热爱班集体的童心！本来是全班上场，可是女儿为了不让更多的同学耽误学习时间，便组织几个同学承担了演出任务，这是一种可贵的奉献精神。当然，还有遇到困难时想方设法战胜困难的智慧，还有勇气——要知道，女儿的性格本来是很腼腆的，要她去向素不相识的高年级同学求助，的确需要勇气。

当时，我还在苏州读书。女儿在排练的过程中，不时打电话来给我述说她的酸甜苦辣。有一天晚上还在电话里哭诉了很久——她因为排练舞蹈而回家太晚，结果被妈妈批评。她感到委屈，觉得自己是为班级服务。我在表扬她的同时，也希望她理解妈妈对她安全的担心。

对她初二参加演出的事，我当时在网上也写了一个帖子——

女儿智商不高但学习比较自觉，因此成绩尚可；她能力不强但很善良且非常关心集体，因此不但小小年纪（12岁）便入了团（也算是“早年投身革命”了），而且还“捞”了个团支部书记和文娱委员当当。

但最近她受挫了。

事情是这样的——

本月初她听说学校要举行艺术节——实际上就是各班文艺会演，但现在都时髦说“艺术节”，于是，她便想到了自己的职责，一时间表现出一种使命感。她开始提议跳舞，但初二的学生都只对学习感兴趣而对此反应冷淡，谁也不愿意报名。

她一怒之下，决定来个全班大合唱。“人人都上！看谁跑得脱！”但唱什么歌呢？她没了主意，也无人可请教。于是，她便去书店买了一本歌曲集，花去12元大洋。经过自己与自己研究，定下演唱曲目：《明天会更好》和《同桌的你》。她打电话到苏州征求我的意见。我说：“《同桌的你》是好歌，但估计学校通不过。”后来，她想了想，说：“那就唱《毕业歌》！”

排演了几次，她开始心疼同学们了。她对我说：“同学们的学习的确很忙，耽误这么多的时间排演，学习会受影响的。我还是跳舞算了。我找几个同学与我一起跳。要耽误就耽误我们几个同学吧！”

于是，经过一番央求，她终于说服了几个同学（包括男同学）。整整三个星期，女儿每天晚上都是八点过九点过才饿着肚子回到家里，等吃完饭做完作业已经深夜——本来班主任为了支持她跳舞已经把作业给免了，但晴雁却仍然坚持完成每天的作业。

母亲心疼她，继而恼怒，冲突终于爆发。晴雁打电话到苏州，哭诉道：“妈妈说我每天晚上回来得太晚，她怎么不理解我是为集体呢？”我说：“妈妈担心你的安全，又这么冷，爸爸也担心呢！不过，这件事你做得对！”

演出前几天，女儿又愁演出服装。去年跳舞，为了演出效果，她和其他跳舞的同学竟然每人掏50元买了统一的服装。我妻子预料她今年也会这样做的，便一再打招呼："去年跳舞买的服装穿了一次就没有用了，简直是浪费！今年再也不许自己买服装了！"但到哪里去借呢？没办法，女儿背着母亲又花了80元买了一套服装！母亲知道后，家庭大战再次爆发……

在我回成都的前几天，女儿和她的同学们终于上台演出了，但很不幸，跳得虽好，效果也很不错，但并未获奖，算是"大败而归"。

得知这一消息，我在电话里大声告诉沮丧的女儿："晴雁！你是好样的！虽然你们的舞蹈没有获得好名次，但你关心集体的心比金子还可贵！爸爸回来一定会奖励你的。"

回到家里，女儿向我提起此事还说："同学们学习那么忙，要耽误就耽误我们几个人吧！"

我说："晴雁，如果你在我班上，我一定会为我有你这样的学生而自豪！不过，我现在的确为有晴雁这样的女儿而自豪！"

她赶紧问我："爸爸，你奖励我什么？"

我说："你买歌曲集和服装的钱，我全部给你报销！"

给失败的女儿以奖励，不是鼓励她失败的结果，而是对她真诚热情为班集体奉献的精神表示赞赏。因为这种精神，也是孩子今后人生幸福的源泉之一。

"让人们因我的存在而感到幸福！"

我每接收一个新班，总要送学生一句话："让人们因我的存在而感到幸福！"2004年秋天，我在给我学生的第一封信中，这样写道——

"让人们因我的存在而感到幸福！"我把这句话作为礼物送给你！（请你在心里默念一遍："让人们因我的存在而感到幸福！"）这既是一种伟大崇高的价值观念，同时也是一种平凡朴实的实践行为。用精神播撒精神，以真情赢得真情。亲爱的朋友，做一个"让人们因我的存在而感到幸福"的人，往往只需"举手之劳"：公共汽车上，你为一位老人让座，这位老人就会因为你而感到生活在这样一个文明的社会环境中是一种幸福；在街头，你热情耐心地回答一位外地人的问路，他就会因你而感到能够得到一位素不相识的人的真诚帮助是一种幸福；在教室楼道，你主动上前帮老师抱作业本，老师会因为有你这样的学生而感到幸福；有同学病了，你哪怕是送上一句亲切的问候，他也会感到有你这样的同学是一种幸福……今后在我们班，当某个同学遇到困难时，你如果第一时间出现在他的面前并伸出温暖的手臂："别着急，有我呢！"那样，他会因为有你而感到班集体的无比温馨！我希望在我们的集体中，大家有共同的追求、共同的荣辱、共同的精神支柱、共同的心理依托；成员之间互相友爱，互相帮助，谁也离不开谁：每一个人为集体的挫折感到难过与忧虑，集体为每一个人的成绩感到欣喜与自豪。

我也经常这样对女儿说。

女儿读初三的时候，学校又搞一年一度的艺术节。作为班干部的女儿再次表现出了集体责任感，因为学习太紧张，实在来不及排练舞蹈之类的节目了，她便组织全班上场合唱《让世界充满爱》。但她又遇到一个难题，这个合唱需要一个领唱，可班上其他同学都不愿意领唱。怎么办？结果女儿毅然走到了前台，自告奋勇担任领唱——其实，她的嗓音当时并不是太好，而且她从来没有在任何大型演出中担任过什么领唱或独唱的角色，但为了班集体荣誉，她显然"豁出去"了！

我多次说过，本来女儿的性格是比较文静腼腆的，但正是因为通过这些锻炼，她的胆量和能力都得到了极大的提高，她越来越大方，口才越来越好，与人协调合作的能力也越来越强。后来到了高中，她居然主动参与班干部的竞选！下面是她刚进高一不久写的一篇竞选演说稿——

同学们：

大家好！

我今天自愿竞选班上的团支部书记。我竞选的理由主要有两点：

第一，我很热爱我们的班集体，并乐于助人。我的成绩在班上不算特别拔尖，但和大家一样，我同样有一颗为同学为集体服务的心。虽然，我们这个班组建不过一个多月，但我已经把这个班的每一个同学都视为我的好朋友，我愿意通过我的工作，给大家紧张的学习生活带来快乐！

第二，在初中我一直是班上的班委，曾担任过中队长、团支书、清洁委员、文艺委员等，有不少工作的经验。在初中担任团支书的两年时间里，我始终尽量将工作做到最好，很少出差错。我也因此得到了同学和老师的信任，并具备了一定的工作能力。

如果我能竞选成功，我将珍惜这次机会，以更加真诚的服务和更加努力的工作来报答同学们。我会与其他班干部一起，在老师的指导下，在同学们的支持下，把我们班建设成我们心目中最优秀的班集体。

当然，如果我落选了，我也不会停止为班级工作，毕竟为同学服务的方式还有许多。即使落选，我也不会改变我对集体的爱，对同学的真诚，同样会以一个普通同学的身份为班级建设贡献自己的力量！

我的座右铭是："让人们因我的存在而感到幸福！"那么，现在我要说，我愿意让同学们因我的存在而感到快乐！

同学们，请给我以信任和鼓励！

谢谢大家！

2002 年 10 月 18 日

给当班干部的孩子做顾问

我不但支持女儿参与班干部竞选，而且她担任班干部之后，我还给她以积极的指导。在 20 多年的班主任工作实践中，我常常对我班上的班干部们强调，班干部必须树立四种意识：

1. 服务意识。学生干部也应"新官上任三把火"。不过，这里的"火"既不是"开场戏"，更不是"下马威"，而是"冬天里的一把火"——对同学真诚周到的关心。我经常这样对新任学生干部讲："你们上任后一个月之内，只做一点：尽可能细心地在各方面关心帮助同学。要淡化'干部'意识，要强化'仆人'意识。让同学们觉得你们是最值得尊敬与依赖的人。这样，你们的威信便开始形成，并为以后大胆工作奠定了深厚的感情基础。"当然，服务于同学，绝不是"收买人心"的权宜之计。我们要让学生干部在工作实践中逐步明白：自己为同学所做的一切，都不是额外的"学雷锋，做好事"，而是自己的分内之事，应尽之责。

2. 主人意识。既是同学的“仆人”，又是班级的“主人”，二者是统一的。所谓“主人意识”，有两层意思：一是工作中要有主动性和独立性，不要老是认为自己是老师的助手而消极依赖、被动待命。二是当老师的工作出现疏漏时，应勇于向老师提出，并协助纠正；同时还要敢于作为同学的代表维护同学们的正当利益。作为“班级主人”的班干部，他们与同学的关系应是既大胆管理，又接受监督；他们与班主任的关系应是既密切配合，又互相督促。

3. 创造意识。班干部工作确实很辛苦，但如果这些工作同时又是一种创造，那么，辛苦的同时也有快乐，因为创造性的劳动会使人越来越聪明。大到班级管理方式的选择，小到每一项具体活动的设计，都应让学生尽量体现出自己的智慧，使他们随时产生创造的喜悦。

4. 效率意识。教育并教会学生干部注重工作效率，不仅仅是为了给学生节约时间，有利于他们的学习，更是培养学生一种现代观念。指导学生科学安排时间，合理制订计划，学会“一心多用”，善于简洁发言，等等，都可逐步提高学生干部的工作学习效率。我开班干部会，总是和学生干部一起站着开，这么小小一件事，就增强了学生的紧迫感与时间观念。

这些话，我都说给女儿听，而且要求她尽量这样去做。可以这样说，女儿担任班干部还是比较称职的，颇受同学和老师的好评。

回想女儿读小学一年级的时候，做什么都很胆小，上课也害怕发言，可进了中学越来越活泼大方，什么都乐于参与，这种变化让我欣慰。而如果不是积极参与各种集体活动和集体事务，这种变化是不可思议的。

四　意志是这样炼成的

孩子的坚强意志是可以培养的

和绝大多数女孩儿一样，女儿也很胆小，而且小时候特别胆小。直到现在，如果她房间里突然窜出一只老鼠，她准会惊恐万状地尖叫不已。

但是，女儿也有无比坚强的一面——当她面对困难和痛苦的时候。对此，我后面会讲许多她的故事。

女儿并不是天生就这样坚强。但孩子的坚强意志是可以培养的，这里的“培养”包括必要的训练，也包括将英雄主义根植于孩子的心灵深处。

前面我已经提到，女儿读小学时，我要求她走路上学，这是一种训练。那两年的走路上学，对她锻炼的确很大。再早一些，读幼儿园的时候，她当时只有4岁，我们带她一起去爬黄山，整整七个小时的山路，我们硬是没有抱过她一次，她居然也坚持走下来了。当时，她妈妈也很心疼，想抱抱她，但我总是说：“她自己走！”

小学三年级，女儿参加军训夏令营。报到那天，所有孩子都是由父母送去的，晴雁硬是一个人背着大背包、提着大水桶步行走到了学校！

类似的经历，让晴雁慢慢形成了不怕困难的坚强意志和勇于面对挑战的精神。初中毕业参加中考，作文题目是以“第一次”为话题写一篇作文，晴雁以《初生牛犊不怕虎》为题，写成一篇考试作文——

初生牛犊不怕虎

我爱创新，也爱挑战，更爱人生中的每一个“第一次”。在我看来，我们只有不断地面对“第一次”，挑战自我，才能慢慢成长起来。换句话说，我们只有做到“初生牛犊不怕虎”，才能成为一头猛牛！

在我走过的这十四年里，也有过许许多多的“第一次”，这些“第一次”给我带来了不少的收获：小学一年级第一次参加全校期末考试，我因为不知道卷子两面都有题而少做了一面，抱回了一个“大鸭蛋”；第一次站在全校一千多人面前宣读倡议书，紧张得说不清楚话；四岁时第一次随父母爬黄山，竟独自走完了七个小时的山路；第一次参加学校运动会的800米长跑比赛，居然得了第四名……在这么多的“第一次”中，我却对第一次军训的情景记忆犹新。

那是一个阳光明媚的夏日的早上，上小学三年级的我在家里准备军训所需的东西，前不久报名参加了一个军训夏令营，这一天，要到学校上车。原本爸爸要送我，但我执意要自己去。从家到学校这段路程我就不多说了，只说到了学校。我清楚地记得，当我一个人背着厚棉被，提着大水桶，气喘吁吁地出现在众多提着大包小包的家长和喝着饮料的同龄人面前时，他们都愣住了。记得我在后来的一篇作文中这样写道："当那些家长和同学们用吃惊的眼光看着我的时候，我突然觉得那时的天是那么蓝，云是那么白，空气是那么清新，阳光是那么明媚，道路是那么宽敞……"这就是我第一次参加军训时的情景，现在想起来，那时的我就有一种"初生牛犊不怕虎"的精神。

不管任何人，在面对"第一次"时，他都是一只"初生牛犊"，他只有勇敢地接受挑战，才能使自己成长起来，成为一头强壮的猛牛！

回想起来，这跟我经常跟女儿强调坚强意志的重要作用是分不开的，我曾在一封给女儿的信中写道：

……爸爸到这里几天，最最担心的就是你的学习，最最担心的就是你不能抵御各种诱惑而放松了对自己的要求。现在，社会发展很快，各种庸俗的东西时刻包围着青少年，"舒舒服服"地腐蚀着你们的心灵：比如玩电子游戏，比如迷恋电视，比如热衷于各种漫画，比如和同学谈论一些无聊的话题，比如关心自己的容貌、穿戴呀，等等。我不是说你现在就已经是这样的了，但我确实担心你陷入其中啊！随着大学的扩招，只要考上了重点高中，一般来说考上大学并不难，但现在考重点高中比考大学还难。而你现在的每一天都直接关系到两年后的中考。现在的竞争是很残酷的，也是无情的，一分之差就会在竞争中造成巨大的而且是难以弥补的差距。那么用什么来战胜对手呢？最主要的就是毅力。你应该问问自己：我把能利用的所有时间都利用上了吗？我在课堂上做到了每一分钟都专心致志吗？面对潮水般的作业，我是迎难而上呢，还是应付了事甚至根本不做？面对难题，我是非把它攻克不可呢，还是躲开它绕过去？老师要求分析试卷时，我是一丝不苟呢，还是敷衍马虎？中午的时间我在做什么？下午放学后回到家里我又在做什么？我的学习有计划吗？我的计划基本完成了吗？……这一系列问题，无不与毅力相联系。时间是无情的，当你稍微马虎一下，你就被对手甩下了一段距离了！千万不要在舒舒服服的玩耍中堕落啊！不然以后你会后悔死的。

另一封信中，我又写道：

> 快进入初三了，学习负担比过去重，这是很正常的。过去我们对学习负担有一种片面的认识，好像学习应该像看日本动画片、听韩国流行歌一样“快乐”。其实，正如我多次在班上对我的学生说的那样：“对于有追求的人来讲，获取知识以及攀登事业高峰的过程无论怎么艰难，都是不存在任何负担的。”在“文革”当中，谁也没有给陈景润下达什么科研任务，相反，那时如果谁还在搞科研是要被批斗的，但是，陈景润却偷偷地在他那 6 平方米的小屋里向世界级数学难题“哥德巴赫猜想”用最原始的方式——用笔在纸上演算——展开了冲刺。一次又一次的枯燥演算，持续了多年，仅草稿纸就装了几百麻袋！以今天的眼光看，陈景润的“负担”实在太沉重；然而，陈景润却不但以此成为后来饮誉世界的数学大师，而且他从这旁人看来十分乏味的演算中体验了数学的魅力和人生的乐趣。为什么？因为陈景润有远大的志向，而且他对数学有着浓厚的兴趣。我今年 43 岁了，谁命令我必须读博士了？刚刚过去的一个星期，我为了迎接英语考试，每天晚上一点多才睡，而第二天总是五六点钟就起床，谁强迫我受这个罪了？没有谁命令我更没有谁强迫我，是我自己命令自己，是我自己强迫自己！因为我有追求。我在去年的英语讲演中曾说：即使我在学业上没有成功，也一定要为我的女儿树立一个勤奋的榜样。晴雁啊，你不是在和爸爸比赛吗？我最羡慕的就是你的年龄和你惊人的记忆力。你可不要输给爸爸啊！一遇难题就气馁就发火，这可不是晴雁应该有的性格啊！……我对你说过多次，只有战胜自己才能走向卓越。战胜自己是很痛苦的，但战胜了自己又是很幸福的——钢铁就是这样炼成的！……

榜样的力量——感受桑兰，感受张穆然

女儿读小学的时候，我曾和她一起看过中央电视台的一期《实话实说》节目，那一期的主题是“感受坚强”。我一边看一边给女儿评论。那以后，节目中两位坚强的女孩子成了女儿心中的英雄。

在1998年夏天，绝大多数善良的中国人和我一样，在关注抗洪救灾的同时，还通过电视屏幕认识了一位中国小姑娘桑兰。就那么突然甚至是神秘的一瞬间，一个矫健腾飞的英姿就变成了永远的仰卧——当然，就善良愿望来说，我们是多么希望她只是暂时地倒下啊！应该说，我们在熟悉了海伦·凯勒、奥斯特洛夫斯基、张海迪等人的事迹后，类似身残志坚的强者可能已不太容易使我们特别感动；但是，当我们看到受伤后的桑兰那甜甜的笑容时，我们还是禁不住热泪盈眶！

无数的人在心里为桑兰祈祷：愿她早日重新站起来！

后来从美国传来的消息却一次次让关心桑兰的人们希望越来越渺茫——连最优秀的美国医学专家都认为桑兰重新站起来的可能性几乎为零。但是，通过电视和报纸，我们看到的桑兰，依然是那么甜甜的笑容。

正是在这一期《实话实说》中，水均益通过电话采访桑兰时向她提了一个问题："你的笑容是发自内心的吗？"

桑兰回答："是发自内心的。因为摔了跤再爬起来，对我们体操运动员来说，是习以为常的。"

观众们对桑兰的回答报以长时间热烈的掌声。虽然大家都明白，桑兰这次是难以"再爬起来"了，但大家丝毫不怀疑桑兰的真诚，因为她所说的"摔跤"显然已不是指身体的跌倒，而是指命运的重大挫折；她的微笑，正是她在精神上重新崛起的自信豪迈的微笑。

在电话里她还真诚地说："请代我向张穆然同学表达我的祝福。祝福她早日康复！"

桑兰提到的张穆然是那期《实话实说》的另一位主人公。她是一位中学生，那年5月才满17岁。一年前，身患绝症的张穆然住进了医院。病房中的她以成人都不可想象的乐观面对死亡，体验生命。她进进出出做其他病人的思想工作，还积极配合主治大夫的治疗方案。对于张穆然来说，痛苦和快乐都是她生命的体验，所以手术后她拒绝用麻药止痛，她要记住这每一分钟的痛。一年来，她一共做了3次大手术，十几次化疗。但在治疗期间，她表现出了常人难以做到甚至难以想象的乐观——据她的主治医生说："我从来没有看见她在病床上哭过。每次来接受化疗，她都一个人背着旅行包来的，从不要家长送。看着她那乐呵呵的样儿，人们还以为她真是旅行来了。"她曾两次为她就读的北京市第一六四中学初高中学生做"热爱生活""珍惜生命"的报告，在学生中引起强烈反响。

张穆然一直有一个梦想，希望能当一次《实话实说》的特约嘉宾。中央电视台为此决定专门为她制作一期《实话实说》，并邀请她担任嘉宾。但是就在录制这期《实话实说》的当天，张穆然却没能到现场参加节目录制。因为就在她准备到演播室的那一天，她的病情突然加重，需要在医院卧床接受治疗。但是，通过演播室的大屏幕，我们仍然看到了她可爱的形象。尽管由于化疗的原因，她的头发已经全掉了，但光光的脑袋仍丝毫不损她美丽的面容，更不妨碍她表现出她的乐观爽朗。无论是现场的观众还是电视机前的观众，都被她的笑声深深地感染了。

有意义的是，两位小姑娘都以对方为自己的崇敬对象。张穆然说她在最灰心的时候就想想桑兰，一想起桑兰心中就充满了希望和勇气；而桑兰却在电话里说："张穆然比我更勇敢，因为她遇到的困难比我大，她面对的是死亡。"

《实话实说》的一贯风格是轻松活泼，在妙趣横生的对话中探讨有意义的话题。但在那一期节目中，虽然也不乏自然真诚的笑声，但更多的是一种共同"感受坚强"的凝重。面对两位小姑娘的坚强，几位主持人都情不自禁谈了自己对生命的体验——水均益谈了他炮火中的巴格达之行，白岩松谈了他因失眠而产生过轻生的念头，敬一丹则讲了一个"相约星期二"的感人故事……屏幕内外的每一位观众都和桑兰一起也和张穆然一起感受着坚强，领悟着生命，思考着人生。

节目结束时，屏幕上突然出现了临时打出的一行字："昨天，张穆然同学不幸病故。"

这无声的字幕立刻让我早已蓄满眼眶的泪水终于流了下来。我感到了张穆然的消失与永恒，我进而感到了一个人生命的脆弱与珍贵，我第一次这么真切地明白了什么叫作"生命的质量"。

在以后的几天里，张穆然的形象总是萦绕在我的脑海里。我给女儿说着我的感受，并把登有张穆然巨幅照片的《中国青年报》贴给女儿看。照片的题目是《微笑：一个年轻生命的最后时刻》，文字说明中有这样几句：

在肿瘤医院病区，人们还可以看到楼道里的宣传板报——"癌症患者适宜的16种食品""护理病人的注意事项"，这块板报是张穆然的作品。她说，以前在学校经常出黑板报，没想到这一手用到病房里。在板报下角还注着"待续"。

张穆然虽然走了，但她笑对死亡，完成了对生命的真实体验。

我想到了近年来人们对当代中学生的一些评价："脆弱""心理承受能力太差"。我不否认现在的确有相当一部分中学生怕吃苦、心理脆弱，但我们绝不能因此就断定所有的中学生都是"小公主""小皇帝"。桑兰和张穆然在人生逆境中所绽开的灿烂笑容，向我们展示了当代青少年对生活的热爱和他们自强、坚忍的品格！

这样的强者难道不应该成为孩子们心中的英雄？

这就是我为什么要让晴雁认识桑兰和张穆然的原因。

别太心疼孩子

后来许多事实证明，正是这样的英雄，潜移默化地影响着女儿。

初一结束后那个暑假，本来想随爸爸妈妈外出旅游，女儿却接到通知，她要参与"全国大学生运动会"开幕式团体操背景图案的队列训练。这是一项非常枯燥而且非常艰苦的训练。每天烈日炎炎，挥汗如雨，而且在广场上一训练就是好几个小时。许多孩子吃不了这个苦，以各种理由"请假"退出了训练；也有不少家长心疼孩子，找各种借口把孩子领回家。女儿虽然每次回来都叫累，倒也没有说要退出。可我有些心疼她了。作为教师，我完全可以通过"关系"给她学校有关领导或老师打个招呼便可让她回家休息。但想了想，我还是没这样做。这么好的锻炼机会，为什么要退出呢？别太心疼孩子，才能让孩子坚强。

一个暑假下来，女儿瘦了，脸也晒黑了，但精神却更加昂扬了。一提起她参与的团体操背景图案，她自豪得不得了——不仅仅是为最后的表演效果而自豪，更是为自己的坚强意志而自豪。她在《谁说我们脆弱》一文中写道——

> 每天下午，我们都要顶着烈日，扛着又厚又大又重的板子和又长又扎手的架子，到位于市中心的体育中心训练。每当走到天府广场，你就可以看见穿着统一校服的各校学生，如潮水般涌入体育场。我听到不少送学生的家长发出感叹："这么热，这么艰苦的训练，我们这些出生在'三年困难时期'的人都不一定受得了，这些没吃过苦的孩子怎么受得了啊！"我们真的受不了吗？谁说的？不信你看——
>
> 头顶烈日，坐在发烫看台石凳上，我们一边擦着头上的汗珠，

> 一边还要目不转睛地盯着站在对面看台上的举着旗子的老师。尽管烈日当空，但我们仍一动不动地举着彩色板子；尽管发给我们的矿泉水苦涩得难以入口，但我们仍能忍受；尽管老师们一遍一遍让我们重来，但我们却不感到厌烦，按老师的要求重新做。问我们苦不苦，累不累，都说苦都说累，但再问我们能不能坚持，都说能！我敢说，在一个多月的训练中，我的表现是出色的！
>
> 等到训练结束并表演完后，我们通过发下来的 VCD 看到自己在开幕式上的表演时，我们都不敢相信自己的眼睛：这么漂亮的图案真的是自己翻出来的吗？
>
> 我想，经过这次训练，我们可以自信地向所有家长说：我们一点儿也不脆弱，我们一点儿也不娇气，我们能吃苦，我们能行！

高一军训，十分残酷。因为一次违纪，所有女生都在深夜被罚站。这里我不打算评论部队管理是否“太过分”了，我想强调的是，当时满怀委屈的女儿并没有在精神上垮下去。

> ……这时我们已不再有任何愤怒的表情了，而是站得更有精神了。我们都在心里跟他展开了较量：你越是要折磨我们，我们就越要站得挺拔。12 点到了，其他排的人回去了，我们九排七班的仍然站在过道上。这时，时间是 12 : 35，我们已经站了两个多小时了。教官终于同意让我们回寝室休息了。一进寝室，许多女生再也忍不住，放声哭了出来。
>
> 但我始终没有哭。尽管有一刻我也想哭，但眼泪流到眼眶我又忍了下去。我哭什么呢？在这子夜时分，我与自己的脆弱较量，也与教官的冷漠较量。两个多小时我站下来了，一滴泪都没有流，我赢得了这场较量的胜利。我还有什么可哭的呢？

上面是女儿军训结束后写的一篇文章的片段，这篇文章的题目是《子夜的较量》。

为孩子的坚强而自豪

2003 年 11 月，某报打算发表女儿一组作文，希望我做家长的以《爸爸眼中的晴雁》为题为女儿写一则介绍性文字，我是这样写的——

女儿李晴雁，现在就读于成都石室中学高二（9）班。她的生日是 1987 年 12 月 1 日——巧的是，12 月 1 日也是朱德总司令的生日，所以那年刚上小学的女儿曾指着报纸上“纪念老一辈革命家朱德同志诞辰”的标题大声朗读道：“纪念小一辈革命家李晴雁同学诞辰。”呵呵，让我忍俊不禁。女儿属兔，因而活泼可爱。据她说她的星座是“射手座”，书上说射手座的人“向往权威、自由和公正”。自由和公正，女儿当然无比向往；但女儿好像对当官不感兴趣，“权威”何来？的确，从小到大，她都是很普通的一个女孩子，既不会弹钢琴，也没有获得过任何奥赛金牌。但在我眼中，女儿是无与伦比的优秀。我对女儿最得意的，是她的美丽和善良。美丽嘛，有照片为证；善良嘛，她的同学可以做证。她的老师对我说：“你女儿最大的优点就是关心同学关心集体！”哦，我想起了，女儿还有一个优点，就是无比坚强——最近她的脚需要动手术，为她开刀的医生从手术室走出来时，满脸感动地对我说：“你的女儿太优秀了！做这种手术我从来没有遇到过不哭不叫的人，但你的女儿硬是咬着牙哼都没有哼一声！”而在我看来，女儿的坚强更表现在日常生活中面对困难的勇气，因为女儿最喜欢的格言是：“永不放弃！”

在这则文字中，我突出了女儿的坚强，而且是“无比坚强”。我提到的女儿做手术的事儿，至今想起来我还很为女儿感动。

2003 年 10 月，因为两只脚的大脚趾发炎疼得厉害，她不得不到了医院。结果医生说是甲沟炎，很严重，必须做手术。医生说，所谓做手术，就是把两只大脚趾的指甲拔掉，再把多长出来的肉割去，最后缝针……

医生还没说完，我已经心惊肉跳。

女儿进去了，我在外面等她。

足足一个小时过去了，还没有出来。我心急呀，但无可奈何。

医生终于出来了。他第一句话是说：“你女儿太优秀了！”

我问：“怎么？”他说：“像这种手术，是特别疼的。虽说也要打麻药，但打麻药本身就很疼，而且麻醉已经失效，手术还不一定完成。我做了许多这种手术，十几岁的孩子没有不疼得大哭大闹的，有的成年人也受不了。

可你的女儿居然从头到尾，连哼都没哼一声！还跟我们聊天。”

我真不相信医生的话，因为女儿平时在家时很胆小的，连晚上刷牙都不敢一个人去盥洗间。我问医生女儿真的没有哭没有闹吗，医生还是说：“是的。我是第一次遇到这么坚强的孩子！”然后他再次说道：“你的女儿真优秀！”

女儿一跛一跛地出来了，她的脸色煞白，流着汗水。见了我还对我笑了笑。我真是心疼！赶紧把她背了起来，往楼下走，一直背到街上坐进出租车。

车开到宿舍楼前，我又把女儿背起来打算往楼上走（我家住四楼），女儿说：“爸爸，我自己能慢慢走！你那么胖，背不动我的。”

我说：“你一定要让爸爸背！我好多年没有背过我的女儿了。”

我一步一步颤巍巍地背着女儿往上走，我问女儿刚才做手术疼不疼，她说疼得要命，而且现在还非常疼。我说那你为什么不哭呢，她说为什么要哭呢。

终于到家里了。我把她放在客厅的沙发上，她却要我送她去她的房间：“我还要做作业呢！”

在她的房间，她疼得伏在桌上，但仍然没哭。

我问：“晴雁疼吗？”

她咬着牙说：“疼得很，我实在想哭……”

我说：“晴雁，你就放声哭出来吧！这样好受些！”

她终于放声大哭……

一年过去了，女儿的甲沟炎并没有治好，又复发了。不得已我又把她送到医院，还是那位医生，他对女儿的坚强还有深刻的印象。他说还得重做。我当时心里特别难受，为女儿还要受一次苦而难受。

但女儿说：“不要紧，做！无非就是再痛一次！”

然后她又叹息：“早知道要做手术，我应该把 MP3 带来，这样我手术时听音乐，便可以分散注意力了。”

我知道，这个手术是非常痛的，麻药几乎不起作用。

我当即决定，回家给她拿 MP3。但医生说，马上就进手术室，我即使飞回去也来不及了。于是，我取下身上的手机，交给晴雁：“手术时，你玩游戏吧！”

女儿进手术室的一刹那，我伸出手，紧紧地握住了女儿的手……

从手术室出来后，医生说：“你女儿依然很优秀！”

我扶着女儿问她疼不疼，她说："当然疼了，但我能够忍住。"她又不屑地说起和她一个房间做手术的一位阿姨："刚开始打麻药，她就大喊大叫，四十多岁的人了，也不害羞！"

和第一次手术后回家不同，她没有哭了。虽然她说脚疼，但能够忍着，还说："反正疼又死不了人！"而且还哼歌呢！

在长达六年的中学生活中，无论是学习上还是生活中，晴雁都遇到了许许多多的困难，她也有过叹息，也有过埋怨，甚至也有过片刻的退缩心理，但最后她凭着坚强的意志都战胜了自己，走进了中考，走进了高考……

教子关键点

1. 给孩子树立这样的观念——"让人们因我的存在而感到幸福"；人生的价值不是你拥有多少，而是你留下多少；只有善良能够带来终生的幸福。让孩子在为他人服务的过程中感到快乐。最好每天都问问放学回家的孩子："你今天给别人做了什么？"

2. 给孩子买一本《爱的教育》和《做人的故事》，并和孩子一起读，一起品味"爱"、感受"爱"、交流"爱"，一起在简洁朴素的故事中获得善良人性的浸润。

3. 告诉孩子，爱心不要滥施。条件允许的话，让孩子坚持用自己的零花钱捐助一位需要帮助的贫困孩子。

4. 让孩子在生活细节中学会尊重别人，并养成习惯，这需要从小就注意引导和训练。

5. 允许孩子拥有自己的"私人领域"，但同时给他一定的压力和责任，这样他才能逐渐学会自控。

6. 教育孩子一定要尊重普通的劳动者。只有对默默无闻的劳动者也充满敬意，才是真正的对人的尊重。因为尊重是对"人"本身，而不是附加在"人"身上的金钱、权势、地位等。让孩子明白行动上对人的尊重和精神上保持清醒的是非判断是不矛盾的。培养一些和孩子的共同爱好，这样更容易明白应该怎样尊重孩子。

7. 对生活中的困难或者家庭中的大事，有时可以请孩子一起商量商量，这会让孩子感到受重视和尊重，并生发出责任感。

8. 很多父母认为孩子为班级效力是一种吃亏。其实这并不是吃亏，而是一种收获。因为在参与集体活动中，在为同学们服务的过程中，孩子不但能够收获乐于奉献、与人合作的品质，而且还能收获各种能力，比如组织能力、交际能力等。这种品质和能力，恰恰是今后孩子走上社会所必不可少的。如果孩子在中学时代没有这种收获，这才是真正的吃亏呢！

9. 要鼓励孩子不放过每一次机会“抛头露面”，积极参加集体活动。这非常有助于养成孩子开朗热情大方积极的良好个性。

10. 孩子当了小干部后，家长最好当他的顾问，予以具体的指导。

11. 敢于放手让孩子去尝试“第一次”，别太心疼孩子。只要孩子付出了，哪怕没有获得成功，家长也要及时奖励。

12. 引导孩子获得榜样的力量，尤其是同龄人中生活的强者，将英雄气质植入孩子的心灵。

家教手记五

怎样与青春期孩子沟通

可以这样绝对地说，孩子和父母之间不可能不发生冲突，所以家长要用一颗平常心看待和孩子的矛盾或争吵。以我和女儿的“战争”看，只要家长能够以民主和平等的态度对待和孩子的冲突，那么孩子和家长双方都能够通过每一次冲突而获得进步。所谓“和孩子一道成长”，也体现于每一次和孩子发生冲突时所采取的态度之中。

（晴雁与爸爸在周庄）

一　请和孩子一起上网

家长也应该熟悉网络

不少家长都十分忧虑孩子沉迷网络，却没有意识到，家长引导孩子上网的前提，是自己也应该学会上网。

现在许多家长都为孩子迷上网络而发愁，我却硬是把女儿拉上了网。

而我之所以上网，则完全是因为我学生的鼓动！

没上网之前，总听人说网上是一个虚拟世界，什么都是假的。所谓“听人说”其实主要是“听”报纸上“说”——时不时有报纸说谁谁在网上被骗了，甚至还有姑娘因网恋被骗而自杀！这让我对网络世界有了些恐惧感。我这把年纪的人当然不会网恋，但把精力抛洒在虚拟世界里，这损失却是实实在在的。所以，虽然用电脑写作已经四五年，但我一直拒不上网。那是1999年12月的一天，我收到一位在美国的学生的贺卡，在祝福语下面的括号里，她问我是否申请了电子信箱。我回信解释说：“你不知道李老师现在有多忙，哪有时间跑邮局去申请什么信箱呀！”我把她说的电子信箱理解成通过邮政局递送的传统的信箱了！她回信把我笑话了一番，然后很认真地给我解释什么叫电子信箱以及如何申请。我一下感到了尴尬，同时顿觉自己无知到了极点！窘迫之中，我当天便申请了上网。于是，在新千年的第一天，我开始了自己的网络生活。

先是试着看网络新闻，然后开始发伊妹儿，接下来又开始在论坛闲逛。网络开始改变我的生活。最初我是《中国青年报》“青年话题”论坛的活跃分子，因为我实在是被这里吸引了——这是一片燃烧着思想激情的原野，这是一个翻卷着精神浪花的海洋。这里是真正的自由王国：没有什么统一的话题，只有着对讨论的共同兴趣；没有什么固定的主题，只有着对论坛不变的情怀。现实的关怀与历史的忧思，国际的热点与国内的焦点，“形而上”的思考与“形而下”的关注，都在这里汇聚与对话。政治、经济、军事、教育、环保、爱情、婚姻、家庭以及各种社会话题，都在这里交流与碰撞。

“魔鬼教官”“三剑客”“蓝天”“欣颀儿”“阿燕”“冰睿”“三七二十八”“三糊涂”“胖新”“蝴蝶飞”“高观”……这些或刀光剑影或妙趣横生的名字背后，都飞扬着一个个意气风发的灵魂！我惊喜地发现，竟有那么多比我年轻更比我有才华、有激情、有思想、有胆略的人，在真诚而严肃地思考着关心着我们的国家我们的民族以及国家和民族的未来！于是，我参与其中，和大家交流或争论。

半年之后，我渐渐把精力集中于教育专业论坛“K12”教育论坛，并担任了其中班主任论坛的版主。围绕“绝不培养告密者”“教育究竟是什么艺术”“什么是真正的爱国”“班主任工作的信念从哪里来”“质疑三好生”“班主任的崇高与平凡”“解放班主任”“‘后进生’的提法是否妥当”等热点话题，论坛上掀起了一阵又一阵论辩的风暴，这种思想的风暴持续不断地延续着。透过这些激烈的论辩，我深深感受到，在中国有一大批班主任同时又是严肃的思想者，他们或许现在仍然默默无闻，但他们的确是中国教育的骄傲！可以说，论坛的魅力在很大程度上就是思想的魅力。

2002 年 6 月，我和我的导师朱永新共同创办了教育在线网站，我担任教育在线论坛总版主。通过网络论坛，我开始了与远在天边同时又近在咫尺的网友们的精神交流。一时间，各路英豪纷纷叩门而来，到现在，我们教育在线就已经聚集起近十五万“教育志愿兵”队伍。与在“青年话题”和“K12”不同，这次主持教育在线论坛已经不局限于网络务虚清谈了。在朱永新先生的率领下，我和网友们以网络为载体在更大空间内为教育做了并还在做着一些实实在在的事：我们推出了“新世纪的教师应该读什么书”的征文活动，这些征文先在论坛首发然后推荐到各传统媒体发表，然后通过征文我们整理出新世纪教师应该读的中外教育经典书目；我们还出版“教育在线丛书”，将我们对中国教育的热爱、关注和思考表达出来并传播到更远的地方；我们还以网络为载体进行一系列教改课题的研究，开始了规模宏大的“新教育实验”……

教育部师范司原副司长袁振国曾说，教育在线网站是中国最大的网上教师培训基地。作为这个培训基地的组织者之一，我每天都在感受着教师们成长的故事，同时也在网友们的影响下成长着。

网络对我来说，绝不仅仅是休闲方式，也是一种学习方式，又是一种工作方式，还是一种交往方式，或者说网络就是我生活不可缺少的有机组成部分。

本来是谈女儿上网，我却用了相当的篇幅谈我上网的经历，是想说明这样一个关键问题，当我们急切地想阻止或指导孩子上网的时候，我们应该问问自己："我是不是会上网？"

五年前，我曾对记者说过这样的话："如果教育者（家长和教师）不上网，就没有资格去指导孩子上网！"

现在我依然这样认为。

大胆地鼓励孩子上网

家长们对网络不应该有偏见，生活在信息时代，网络是躲避不开的。而作为当代人，如果不上网，则与文盲无异！不但自己不上网，而且还反对孩子上网，这等于是生活在现代社会却硬要让孩子拒绝现代文明，这是何等的愚昧！

直到初二结束，我女儿还是网盲。我很奇怪，问她为什么不上网，她说她怕自己毅力不够强，怕控制不了自己而迷恋网络。我笑了，说："网络本身是中性的，它对人产生的积极或消极作用，全取决于上网者自身如何对待网络。好比一把菜刀，在厨师手里它是用来切菜的，在歹徒手里它却可能被用来杀人，在绝望者手里它还可以成为自杀的工具。这和刀本身没有关系，一切都由使用刀的人决定。"

我给女儿讲了上网的重要性，在我的动员下，女儿开始上网了。那时，是她读初三的时候。

一年后，她写了一篇文章《我的网络情缘》——

当我还没来得及去对网络感兴趣时，却传来了网络危害青少年的消息：某市一少女因为轻信QQ上的陌生人而被骗，惨遭杀害；某校学生因迷恋网络游戏，学习成绩直线下降；某地少年经常进出网吧，被人盯上遭抢钱……这一切都使我对网络产生了一种恐惧的心理，总觉得网络的确是像长辈们说的那样，弊大于利。随着网络的发展，各种网站也都相继建立，网络仿佛成了一个大的集市，各式各样的东西都有，既有精华也有糟粕，我认为它的精华不会对我有好处，而它的糟粕却会让我深受其害。那个时候，几乎所有的家长都对自家的孩子进行了严格管教，家里有电脑的都不准上网，没有电脑的也不准去网吧。一时，上网似乎成了犯罪一样。而我，因为不会上网，不知被多少长辈表扬过。

可是，渐渐地，我对网络的好奇心越发强烈。我发现上网并不像长辈们所说的那样是弊大于利，而是利大于弊。看着爸爸每天坐在电脑前，在网上和网友们谈天说地，我也有些按捺不住了，“或许网络也不像外界说的那样一无是处”，我这样想。而且和别的家长反对自己孩子上网不同，我爸爸却鼓励我上网。于是我尝试着进入了网络的世界。这真是一个有着足够的吸引力的世界，精彩并不亚于外面的这个真实的世界。从新闻到音乐，从诗词到书画，从学习到电玩……可以说是包罗万象！我这才知道之所以这么多的人为了网络废寝忘食，那是因为他们陷入了一个虚幻的美丽新世界而不能自拔！他们在这个世界里看最新近的新闻，听最流行的音乐，玩最刺激的游戏，交最真诚的朋友……

在爸爸的指导下，我一步一步地和网络结下了情缘。我先试着申请了一个电子邮箱，当我第一次收到同学的邮件——她目前在新西兰读书——我简直是欣喜若狂，网络将在遥远的南半球的好友带到了我的面前，我在惊讶的同时也不得不感叹网络的神奇。古人在离别时总是无比的惆怅，因此会写下“寂寂竟何待，朝朝空自归。欲寻芳草去，惜与故人违”之类的句子。如果当时有网络，相信他们定不会如此悲伤。有了网络，很多事情都变得简单化了。然后我申请了一个QQ，平时在家休息时，便和同学在QQ上聊天，作为娱乐休闲。我在学校校刊的英文部，三天两头就要交稿件，上网节约了我不少查阅书籍资料的时间，而且上网找寻的内容也丰富了不少，每一次，我只需要花上十几分钟就能完成任务，而且稿件都能顺利过关。网络丰富了我的生活，开阔了我的视野！

别让孩子被网络淹没

当然，鼓励女儿上网，并不是就放任不管，而是应该进行正确的指导。我还说过一句话：“在没有任何指导的情况下，让孩子自由上网，有百害而无一利！”这样的例子我见得太多了：我的不少学生正是因为迷恋网络而影响了学习成绩，有的甚至还走上歧途。因此，我主张积极干预正确指导孩子的上网。

如何让孩子把握自己呢？我对女儿说——

第一，严格控制上网时间。中小学生自控力较差，往往容易沉溺于网络而不能自拔。因此，你一旦决定上网，就应该努力增强自控能力，控制上网时间。这除了需要顽强的自制力之外，关键是你每天的学习生活要有严格的计划，什么时候该做什么不该做什么，包括什么时候上网，都应该纳入计划。拥有毅力，严格计划，养成习惯，你就可以成为网络的主人——实际上是自己精神的主人。

第二，带着任务上网。许多中学生之所以被网络占去大量时间，是因为他们上网没有明确而积极的目的，一切都是盲目的，当然会被网络吞噬。你应该把上网首先当作学习方式，既是课内学习的补充，又是课外学习的扩展。每次上网之前都应该有明确的学习目标：或制作网页，或查找资料，或收发信件……现在学校都在搞研究性学习，网络为研究性学习提供了非常好的研究平台。这些都可以成为你上网的学习任务。有了明确的任务，你上网就会专注于自己的目的而不会迷失自我。

第三，警惕网络危险。根据已有的教训，网络可能对意志薄弱的中小学生产生的主要危险有：色情信息、暴力和赌博性的网络游戏、各种网上行骗诱拐、网上侵犯性行为，以及由于沉迷网络而形成的焦虑、失眠、强迫症和社交恐惧等病态。上网前对网络的这些潜在危险有个清醒的认识，会有助于你增强防范意识，在上网过程中随时提醒自己，自觉远离网上有害信息。

第四，掌握网络安全规则。最好不要在网上显示能确定身份的信息（包括家庭地址、学校名称、家庭电话、密码、父母职业等），最好不向网上发送自己的照片，最好不要自己单独会见网友，如遇到带有脏话、攻击性、淫秽、威胁、暴力等使你感到不舒服的信件或信息，请不要回答或反驳，而应该不予理睬。

另外，我坚决反对女儿在网吧上网，因为网吧环境不好，也不安全。

根据我的观察，女儿的网络生活是很健康的。她上网主要是做三件事：一是学习，即搜寻下载有关学习资料；二是娱乐，即下载一些她喜欢的音乐视频资料，或在线观看有关视频；三是交流，即通过 E-mail 和 QQ 与同学交流。对于有害信息，她都能够自己自觉抵制。

我明显的感觉是，女儿上网后，视野越来越开阔，见识也越来越广泛，和她聊天我常常觉得捉襟见肘。现在有时候我遇到网络问题，还得请她帮我解决呢！

我和她当然也为上网发生过冲突，主要是因为她有时候也会控制不住自己，很晚还在上网。我催她早点睡，她却恋恋不舍。每当这时，我当然要批评她；她呢，自然也会忍不住冲我耍点脾气。不过，这种冲突都不太激烈，吵几句之后，她还是会乖乖地退出网站关闭电脑的。毕竟，她还是把学习放在第一位的。而且这种“放纵”也不是经常的。总的说来，我对她上网还是很放心的。

每次我看到提起网络便惊恐万状的家长时，总是这样对他们说：“别把网络视为洪水猛兽，请和孩子一起上网！”

二　坦然地教孩子“谈情说爱”

不必回避爱情的话题

早恋（这个说法不甚科学，但约定俗成，我姑且也用这个术语）是一个让许多家长很头疼的问题。我觉得要处理好孩子的早恋问题，前提是科学理智地看待青春期孩子的朦胧情感。我一直认为，少男少女对异性产生好感，是很自然的。我们要尊重孩子的精神世界，要了解他们的身心变化，尤其重要的是，不要把早恋与品德简单地画等号，生命到了这个季节必定会萌动着一种期待和憧憬，这很正常。作为家长，我们不妨时时回想一下自己的中学生时代曾经有过的朦胧幻想，于是便对孩子多一份充满人性的理解，而不至于对陷入早恋的孩子采取简单粗暴的态度。

女儿还在读初一的时候，有一次和她聊天，我开玩笑地问她：“晴雁，以后如果有男同学给你写纸条，表示喜欢你，你怎么办？”

天真的女儿毫不犹豫地说：“我就把纸条交给老师！”

我认真地说：“不，这样不好。人家向你表示喜欢，你就给老师告状，这不好。”

“那怎么办呢？”女儿问我。

我说：“你可以找这个男同学谈心，说你要集中精力学习，要考高中，以后还要考大学。让他也集中精力学习。如果他接受了你的建议，你应该为他给你写纸条的事保密，这是对他的尊重，而且你依然应该和他友好相处。”

“哦。”她似懂非懂地点点头。

我女儿长得很可爱，因此，我很自然地会想到她可能会遇到的“麻烦”。

其实，我没有担心过她会早恋，因为我坚信她是一个很有志向的人，她知道在中学阶段最应该做什么。只是我应该教给她处理可能会出现的“麻烦”的办法。

最早感觉女儿“懂事”了，是她初一时的寒假，一天晚上看电视剧《橘子红了》。我们大人边看边议论剧情，说到男主人公娶了好几个太太却没有孩子的话题时，不想女儿突然很认真地说了一句：“生不出孩子不怪那几个太太，原因是老爷有问题。”

当时我心里一惊，我和她妈妈不约而同对视了一眼，然后又忍不住会心地笑了：原来晴雁什么都懂呀！

而在这之前，我们都还把她当作啥都不懂的小孩儿。

从那一刻起，我意识到，晴雁开始长大了，渐渐进入青春期了。

但是，不担心女儿早恋，我依然要对她“谈情说爱”，就是进行爱情的教育。我把爱情教育作为人格教育的一部分，因为爱情是一个人美好精神的组成部分，是美好人格的要素。而且，今天的孩子就是明天的妻子或丈夫、母亲或父亲，他们应该懂得爱，并知道怎样去爱。对今天的孩子来说，爱情教育是充满人性的教育所不可缺少的内容。

苏霍姆林斯基的爱情教育

关于这一点，苏联伟大的教育家苏霍姆林斯基在《爱情的教育》中有着许多精彩论述——

“我坚信不疑的是，高尚的爱情种子需要在年轻人产生性欲之前好久的时候，即在他们的童年、少年时期播在他们的心田里。……我们所说的爱情种子，当然不是指关于爱情的说教，而是指培养道德尊严和人格的过程，指在每一行动中树立起真正的人道主义观点，指培养对人道美的理解能力和创造（这一点尤其重要）人道美的能力。爱情的念头一旦在年轻人的思想和感情上撩拨和引起不安，教育者就应当给他们讲爱情是什么。这种讲解将会在年轻人的心灵中培养出高尚的思想和情感，首先是培养出能够给人以巨大幸福的对美的责任感。但是这种美对善于爱美的人才是幸福的。

“在培养高尚的爱的情感中所取得的成绩，是衡量一位教师的教育艺术的尺度。理解爱情，就意味着理解一个人的心。相反，对待青年男女的爱情抱轻蔑乃至嘲讽的态度，恰恰说明教师的教养水平低。……对学生的精神生活和他们的隐秘角落采取粗暴态度，最容易从男女青年的相互关系中驱逐出一切高尚的、有道德的、明快的审美情感，并把爱情的生物本能的一面推到了首位，激起不健康的好奇心，使男女同学更加疏远，对交往产生一种难忍的恐惧症。

“爱的情感是衡量道德的最灵敏、最精确的天平，这绝非言过其实。

“我们应当把爱的情感即人的最美、最高尚的情感作为推动道德进步的武器。

“爱情，是对人道主义的最严峻考试。我们应当从一个人的童年和少年时期起就培养他去迎接这场考试。”

……

苏霍姆林斯基说的虽然是学校教育，但这些论述同样适用于家庭教育。与我们传统教育中视爱情教育为禁区截然不同，苏霍姆林斯基把爱情问题同人的道德进步、同整个社会进步问题联系在一起，认为人的全部道德观念集中地表现在爱的情感里，表现在爱的内容和形式里；他进而提出，正如从一开始就要教导学生怎样劳动一样，也需要在他们刚刚懂得爱情的时候就教育他们怎样去爱。

这位教育家在他女儿满 14 岁那天，给女儿写了一封信——

亲爱的女儿：

你提出的问题使我忐忑不安。

今天你已经 14 岁了，已经迈进开始成为一个女人的年龄时期。你问我说：“父亲，什么叫爱情？”

我的心经常为这种思想而跳动，就是今天我不再是和一个小孩子交谈了。进入这样一个年龄时期，你将是幸福的。然而只有你是一个明智的人，你才是幸福的。

是的，几百万年轻的 14 岁的少女怀着一颗跳动的心思考着这样一个问题：什么叫爱情？每一个人对它的理解都各不相同。希望成长为男子汉的年轻小伙子也在思考这一问题。亲爱的小女儿，现在我给你写的信不再是过去那样的信了。我内心的愿望是：告诉你要学会明智地生活，也就是要善于生活。我希望做父亲的每一句话都能像一颗小小的种子，促使你自己的观点和信念的幼芽萌发出来。……

接下来，苏霍姆林斯基以诗一般美好的语言，给女儿讲述了一个关于爱情的童话故事，告诉女儿：“爱情是人类永恒的美与力量！”在这封信的结尾，这位杰出的父亲写道——

> 我的小女儿，这就是爱情！世上各种有生命的东西生活、繁殖，成千上万地延续自己的生命的后代。但是，只有人懂得爱。而且说实在的，只有在他善于像人那样去爱的时候，他才是一个真正的人。如果他不懂得爱，不能提到人性美的高度，那就是说他只是一个能够成为人的人，但是还没有成为真正的人。

我是从苏霍姆林斯基的《爱情的教育》一书中读到以上这封信的。当时，我非常羡慕苏霍姆林斯基的女儿拥有如此优秀的父亲；在我女儿 14 岁的时候，我也给她读这封信，同时让她读这本《爱情的教育》。

把握爱情和友情的界限

当然，我们也不能不看到，确有少数孩子与异性的交往具有一定程度的爱情倾向，对此，家长也不能以“下流”之类的语言去责骂孩子，而仍然应该在尊重的前提下进行正确引导。需要特别指出的是，不管子女与异性交往是否具有爱情色彩，家长都应以朋友般的态度对孩子进行严肃而科学的爱情教育，以此培养子女形成包括爱情在内的高尚道德情感和道德信念。

有的孩子并没有明确地早恋，但他可能把握不住爱情和友情的界限，因此引出许多误会和烦恼。是的，爱情与友谊有时的确不太好区别。有时，明明已经陷入情网，当事者却矢口否认自己在谈恋爱；有时，是同学之间的正常接触，却被指责为谈情说爱。不仅孩子，我们做家长或老师的也往往为这条模糊的界限所困扰。

我这样对我的学生说，也这样对女儿说——

友谊不等于是爱情，但友谊可以成为爱情的桥梁。爱情是一种特殊的友情，其特殊性表现在：

1. 一般来说，友情无须顾及性别，而爱情的对象是异性。男同学和女同学都会有自己所编织的友情之网，都能从同学身上获得友情。但是，如果某两位异性同学交往过分亲密，其友谊可能成为萌发爱情的种子。

2. 友情以理解为前提，以互相帮助为特征；而爱情却以性爱为基础，以互相结合为目的。这就是说，爱情是与性欲联系在一起的。从生理上说，爱情追求的目标之一正是性欲的满足。而纯粹的友情则没有一丝性欲的因素。

3. 友人之间彼此尊重，互相切磋，长短优劣，一目了然；恋人之间却彼此掩饰，互相美化，“美好”形象未必真实。友谊的最高境界是真诚，因此，它不需要任何装饰与隐瞒。而热恋中的青年往往情不自禁地把自己美好的一面展示给对方，同时不由自主地把对方理想化。

4. 友人之间保持相对独立，恋人之间却追求彼此依附。只要真诚相待，哪怕是性格不同，年龄不同，也可以结下深厚情谊，而不必各方面都强求一致。但是，两人一旦建立恋爱关系，便有可能培养共同的志趣、爱好，而且必然如胶似漆，形影不离。

5. 友谊是开放的系统，具有广泛的包容性；而爱情却是封闭的系统，具有强烈的排他性。友谊是广泛的交往，可以在集体、公开场合进行；而爱情具有专一性，排他性，游离于集体，往往是单独在一起进行。因此，友谊贵在博爱，而爱情贵在钟爱。

6. 友情立足于现实，以信赖为基础，总是具有充实感；而爱情却着眼于未来，以期待作支撑，始终呈现梦幻感。一个人在不同时期会有不同的朋友，但真正理想的爱情却是“白头到老”，因此，恋人们往往怕失去对方，并喜欢憧憬未来。

以上六点特殊性也可以说是友谊与爱情的区别之所在。我把这六点教给孩子们，让他们自己去判断：若是友谊，就大胆保持；若像爱情，则应谨慎相处了。

让孩子成为自己心灵的监护人

如果孩子出现了早恋，家长不必恐慌，首先应该理解孩子，但理解不等于可以迁就和放纵。我们应该以高远的志向激励孩子。我强调，作为正在走向成熟的中学生，应该反复思考，我当务之急最应该选择的是什么？爱情是美好的，但不是我们现在的首选。一个人的一生有许多阶段，每一个阶段都有一个突出的主题，而中学时代的主题就是求学。每一个同学都要立大志，要随时提醒自己，我是要干一番大事业的，可千万不能因为现在一点点感情，就妨碍了我宏伟目标的实现。

我爱给我历届学生讲大学时我读过的一篇小说中的一段话，自然我给女儿也讲过。这篇小说叫《晚霞消失的时候》，写“文革”中一对青年男女，后来两人参加了不同的派别。小伙子的父亲是共产党高级将领，姑娘的外祖父是国民党高级将领，两个人经历了很多感情波折，多年后他们偶然遇到了。女主人公叫南珊，她说了一段话：“人在自己一生的各个阶段中，是有各种各样的内容的。它们能形成完全不同的幸福，价值都是同样的珍贵和巨大。幼年时父母的慈爱，童年时好奇心的满足，少年时荣誉心的树立，青年时爱情的热恋，壮年时奋斗的激情，中年时成功的喜悦，老年时受到晚辈敬重的尊严，以及暮年时回顾全部人生毫无悔恨与羞愧的那种安详而满意的心情，这一切，构成了人生全部可能的幸福。它们都能给我们带来巨大的欢乐，都能在我们的生活中留下珍贵的回忆。”我告诉学生，也告诉我的女儿，人生不同阶段有不同的主题，因而有不同的幸福。这些阶段应有的主题或者缺失或者错位，我们的人生都将是悲剧，至少会造成遗憾！

因此，我们要让孩子成为自己情感的主人。我们不可能守着孩子，即使随时守着孩子也不可能左右他的内心，关键是要让每一个孩子成为自己心灵的监护人，成为自己意志的主人。

这里还有一个很让许多家长棘手的问题，就是如何看待孩子与异性同学交往。我的观点是，充分地尊重孩子！正确看待孩子与异性的交往。成长中的中学生开始具有了归属感，他们在对长辈越来越闭锁自己心灵的同时，对同龄人却有着强烈的交往欲，其中包括对异性同学的交往。这种很自然很正常而且有利于他们身心健康发展的感情需求，却令一些家长不安。他们特别不愿意自己的孩子与异性交往，担心孩子“变坏了”，于是往往拿出家长的权威限制孩子跟异性交往。其实，至少对大多数中学生来说，在男女同学交往的问题上，他们的观念要比一些家长纯洁得多。与异性同学相处，他们首先想到的是友情而不是谈情说爱。孩子们有时把握不好交往方式与分寸，这需要家长给予指导，但不能简单地斥之为早恋。

晴雁的人缘一直很好，她在班上与同学相处从来很和谐，包括和男同学相处既庄重又大方。有时她出去玩，哪怕是和男同学一起玩，我都从来不干涉。因为我知道，信任和尊重最重要。这么纯真的友谊，我能不放心吗？

有时她在家里接电话，她母亲会忍不住问：“是男同学还是女同学？”我便对她母亲说：“别管是男同学还是女同学，要相信晴雁会正确处理好同学关系的。”这样纯洁的女儿，我能不信任吗？

由于晴雁一直在我们宽容而充满信任的家庭氛围中，整个中学阶段，她都没有遇到青春期的“麻烦事”。

当然也不是没有过小插曲。女儿读到初三，我正在苏州大学读博士，她来电话说，班上有两位男生给她写纸条了。我问她是怎么处理的，她说：“我找了其中一个男同学面谈，另外一个男同学，我是通过书面的方式与他沟通。对两位男同学，我都说我是要考高中还要考大学的，希望我们继续以同学关系友好相处。”

前不久，刚刚进入大学的女儿来到我班上为我的学生开了个关于成长的讲座。面对有同学提到早恋的问题，她当时的回答是：“我们要考虑现在这个年龄段最应该做什么。每一个年龄段都有最应该做的事，如果把下个年龄段的事提前到现在来做，就意味着在两个年龄段都做了不该做的事，而且两件事都做不好！”

三　如何面对和孩子的“战争”

懂一点儿童心理学

题目中所说的“战争”，指的是家长和孩子的尖锐冲突。当然，把这种冲突说成“战争”，是一种夸张的比喻。恐怕没有哪个家长没有遇到过孩子和自己发生冲突：不听话，顶撞，甚至蛮不讲理……这种情况往往让我们十分生气。

但是注意，所谓“不听话”“顶撞”“蛮不讲理”，都是从家长的角度看的。如果站在孩子一方看，可能他们倒认为是爸爸妈妈“不听话”“顶撞”“蛮不讲理”呢！

如何面对这样的“战争”？对家长来说，这也是一门需要不断研究的学问呢！

我常常听人对我说：“有你这样的父亲，你女儿太幸福了！”

的确，我绝对相信女儿有这种幸福感。

但是，如果有人因此而认为我和女儿从没有过矛盾，那就错了。

女儿曾因和我发生尖锐冲突，而写下一封“遗书”，你相信吗？

女儿曾哭着对我说：“我宁愿做你的学生，而不愿做你的女儿！”你相信吗？

女儿曾气得我骂她：“你不要叫我爸爸，我没你这个女儿！”你相信吗？

女儿也曾气得我几天不理她，你相信吗？

……

就在写这一部分文字的时候，还和女儿发生了激烈的冲突。因为要用她过去写的骂我的一段文字而问她是否同意，她便生气了。她觉得我侵犯了她的隐私；我也生气了，因为我仅仅是在征求她是否同意，并没有不经允许就使用这段文字呀！

最后，她也理解了我，消除了误会，向我认了错；我也尊重她，决定不用那段会让她难堪的文字。

像这样和女儿不愉快的事，当然不会天天都有，但也绝非个别情况。在女儿读小学的时候，我还打过她。至今想起来，我还很后悔。俗话说：“舌头有时还会被牙咬着呢！”在亲近的人之间也会有摩擦的时候。而处于青春期的孩子，就更容易和家长产生冲突了。

成长中的孩子需要引导，需要教育，但前提是获得尊重。而要尊重孩子，家长就需要学习一点心理学知识，这样才能真正理解和尊重他们。孩子们进入中学以后，“成人感”日益增强。衣着打扮、语言风度都喜欢模仿成人，不愿意别人再把自己当作小孩子了。儿时感兴趣的事现在却感到没意思了；以前喜欢牵着爸爸妈妈的手逛街，现在却不愿再尾随父母；如果老师对一个十四五岁的男孩子摸他的头表示亲切，他会迅速躲开表示反感。这都是“成人感”的体现。但实际上，他们还只是属于半幼稚、半成熟的“小大人”，社会经验还不丰富，处事还不老练，生活还不可能离开父母，觉得自己已经成熟，毕竟还未真正成熟，以为自己已经长大，但毕竟还未真正长大。因此，有“成人感”的同学还处于情感与理智、愿望与现实、动机与效果不统一不平衡的状态。于是，“假成人”（或者说“小大人”）与“真成人”（父母）之间必然会在许多方面发生冲突。

“以前这孩子特别听话，可现在常常和我们对着干！”这是许多家长的埋怨。这种“对着干”往往是源于孩子的“逆反心理”。所谓“逆反心理”，就是在一定外界因素作用下，对某类事物产生与常理相悖的认识，从而导致一些不合常规的行动。“逆反心理”并不是只有中学生才有，但是，中学生的“逆反心理”却显得特别突出。因为青春期的青少年有着强烈的好奇心与好胜心，在一定的刺激下，他们便产生一种对立情绪并做出与众不同的事。另外，中学生自尊心也特别强，如果家长教育方式不当，也会使他们产生“你不要我这样做，我偏要这样做”的偏激情绪。

如何面对孩子的“逆反心理”

面对孩子“逆反”怎么办？我的做法是“冷处理”，尽量避免和孩子正面冲突。大家心平气和之后，再坐在一起沟通。我实在记不清我和女儿吵了多少次架了，但绝大多数时候，我们最终都能够达成理解、谅解与和解。每次被女儿气了，我就强迫自己多想想她平时的可爱之处，同时琢磨一下她的话中有没有合理之处。如果的确有道理，我就坦然地接受；如果是我错了，更会真诚地向女儿认错。这对女儿也是一种教育——“真理面前，人人平等”嘛！所以，如果她意识到自己错了，事后她一定会主动向我认错的。

每当我和女儿发生了激烈的冲突，我们往往是通过书面来交流的。比如，常常在发生冲突的第二天早晨，我打开房门会看到昨晚女儿写给我的一封信，信中诚恳地向我解释或者认错。这样的信，我保存了许多。每次看到，总是很温馨。我呢，有时候也通过写信，向女儿认错，或者对她进行一些引导。书面交流有一个最大的好处，就是比较理智和冷静，表达也很有条理，不容易出现口头争吵时的过激语言。

在整理女儿的旧稿时，我发现了她以前写给我的一封信——

爸爸：

首先，我的确应该承认错误。我的脾气坏已经是老毛病了。我的确应该先认错，向你和妈妈道歉。但是，我也请你好好地想一想你说的话。先是在饭桌上，你说：“你肯定是……”你不止一次说过类似的话，我不知道你的本意是什么，但我的理解是，你好像是认定我是那样做的，而且是不听我讲就冤枉我。你的笑或许你自己听不出来，但对于我来说，你的笑声和那句话都是在讽刺我的“错误”。如果你是我，你这时会怎么做呢？或许我的确脾气太怪，但你为什么不站在我的角度上想一想呢？也许你要问，为什么我不站在你的角度上想想呢？我以为，那天在饭桌上本来就是你先做错的。你不这样认为就算了，不说那天了，就说今天。

刚才你说，我回家时，你态度很好，是我在赌气。我承认，因为我本以为我回到家，你会把我叫到书房里批评一顿，但你却笑嘻嘻的，让我很紧张，不知你到底要耍什么“花样”（我原以为），再加上本来心情就不好，所以就有点火气，但你也不至于就说啥子“就当我没有你这个女儿”之类的话嘛！你觉得是我让矛盾越来越深，我却觉得不光是我，你的态度、你的语气，都只是让我越来越怕你，越来越气你。我站在你的角度想过，我觉得就算是我错了，你也应该换个方式来教育我嘛。你是不是该想想你的那些话对我有什么影响呢？

请你能原谅我！（至于你到底是不是不想认我做女儿，我管不了！但我还是很爱你，爸爸！！！）

晴雁

女儿这封信是因何而写，我已经想不起来了，不过从这封信中，我可以推断，当时我和女儿的冲突异常激烈，不然我不会说出“就当我没有你这个女儿”这样的话的。这封信的确深深地触动了我，因为在写这一部分文字时，我特意翻了翻我的日记，发现了我当时写给女儿的话：“请原谅爸爸！我也很爱晴雁！爸爸以后决不再说那样的话了。”

女儿通过书面写给我们的话，可能语言有些偏激，但我往往能够从中看到自己教育的问题。

勇于向孩子认错

和孩子发生冲突之后，父母应勇于向孩子承认自己的错误。但不少家长偏偏放不下这个面子，认为给孩子认错很丢脸，会影响自己的威信，于是明明知道自己错了却还要强词夺理。殊不知，当家长这样强词夺理的时候，已经在孩子心灵中威信扫地了！我多次向女儿认错，但我没有感到自己在女儿面前丢脸，相反我感到女儿更尊敬爸爸了。如果强迫孩子认输，孩子在不得不服从的同时，心里是很看不起家长的！

最近和女儿的一次冲突，起因是一件很小的事：一家三口去吃火锅，女儿和她妈妈先到了火锅店，她突然想到有一个很重要的事需要回家一趟，她估计抓紧时间是能回去把事情办好的，也不会耽误时间，因为当时我还没有赶到店里呢！但我到了之后，等了很久很久，她才从家里赶来。我自然很生气，便批评她只顾自己的事而把爸爸妈妈晾在火锅店。她辩解了几句，说："谁会料到公共汽车会堵车呢。"我更生气了："你根本就不应该中途回家！让爸爸妈妈等你，你太不尊重我们了！"她也不服气，于是我们便吵起来了。

第二天，我看到我的书房门口放了一封女儿昨天晚上给我写的一封信，信中说："对于今天的事我先要表示很对不起你们，我感到很抱歉，对不起！"然后女儿很尖锐地批评我喜欢"小题大做"："你把一件本来动机很简单的事上升到一个令人恐怖的高度。也许你觉得虽然是小事也反映了一个人很严重的缺点，这我不否认，但是对我来说，当我并没有意识到自己做错了，或者当我犯的一个毫无恶意动机的错误的时候，你却用如此严重的'罪名'定性，你想过没有，我是怎样的一种难受？"这封信措辞相当激烈，这里我不便一一列出（后来连女儿也承认她当时太偏激），但是，剔除那些情绪化的词句，我不得不承认，女儿对我的批评是对的，因为我的确有时甚至常常对她犯的错误进行"小题大做"的批评，也许我对她的确有些苛求吧，但这在客观上却伤害了女儿。

当天，我诚恳地给女儿认错，我说："爸爸不敢承诺再也不犯这样的错误，因为我怕我的承诺兑现不了，但是，你以后会感觉到，爸爸这样的错误绝对会越来越少！"

就是在这样的冲突中，我和女儿都在成长着。我一天天地理解着女儿，女儿也一天天理解着我。

不要忘记自己也曾经是孩子

我经常提醒自己：多站在孩子的角度思考一下！尽管不断地这样提醒我仍然免不了要犯同样的错误，但是有这个提醒和没有这个提醒比起来，侵犯孩子心灵的事情还是要少得多。作为教师，我曾说过，一个优秀的教师，一刻也不应该忘记自己曾经是个学生。同样的，作为一个家长，我也想说，一个优秀的家长，一刻也不应该忘记自己曾经是个孩子！

我手里保存着一份我教过的一个叫王楠楠的女生写的随笔《成长需要什么》，我觉得这篇随笔值得所有家长认真看看。现在我将这篇随笔摘录几个片段如下——

成长需要尊严！

我们可以没有钱，没有知识，甚至没有朋友，但不可以没有尊严。我们正处于青春期的孩子，最忌讳父母用一些不顾我们尊严的话语成天把自己的孩子和别人的孩子做比较，孩子也是有尊严的。不论是大人还是孩子都应该学会换位思考，不知道有没有人有过和我一样的感受：在一本杂志上看到一篇写给父母们的，就想方设法地把这篇文章拿给自己的父母看，希望他们能从中明白些什么。如此想来，父母们也是一样了，看到一篇写给孩子的，就把杂志摆在家里最显眼的地方，希望孩子们能看到。孩子还特别不喜欢家长偷听自己的电话，这是对孩子的一种极度不信任的表现，也非常容易引起孩子的“逆反心理”。

成长需要宣泄！

不开心的事情憋在心里久了，会不知不觉变成癌细胞，而使身体癌变，我应该给自己找一种合适的宣泄方法。一位小男孩告诉心理医生，他爸爸经常揍他，每次被揍他都觉得心里堵得慌，于是他就去踢球，把球看成是自己爸爸的脑袋，踢一脚叫一声爸爸的名字，直到自己没有力气的时候他也就觉得心情很舒畅了。心理医生告诉他这是一个好办法，不仅让自己的不良情绪及时得到了宣泄，也没有伤害到他人。还有一个很乖的女孩，在自己要出国的前一天晚上对妈妈提了一个要求：“妈妈，你今天能不能早点回来，我有很多话想跟您说。”妈妈很早回了家，女儿哭着向妈妈控诉：您什么时候冤枉了我，您什么时候说话不算数，您什么时候……最后母女俩哭成了一片。第二天，女儿上飞机时对妈妈说，谢谢你妈妈，我会想你的。女儿没哭，母亲却哭了，没想到平时乖巧听话的孩子心里也埋了这么多委屈。在这里我想对所有的父母说，你们能不能腾出点时间，做一回孩子最好的听众？

成长需要肯定！

每一个成长中的孩子都希望得到老师家长的肯定，肯定甚至可以成为他们前进的源泉。有一个调皮得让老师家长都头疼的孩子，常常被老师批评，从来没有得到过老师的表扬。一天他非常高兴地回家告诉妈妈：“妈妈，今天老师表扬我了。”妈妈也很高兴，问他：“老师表扬你什么呀？”“老师表扬我检讨写得好。”妈妈听了鼻子酸酸的，心里很不是滋味，原来孩子是多么希望得到肯定啊。老师和家长们不要一味地只看到孩子的过失，每个孩子都是有他自己的长处的，老师家长们要适当地给予肯定，让孩子对自己有信心。大人心里想：我孩子怎么这么差，什么都不如谁谁家的孩子。那孩子真的就会变得很差。如果大人们想：我孩子是世界上独一无二的。那孩子也会变得很棒。我真的希望所有的家长都能对自己的孩子说："你真棒！"

成长需要包容！

我们在成长道路上免不了要犯很多这样那样的错误，当我们犯了错误的时候，最希望的就是得到别人的原谅，当别人犯了错误的时候我们也应该以一颗宽容的心去谅解对方。父母与子女之间更应该这样，不是说父母是孩子最好的老师吗？或许孩子的错误父母不会记得多久，但父母的宽容却可以让孩子受益一生。

在孩子和父母的关系中，相对来说，孩子处于弱势而父母处于强势，这种"强势"是作为父母的年龄、辈分、生活阅历、教育责任赋予的。这种强势地位，往往使家长居高临下，面对孩子任何一点的"不服从"不容置疑地批评、斥责。不能说家长的批评都是错的，的确有时候是因为孩子犯了错误，但是，正是在这种"不容置疑"的谴责中，家长则永远处于不败之地，而孩子应有的尊严消失了，孩子争辩的权利也消失了，孩子需要的尊重、理解、肯定、宽容等，统统消失了！

不夸张地说，这样的亲子关系，这样的家庭教育，只能不知不觉地培养充满奴性的顺民！对一个家庭来说，这是不幸的；对一个民族来说，这更是可悲的！

为什么不倾听一下孩子的申辩呢？说不定孩子的申辩中正有我们家长所缺乏的中肯之言呢！可以这样绝对地说，孩子和父母之间不可能不发生冲突，所以家长要用一颗平常心看待和孩子的矛盾或争吵。以我和女儿的"战争"看，只要家长能够以民主和平等的态度对待和孩子的冲突，那么孩子和家长双方都能够通过每一次冲突而获得进步。所谓"和孩子一道成长"，也体现于每一次和孩子发生冲突时所采取的态度之中。

教子关键点

1. 别把网络看成洪水猛兽，它对人产生积极还是消极作用，全取决于上网者自身如何对待网络。我认为在当今时代，网络已经成为我们生活不可缺少的有机组成部分，它绝不仅仅是休闲方式，也是一种学习方式，又是一种工作方式，还是一种交往方式。

2. 请家长们学会上网，并且和孩子一起上网，这也是增进父母和孩子之间交流的方式。引导孩子控制好上网的时间，教育孩子远离不健康的网络内容。

3. 把爱情教育作为人格教育的一部分，因为爱情是一个人美好精神的组成部分，是美好人格的要素。对今天的孩子来说，爱情教育是充满人性的教育所不可缺少的内容。

4. 在孩子刚刚进入青春期的时候，家长就应该主动给孩子谈爱情。在生活中和孩子谈论到爱情话题的时候，应该坦诚而自然。不要轻易怀疑孩子早恋。给孩子推荐一些有益的青春期教育读物，让孩子成为自己情感的主人。

5. 现在家长对孩子身体健康关注过度，对心理知识却一无所知，无法了解孩子的心理需要，对孩子的心理隐患也不知如何预防、消除。孩子的心理发展关键时期，一是儿童时期，二是青春期。在儿童期，父母与孩子的关系如何，对孩子的心理早期培养有重要意义。如果在青春期，父母不能帮孩子处理好一系列冲突，最容易使孩子发生各种心理障碍，这些应引起父母高度重视。因此要关心孩子的身体健康，更应关注孩子的情感需要。在情感方面，孩子无论是分享快乐的经历还是倾诉糟糕的事件，家长都需要和孩子保持心灵的沟通，让孩子从交流中得到正面的激励，家长应该成为孩子最信任的人。

6. 了解孩子有哪些朋友，这很重要。

7. 读一点通俗的儿童心理学著作，懂得儿童心理发展的基本脉络和特点，这样才能在理解的基础上跟孩子沟通，理解并宽容孩子的逆反。

8. 尝试用书信和孩子沟通，允许并乐于倾听孩子的申辩。

9. 多想想自己也曾经是一个孩子，多站在孩子的角度思考一下，假如我是孩子的话，我将会怎样？勇于向孩子认错，家长并不会因此而威信扫地，反而会令孩子更尊敬和亲近你。

10. 孩子处于青春期时，严厉管束不如适时引导，唠叨说教不如多多倾听，应该给孩子更多的独立空间和自由权利，尊重他，和他成为朋友，像朋友一样陪伴孩子度过青春期。

家教手记六

培养孩子的世界胸襟和中国情怀

所谓“中国味儿”，绝不意味着我要按《女儿经》去培养女儿，要她“笑不露齿”“行不动裙”，甚至长大后恪守“三从四德”；而是在精神气质上能够继承中华民族优秀的文化精华，能够从心理上认同自己的民族文化血脉，能为自己是一个中国人而感到由衷的自豪！我同样希望我的女儿能够具备世界胸襟，但前提是两只脚坚实地踏在中国的土地上。

（晴雁戴上硕士帽）

一　爱国教育，仍然重要吗

如此“爱国”令人忧虑

2001 年 9 月 12 日晚上，女儿放学回来，我第一句话是问她：“你知道昨天美国发生的事了吗？”

她说：“知道了，全班同学一整天都在议论。”

“同学们有些什么议论？”我问道。

她说：“所有人都很高兴！觉得美国该炸！活该！”

我问：“为什么呢？”

女儿觉得我这个问题问得很奇怪甚至很弱智：“谁叫他美国那么霸道？还炸我们的大使馆，还撞我们的飞机……这是报应！”

女儿说得咬牙切齿，眼里放出凶光。

我十分耐心地问她：“想不想听听爸爸的看法？”

她点点头。

于是我说了下面一番话——

美国的霸权主义行径当然十分令人痛恨，爸爸也为南联盟大使馆的中国死难者而哀痛，但美国政府的霸权主义罪恶不能让成千上万的无辜平民蒙受生命的牺牲。在生命的天平上，这次受难的美国老百姓的生命与许杏虎、王伟的生命是等值的。因此，恐怖主义者这次犯罪不仅仅是针对美国的而且也是针对整个人类的。这次被炸塌的纽约世贸中心两座大楼是全人类文明的结晶，就像家乡的乐山大佛一样，它们的毁灭是人类文明成果的灾难。如果我们今天对美国人民的灾难幸灾乐祸，那么，明天当灾难降临到我们身上时，便再也不会有人向我们伸出援助之手。

另外，爸爸还必须特别告诉你，你和你的同学可以仇恨美国的霸权主义，但不可仇恨美国，而且对于美国的先进之处，我们还得老老实实地学习。你和你的同学有着真诚而强烈的爱国主义情感，但你们的声音却是非理智的，也是不明智的。从某种意义上说，为了抵御美国霸权主义而发愤建设我们的国家，恰恰需要向美国等发达国家学习。早在100多年前的清末，就有仁人志士提出“师夷长技以制夷”，半个多世纪以前，鲁迅也曾提出“拿来主义”的主张，到了这21世纪的今天，我们岂能关上国门而自外于世界？欲强我中国，必须面向世界。20多年改革开放的精神成果之一，就是中国人民有了开阔的国际视野。我们推崇的是与法治、民主、科学相结合的现代爱国主义，而不是“闭关锁国”盲目排外的狭隘的民族主义。我们永远反对霸权，但我们永远都不应排外！

我看女儿仍然对我的话大不以为然，真不知道怎么才能说服她，突然我急中生智又加了几句调侃：“江泽民总书记也给美国总统发了信，表示对恐怖主义行径的谴责和对美国人民的慰问。爸爸的话，是和江泽民总书记保持一致的。嘿嘿！”

女儿的表情依然不服：“你说的有道理，但是我就是幸灾乐祸！美国，活该！活该！！”

我轻轻叹了一口气，心里产生疑问：从什么时候起，谁让我的女儿居然这么不讲道理了？

不当狭隘而盲目排外的“爱国者”

显然，这和我们多年片面的宣传教育有关。多年来，我们一些教育者总是有意无意地通过所谓“爱国主义教育”，培养学生狭隘的民族主义情绪。这种情绪的突出表现，就是简单而幼稚地认为：中国一切都好，外国（特别是美国等西方国家）一切都坏！我们对孩子讲国情，讲传统文化教育，大多只讲灿烂文明，而讳言我们的弊端。这种片面的教育宣扬助长了包括孩子在内的不少国人的盲目性与闭关自守的狭隘心态。

记得20世纪80年代，报上曾报道过这样一件事：在北京大街上，一位三轮车工人拉了一位外国游客，便招来一群中国同胞的斥责：“你还甘心做外国佬的奴仆吗？”20年过去了，这种现象估计不会有了，但类似的心态却并未绝迹。这不能不引起我的思考：我们应该培养怎样的爱国者？随着改革开放的深入和社会主义现代化建设事业的蓬勃发展，我们同世界各国的来往交流会更加广泛密切，这对我们的教育——包括家庭教育——也提出了新的要求。小平同志早就指出：“教育要面向现代化，面向世界，面向未来。”我认为，历史趋势和时代发展，要求我们的爱国主义教育也应面向世界，面向未来。如果我们培养出来的爱国者实质上是盲目排外的狭隘民族主义者或大国沙文主义者，这将是我们爱国主义教育的失败。因此，我们在进行爱国主义教育的时候，既要反对崇洋媚外、全盘西化，又要反对盲目自大、闭关自守。我们应培养出一代头脑清醒、胸怀全球、放眼世界的爱国者！

我常常通过和女儿聊天，或者给她推荐一些读物，用她能够明白的语言让她渐渐懂得：中华文明的确辉煌，但绝不是十全十美，更不是人类唯一的文明；西方文化有许多问题，但也有许多值得我们学习的地方。

我给女儿推荐过一套很好的书，这套书是林达所著《历史深处的忧虑——近距离看美国之一》《总统是靠不住的——近距离看美国之二》《我也有一个梦想——近距离看美国之三》《如彗星划过夜空——近距离看美国之四》。在我所读过的介绍美国的读物中，这是最棒的一套书。作者林达不仅写见闻和感受，也试图写出美国现象的制度根源，写出大厦如何在常识常情的基础上建立起来，而每个普通人的个人自由，为什么竟可以是一个大国的立国之本。作者用非常通俗晓畅的语言，通过一个一个故事和案例，细致入微而又透彻地解剖着美国。有人这样评论：书中有许多思想的火花，“这许多的思想火花，逐渐烛照着我们心明眼亮起来。从此，我们不再沾沾自喜于发现别人的毛病，而能以自己独立的眼光和更为宽广的视角去看这个世界”。我也有同感。

“近距离看美国”系列丛书对女儿的影响很大。慢慢地，她看待这个世界显然比过去更理智了。

关于对美国的评价，是我和女儿聊天时常常谈到的话题。我和女儿一起探讨美国的霸权主义，也思考美国的优秀文化。我说：“吸取一切民族的文化精华为我所用，正是爱国的表现之一。对美国优秀文明的热爱，和热爱中华民族的优秀文化并不矛盾。赞美美国的精神文明和物质文明的人，并不是汉奸、不是卖国贼，他们是理性而富于独立思考的爱国主义者。向美国等西方发达国家学习，不是要学习它们的一切，更不是全盘西化，而是更好地吸收其他国家和民族的优秀文化成果，从而使中国更好更快地走向富强、民主和文明。这绝不是媚外，而是对人类智慧的尊敬！”

让孩子成为“地球村”的合格“村民”

这里又涉及一个话题：承不承认这个世界上存在着人类应该共同坚守的价值？

我认为是有的。——民主精神、自由思想、博爱情怀、人权意识、平等观念等，是这个“地球村”每一个“村民”都应该坚守的价值。

比如民主，我告诉女儿，这是中国政治的必由之路。邓小平同志说过：“没有民主便没有社会主义，就没有社会主义的现代化。”中国当然不能完全照搬西方民主模式，但这并不意味着我们不可以学习借鉴包括西方民主精神在内的人类共有的民主政治文明成果。如果我们承认，一切与专制制度相对立的不同国家的民主制度也有着共同点的话，那么，我们在拒绝照搬西方具体的民主制度的同时，批判地继承、学习古今中外人类文明遗产中的有关民主的思想理论，便是顺理成章的事了。今天，尽管不同国家不同民族对民主的理解还不完全一致，但民主的基本价值已经成为当今国际社会普遍认同的价值。在理论上，在法律上，几乎所有国家都确认民主原则或以民主原则为目标。而且，尽管现代民主观念源于西方，但当它传到非西方国家后，经过不同民族文化个性的整合，便出现了民主理论的多元化。民主不再仅仅是西方式的民主，不再局限于西方人所理解的民主，它具有了不同的民族特色。当然，民主概念的基本含义——“人民的权利”是大家公认的，至于通过什么途径、以什么方式保障“人民的权利”，则是多元的。

又比如人权，我告诉女儿，中国封建专制文化是蔑视人权的，包括封建教育。我举了一个例子，从私塾时代开始，在中国，千百年来都是“老师打学生”，没有人觉得不正常——直到现在，还有教师认为体罚是教育的必需手段，甚至也有家长认为“孩子不听老师的话就该打”呢！这便是对学生人权的践踏。但是，最近二十多年，随着改革开放的深入，越来越多的人开始质疑这“天经地义”，甚至对这非人道的教育方式予以谴责。因为经济改革、政治改革所带来的社会进步，促使了人的觉醒。于是，人们开始审视包括教育在内的人与人之间的关系，人道、个性、尊严、平等、权利等观念开始在人们头脑中生根并萌芽。越来越多的人对“老师打学生”现象的谴责，正是中国全社会“人的觉醒”在教育上的微观体现。人权当然不只是体现在这一点上，尊重和保护人权，至少要保护以下权利：生命权、人身自由和安全的权利、自由迁徙权、平等接受审判的权利、隐私权和荣誉权、思想自由、表达的自由、和平集会的权利、结社自由、工作与休息的权利、健康权、受教育权、文化权利等。而这些，都是人类共同的认识。

我对女儿关于民主和人权的启蒙教育，都不是纯粹的说教，而是结合阅读和看电视新闻，结合具体的事例来讨论。美国大选、巴以冲突、非洲饥荒、伊拉克战争、联合国改革……我都可以和女儿随意聊几句。

做一个面向世界的现代中国人

反思我们的爱国主义教育，还会发现一个问题，那就是我们往往只是单纯地“关起门”来进行所谓“自豪感”教育，而缺乏放眼世界后回看中国的危机感教育。而我认为，进行爱国主义教育的目的，不仅仅是培养学生热爱祖国的自豪感，同时还要激发学生建设祖国的责任感，这就要求我们的爱国主义教育应该是自信心教育与危机感教育的统一。神州大地幅员辽阔、物产丰富、山河壮丽，文明古国悠久的历史和灿烂的文化，古往今来中华民族对世界文化、艺术、科技的杰出贡献和一代又一代英雄豪杰可歌可泣的事迹……这一切都该让孩子广泛了解或切身体验，从而使他们感到作为这块美丽土地的主人和一个伟大民族的一员是多么光荣和自豪。但同时，我们还应让孩子清醒地认识到，由于种种原因，比起世界发达国家，我们的祖国母亲还不富裕，虽然基本上小康了，但地区发展仍不平衡，人口危机、教育危机、环保危机等，还困扰着我们亲爱的祖国。而最大的危机是，在当今世界的科技竞争、经济竞争的“战场”上，我们民族的生存危机，我们祖国的“球籍”危机！从而让学生感到自己的命运与祖国的前途息息相关，自己的事业与时代的重托紧紧相连，进而产生“担负起天下兴亡”的责任心和“只争朝夕”的紧迫感。

随着女儿年龄的增长，我引导女儿读鲁迅，了解鲁迅对中华民族弱点的解剖。我对女儿从来不回避“丑陋的中国人”，我就是要让女儿做一个清醒的中国人！

近几年，由于日本首相频频参拜靖国神社以及“日本教科书事件”等原因，我国和日本的关系日趋恶化。和我一样，女儿对日本军国主义恨之入骨，但她却没有简单地“反日”。她读高三的时候，全国各大城市都发生了反日游行，成都的伊藤洋华堂也被许多“爱国者”砸了。我充分理解这些人的爱国热情，和他们一样，我也痛恨歪曲历史的日本人。但我不赞成砸日本商店，也不赞成抵制日货。我和女儿聊到这事，说：“因为根本上看，受损失的不光是日本，也是中国。打个比方，同样都损失了 1000 元，富人和穷人的损失实际上是不一样的。我主张做一个理智的爱国者，打砸行为更不应该。”女儿同意我的说法。尽管“抵制日货”的呼声不绝于耳，女儿对此却很冷静。她说:“我对日本没有好感，但我绝不会抵制日货。这是两码事！”

我和女儿都认为，当今的世界，仍然处于没有硝烟的“战争”年代，国与国的较量主要不是军事而是经济。一个在经济实力上还“硬”不起来的国家，时不时受点人家的气就是免不了的，我国政府的最激烈的反应，也不过就是提出“最强烈的抗议”而已。那些欺负我们的富国多半照样我行我素，为什么？借用一句老百姓骂人的话:“还不是仗着有几个臭钱！”说起这些，实在是让人感到窝囊，但经济实力不如人家一天，你就还只有继续“窝囊”一天。因此“发展才是硬道理”，是何等振聋发聩！

女儿的英语学得不错，我多次对她说:“中国学生今天学习英语、日语、法语、俄语等外语的最终目的，是要让世界上所有的人有一天老老实实地坐下来学习我们的汉语！”我这话当然有些偏激，但所表达的却是每一个中国人的愿望:让“中国”二字的含金量再多一些！让中国人的胸膛挺得再直一些！所以，我并不反对学习包括日本民族在内的世界各个强盛民族的科学技术和其他先进之处，我甚至不反对我们今天享用世界发达国家的物质文明和精神文明的成果，但是，我们时刻都不应该忘记，我们的最终目标是中华民族的伟大复兴！

二　让孩子尽可能“中国”一些

让孩子因自己是中国人而自豪

在上一个小节中，我提出“培养孩子的世界胸襟”。这个命题有一个默认前提，那就是孩子首先是一个中国人！

从女儿一出生，我就希望她尽可能“中国”一些，我理想的女儿应该是一个典型的中国女孩。

也许有人会感到不解:本来就是中国人嘛，何以还要让她尽可能“中国”

些呢？

我这个愿望是有针对性的。自20世纪70年代末开始，中国从封闭走向了开放，向世界敞开了胸襟。正是改革开放给中国带来了翻天覆地的变化。而所谓“开放”当然不仅仅是经济的物质的开放，也包括文化的精神的开放。民主、平等、竞争、效率、市场经济、国际惯例乃至WTO……人类共有的精神文明开始在中国找到自己的土壤。人们不但在观念上开始有了许多变化，而且在人生态度和生活方式上都有了不少新思维。据说现在世界已经进入“地球村”的时代了，无论是政治家的演说，还是老百姓的聊天，“全球化”都成了出现频率最高的词儿之一。在这样的背景下，如何让我们的下一代在走向世界的同时能够保持住自己的民族性，在放眼全球的同时体现出中国味儿？

现在，我们周围生在中国但中国味儿越来越淡的孩子并不鲜见。从衣着服饰，到日常谈吐、文字表达，“西化”的倾向越来越严重。英语娴熟但汉语贫乏的高才生恐怕不是个别，能够如数家珍地随口说出好莱坞明星的个人档案、逸闻趣事，却对李白杜甫的生平和作品知之甚少。有一个苦涩的笑话已经广为流传：在一所大学的男生寝室里，几个男生想给外出的同学写便条，却怎么也想不起“钥匙”二字怎么写，最后急中生智，用英语单词“key”代替！

也许是我“保守”，反正我是不希望我的女儿成为中国面孔的“洋妞”——而这样的“洋妞”在我的周围现在是越来越多了。当然，在现代民主社会，只要不妨碍他人，只要不违反法律，任何一个人都有权选择自己的生活方式。但是，作为父亲，我的确希望我的女儿有更多的中国味。

所谓“中国味儿”，绝不意味着我要按《女儿经》去培养女儿，要她“笑不露齿”“行不动裙”，甚至长大后恪守“三从四德”；而是在精神气质上能够继承中华民族优秀的文化精华，能够从心理上认同自己的民族文化血脉，能为自己是一个中国人而感到由衷的自豪！

我同样希望我的女儿能够具备世界胸襟，但前提是两只脚坚实地踏在中国的土地上。

书法绘画中的文化滋养

“中国味儿”当然不仅仅是外貌和服饰，更应该有内在的东西——中国文化。说到“中国文化”，这是一个很宏大的话题；我们也不可能对幼小的孩子空洞而抽象地讲什么“中国文化”，但我们可以通过一些具体可感的形象或载体，让孩子潜移默化地接受中华文化的滋润。比如，可以让孩子接触一下中国画和中国书法。

女儿读小学一年级时，我每天都用自行车接送她。有一天路过武侯区青少年宫，正碰上许多小朋友从那里面出来，手里拿着笔砚宣纸等。晴雁问我那些小朋友为什么从那里面出来，我说人家在学画画。于是，晴雁说：“爸爸，我也要学画画。”女儿当然不过是出于一时好奇而已，但我却问：“真的想学？”她使劲点头。说实话，我向来不主张强迫孩子学这学那，何况据我的观察，女儿并没有这方面的天赋。但现在既然女儿说想学，那何不让她试试？在我看来，国画是我国民族独有的绘画形式，算得上是中国文化的瑰宝，丹青水墨之间，融会着整个中华民族独特的文化素养、审美意识、思维方式、美学思想乃至哲学观念。让女儿学学国画，这正是让她接触中国文化的一个机会呀！

女儿学画的时间并不太长，就两年吧；就功利而言，她也没有什么大的成就。但她学得非常认真和投入，寥寥几笔，一只小鸟或几朵梅花便跃然纸上，虽然笔法稚拙，但童趣横生，不但给我们也给她自己带来了许多乐趣。金鱼呀，小鸭呀，蝴蝶呀，猴子呀，狮子呀，等等，都是女儿涂鸦的对象。正是在涂鸦的过程中，她在老师的引导下体会着运笔的轻重缓急、抑扬顿挫、方圆粗细、干湿浓淡等不同的效果，感受着线条的节奏、韵律、动态、气势、性格、意趣等内涵。6岁那年的儿童节，成都市有关部门组织万名儿童街头绘画，晴雁非常兴奋，一大早就起来催促我用自行车把她送到市中心广场，就在广场旁的马路边，晴雁拿出笔墨砚纸摆开了“战场”，不一会儿，“一行白鹭上青天”的意境便跃然纸上了，引来许多路过的叔叔阿姨啧啧称赞。后来，她虽然没有学画了，但对中国画仍然很关心，不时去看有关画展。读高二时她还专门买了一本图文并茂的书《扬州八怪画传》。

在学国画的同时，女儿还学书法。书法是汉字的书写艺术。汉字在漫长的演变发展的历史长河中，一方面起着思想交流、文化继承等重要的社会作用，另一方面它本身又形成了一种独特的造型艺术。它不仅是中华民族的文化瑰宝，而且在世界文化艺术宝库中大放异彩。女儿虽然最后并没有成为书法家，但通过书法，她由衷地感到了汉字的魅力和中国书法的神韵。

走进唐诗宋词

对孩子最方便也最有效的民族文化熏陶，莫过于让孩子读中国古典诗词。

以唐诗宋词为代表的中国古典诗词，是中国文化宝库中最璀璨的珠宝，是中国文学银河里最耀眼的明星。李白杜甫苏轼们所创造的灿烂诗词中体现出的丰富的感情、优美的想象、隽永的哲理以及悦耳的音韵，倾倒了一代又一代中国人，这些诗篇经历千百年岁月的冲刷而依然魅力不减。可以这样说，唐诗宋词，是引导人们走进中国文化殿堂最好的入口。熏陶性灵、启蒙文学、培养审美情趣、提升人格境界……都可以在唐诗宋词的吟诵中得以潜移默化的实现。所谓“书卷气”，所谓“文化底蕴”，首先就看其胸中装有多少唐诗宋词。现在什么都爱说“从娃娃抓起”，却很少有人说“文化修养从娃娃抓起”；如果真要“抓”，我看就从背诵李白杜甫“抓”起。

几乎是在女儿学国画的同时，我开始引导她诵读中国古典诗词，当然也是从“床前明月光”“春眠不觉晓”之类开始的。

对小孩儿来说，培养诵读古诗词，不能简单地教他读教他背就完事儿——那样孩子会感到很枯燥的——而必须从形象入手。我最早引导女儿诵读古诗，是从讲故事开始的。晴雁每天晚上睡觉前都要我或她妈妈给她讲故事才能入睡。除了给她讲《365 夜故事》，我还把一些浅显的唐诗改编成故事，讲给女儿听。比如，我印象特别深的是，我曾给她讲这样的故事——

从前呀，有一个人在很小很小就离开了爸爸妈妈，到很远很远的地方去了，去做什么？去读书，后来又做官。这么一去呀，就是很久很久，到了这个人变成 80 多岁的老爷爷的时候，他想爸爸妈妈了，于是，他又回到家乡。这时候的老爷爷，头发已经全白了，可是虽然他离开了家乡那么久，他说的话呢，却还是家乡话。他刚走到村口，便碰见一群小孩子，小孩子看到这老爷爷是从来也没有见到过的，便有点害羞，有点不好意思。老爷爷想，本来我是这里的人，孩子们却把我当别的地方来的客人了。嗯，有意思！我得逗逗这几个小孩子。于是老爷爷便笑着问这几个孩子：“小朋友，你们猜猜，老爷爷我这个客人是从哪里来呀？”小朋友们看到这老爷爷这么和善，便不怕他了，都抢着猜老爷爷从哪里来的。当然都没有猜对，老爷爷哈哈大笑：“小朋友们，这里就是我的家乡呀！”小孩子们又问：“那我们怎么没有见过你呀？”老爷爷笑了，说：“我离开这里已经好几十年了，我离开这里的时候呀，你们的爸爸妈妈都还是小孩儿呢！”小朋友们也笑了，便拉着老爷爷的手进村儿了。那天晚上，老爷爷睡在自己家的床上，高兴得老也睡不着，想到白天刚回家那几个孩子看到自己，居然把自己当成外乡人，觉得挺有趣。他便起身，写了一首诗，把这有趣的事记了下来。虽然这位老爷爷已经死了一千多年了，可这首诗却传了下来。

这故事是我根据《回乡偶书》编的，但不是原诗的翻译，而是加进了我的想象，而且很夸张，并尽量符合儿童的口味。晴雁听了非常感兴趣，当即便问：“爸爸，老爷爷写的诗是什么呀？”我便给她读：“少小离家老大回，乡音无改鬓毛衰。儿童相见不相识，笑问客从何处来。”晴雁听了我读，也就很自然地跟着我读。这样，一个故事一首诗，很快便印入了女儿幼小的心灵。

“白日依山尽……”“故人具鸡黍……”“两个黄鹂鸣翠柳……”“君自故乡来……”“故人西辞黄鹤楼……”等优美的诗，我都是以故事为开端，让女儿走进诗的美妙意境的。我记得给女儿讲《木兰辞》的故事时，我极尽夸张渲染之能事，把情节编得曲折动人，晴雁听得都入了迷。因此，这首比较长的诗，她用了很短时间便背得非常熟练了。所以，我一直认为，教儿童背诵古诗，一定要从形象入手，才能激发孩子的兴趣，收到很好的效果。

后来女儿背的古诗词越来越多了，我便经常和她进行比赛：我背上句，她对下句；或者相反，她背上句，我对下句。比如，我背“峨眉山月半轮秋”，她对“影入平羌江水流”；她背“春潮带雨晚来急”，我对“野渡无人舟自横”。在我骑自行车接送她上学和放学的路上，这样的比赛，是女儿和我最乐于玩的游戏！

正是在故事中，在游戏中，从幼儿园到初中，女儿先后熟背了两百多首（篇）中国古代经典诗文。

如果说在女儿幼小的时候，她读古典诗文还不一定能够理解，随着年龄的增加，她会慢慢自觉不自觉地“反刍”，感受和理解原来不能感受和理解的内涵。等女儿已经读高中，她对古典诗文的接触，已经远不仅仅是背诵了，而是开始有自己的领悟。一天在饭桌上，女儿突然提到她很小的时候背的苏轼的《赤壁赋》：“我越来越觉得《赤壁赋》写得太妙了！”我问为什么，她说：“如果仅仅就写景而言，可能也有和《赤壁赋》一样美的文章；仅仅就抒情而言，也有许多美文；如果就说理而言，好文章也不少。而《赤壁赋》妙就妙在三者的和谐统一！”我说：“能不能具体分析一下？”

女儿有点不好意思地说："我不知道我说的对不对。"我鼓励道："说吧！只要是你自己的理解。"她说："写景抒情我就不多说了，关键是这篇文章充满哲学的思辨。我觉得苏轼用了哲学上相对与绝对的统一、运动和静止的统一等观点。比如'逝者如斯，而未尝往也；盈虚者如彼，而卒莫消长也'这句中，'逝者如斯''盈虚者如彼'说的是运动的绝对性，水在不断地流，月亮不断地圆缺；但是，又说'未尝往也''卒莫消长也'，就是说水还是水，月亮还是月亮，事物相对静止，其性质还是没有变。总之，运动是绝对的。时光一去不返，时事变化不止，但'盈虚者如彼，而卒莫消长也'。月缺月圆，只是形式的变化而已，而其真正的实体却一点也没有变。人生也是如此，虽然人有悲欢离合，命运起伏不定，但每一个人的一生也有不变的一面。"听了女儿的话，我感到她的表述不是特别准确，但我仍然很高兴，因为她已经开始结合自己的生活体验去领悟原来不理解的经典诗文了。

正是在这潜移默化的熏陶中，女儿明显地由对中国古典诗词的爱好，发展到对一切体现中国传统文化的东西有着浓厚的兴趣。她喜欢越剧、黄梅戏等中国戏曲，常常一边做作业，一边戴着耳机欣赏戏曲 CD。我去苏州出差，她还专门嘱咐我给她买一盘昆曲 CD。她喜欢古典园林，走进任何一个古典园林，她都流连忘返。苏州园林自不必说，就是不太著名的成都公园的园林，她也十分喜欢。

在古迹中触摸中国历史

没有哪个孩子不喜欢旅游的，那么，家长不妨带着孩子多转转老城古镇，把孩子直接带到昨天的情境中去，让他们感受文化的沧桑，并直接触摸中国的历史。这种游览，当然不仅仅是玩儿，而是一边玩儿，一边通过老街道和古建筑给孩子讲有关的历史文化。

女儿小学毕业时，我带她去过云南丽江，并给她讲纳西文化。这座古城便在她心里留下了无法抹去的印象。两年后，她又缠着我带她再去了一次丽江，而且非要在古色古香的老街上一家客栈住一夜不可。第二天早晨，很早她就起来了，拉着我的手要去逛青石条铺成的街巷。当时，多数游人都还在睡觉，街道很空旷寂寥，我们走在街上，真宛如回到了古代。

女儿后来专门写了一篇《古城行》的文章。离开丽江的时候，我看女儿那么痴迷，便给她开玩笑："以后你大学毕业干脆就到这里来工作吧！"她说："我当然愿意了！但必须是在古城里面！"

不只是丽江，周庄、乌镇、平遥等城镇，都是女儿神往的地方。就连到了上海这么一个典型的现代大都市，她的兴趣也不在东方明珠电视塔，而是有 20 世纪 30 年代气息的建筑和街道。那次到上海，为了找“老上海”，我陪她走了很久很久；结果，还是没有找到。就在我们很失望的时候，看到一处仿古的老上海街景：有轨电车、小洋楼、老式马路灯……哪怕是人造景观，晴雁也兴奋得不得了，连忙站在那儿照了好几张相呢！

就在我写这段文字的时候，女儿还对我说：“爸爸，放了寒假，我打算和同学一起去一趟阆中古镇。”

一个周末，我和刚读大学的女儿一起到了长江边的一个古镇李庄，并在那里住了一夜。离开李庄以后，女儿还久久沉浸在李庄文化之中。坐在枯燥乏味的课堂上，抑制不住的一种情感使她信手在草稿纸上写下一篇短文——《我也来到了中国李庄》。

到达李庄是在清晨，我们像是一群不速之客，打扰了李庄的清梦，可李庄却平静地接纳着我们，一如 1940 年的某个清晨，它接纳一群热血青年、爱国知识分子那般……

在一个破旧的小门口，一个售票摊，打听才知道这是张家祠，是抗战时中央研究院所在地，曾经堆藏了不少从故宫南迁下的国宝。气派不显大的四合院里，共有六个房间，分别展示着 1940—1946 年间在此的同济老照片和校友介绍，以及一些书籍、手稿。我一直相信，照片是有生命的，哪怕是半个世纪前黑白的、模糊不清的老照片，也依然展示了那些年里那些鲜活的生命，并用一种让人难以抗拒的力量将我们拉入了那些日子里。同济大学运动会、话剧表演、同学游玩、上课……它们安静地出现在我眼前，却让我不再平静。我已经慢慢地进入了那个世界，那个能够让所有青年热血沸腾的世界——

外敌入侵，国难当头，当灯红酒绿的上海滩难再，当书声琅琅的大学校园生活难再，满怀报国之志、救国之心的学子毅然离开家乡，离开校园，一路西迁至四川的一个小镇——李庄。不知道战争何时结束，不知道何时才能返回家园，不知道怎样才能拯救危难之中的祖国……这群青年将满腔热血投入学习，寺庙、大殿，怎样恶劣的环境都动摇不了他们学成救国的决心。战火纷飞，时局动荡，在李庄这样一个平静的书桌上，同济的教授们、学生们用单纯的知识救国的信念撑起了坚忍不屈的精神，在这个小小的李庄镇，一点一点地凝聚，爆发出了震撼全国、世界的力量，“中国李庄”四字声名大噪。没有教室，没有校园，博士、硕士却依然层出不穷，这才是真正的大学，真正的名校！

……

现在的我坐在能容纳140人的大教室里，讲台上的教授在多媒体上展示着精心制作的课件，窗外，金色阳光洒在明远湖上，远处的广场上某学院在搭建迎新晚会的舞台——这是四川大学现代化的新校区——可我却总是想着那个厚重的李庄，那个辗转迁徙的同济，那些在寺庙中刻苦攻书的学子……

难道非要在战争、乱世下，大学生的求学热情才能体现？难道非要在政局动荡时，教育的重要性才会不被忽视？难道非要国破家亡，我们才能有读书人不屈的精神和气节？可悲！可叹！

正是在一座座古镇的熏陶下，女儿从心灵深处散发出来的中国气质越来越浓郁。

让孩子亲近国学

近年来，我国一些地方兴起了“读经热”。在全国的许多中小学校，“四书五经”又重新走进课堂，成为一门要求学生熟读、背诵的必修课程。对此，舆论褒贬不一。我的观点是，让中国教育回到私塾时代是不可能的，要求现在的孩子像古人一样死读经书最后变成迂腐的“孔乙已”，这不但是教育的倒退，更是教育的悲哀！但是，现在越来越多的孩子渐渐忘记了自己的文化血脉，我们对他们适当强化一下中国文化经典的教育，是很有必要的。我同意有学者这样的评论：历史最悠久、生命力最强劲的中国传统文化，有着极为优秀、美好的特质，越是在现代化的时代越显示了它独特的价值和魅力。中国传统文化的丰富灿烂以及它无与伦比的价值是毋庸置疑的。特别是它对人的道德修养的重视、主张“天人合一”以及极富辩证逻辑的“中庸之道”思想等，对中国乃至世界都是一份很有价值的文化遗产。因此，我建议家长朋友们不妨让孩子亲近国学。

什么是“国学”？这是一个很难回答的问题，因为所谓“国学”的内涵与外延及其质的定性，学界至今尚无统一意见。但普遍认为，国学，就是中国独有的传统学术；它是有别于西方学术、独具特点且自成体系的文化形态，是中国固有的文化传统、人文理念和认识方法。

其实，完整意义上的“国学”对孩子来说，确实有些深奥和枯燥，恐怕很难让他们喜欢。我的做法是，让孩子先读一些相对浅显易懂的传统经典篇目，比如《论语》《孟子》的节选。随着孩子年龄的增加，适当提高难度，让孩子读更多的经典。要特别注意的是，家长应该和孩子一起阅读，并经常以聊天的方式交流讨论。

进入高中后，女儿在报选修课时，专门选了国学课。尽管每周一次的国学课，接触《论语》《孟子》也很有限，但毕竟能够多读一些孔子孟子。虽然我多次说过，企图靠所谓“振兴儒学”来救中国是不可能的——从“治天下”的角度看，在以孔孟学说为代表的儒学中，我们找不到把中国带入现代化所需要的政治文明；但是，作为中国人，要真正了解我们的文化，了解我们的民族性，就不能不读点孔子孟子老子庄子，何况先贤们一些修身养性的道理——比如“己所不欲，勿施于人”等，至今还有着积极的意义。因此对女儿报国学的选修课，我当然大力支持。

一个星期天，一家人去吃火锅，我和女儿一边吃一边聊天，不知怎么又聊到了国学的话题。于是，我们父女俩有了这样一段对话。

女儿说：“我越来越觉得，国学是一门非常值得去研究的学问，它包含了中国几千年来的文化。学习国学，不仅仅是学与语文有关的一些文学知识，而且是学习一种历史，更是学习一种文化精神。它是我们的老祖宗留下的遗产，应该继续传下去。”

我说：“你的同学都是这样认为的吗？”

她摇摇头说：“不，大多数同学都不感兴趣。因此，对于这样一门学科，我有些担忧，我们的国学还能再往下一代一代地传多久？会不会在某一个时候被遗忘了？”

我很少看到女儿这么严肃这么忧虑地谈论过什么“学术”问题。我说：“这和时代发展有关系，今天的中国变化很快呀！”

她说：“是的，从新中国成立到改革开放再到加入世贸组织，越来越多的外国文化涌入中国，冲击着我们几千年的古老的文明。”

“这种冲击是必然的，也不完全是消极的。有的东西必须被冲击。”我和女儿开始有了点思想碰撞。

“是呀，可是面对着强劲的外来势力，我们如何保持自己民族的好东西呢？”女儿说，“现在许多年轻人把中国的一切都看成落后的，盲目地去追逐外国的文化，从物质上到思想上。最开始，仅仅是排斥国产的日用品、电器，到后来，更多的人固执地认为只要是西方的就是最好的，只要是中国的就是落后的！”女儿还举了一个例子，说她班上有个同学以看《圣经》为时髦，可是这个同学根本就读不懂！“她宁愿抱着一本读不出所以然的《圣经》而不想看一眼孔老夫子的《论语》。不知从何时起，‘崇洋’的思想在不少中学生中蔓延开来，研究国学的只会被笑作迂腐。像我选修国学，好些同学都不理解。”

女儿又说：“我们现在的生活已经被外国文化包围了！现在走在大街上，最醒目的莫过于广告牌，但就是这些各类广告牌也都是用西方艺术的理念来设计的，刺眼的色块拼凑在一起，几根粗细不同的线条交织缠绕，仿佛越抽象就越现代。但是，如果偶尔看到一个有中国特色的广告牌，哪怕上面只有一枝竹叶，几句古诗，也会让我感到亲切。我们的祖辈父辈或许能轻而易举地吟诵出不少经典古诗词，而我们呢？或许我们中的大多数人只能不费劲地说出数十个外国著名时装品牌的名字。为什么流传了几千年的古文明到了我们这一代却接受得如此艰难？外来文化冲击得太厉害当然是一个原因，但我们自身也有原因吧？难道国学放在21世纪的今天就一无是处了吗？科技再进步，经济再发展，也只是物质上的不断飞跃。精神上的呢？除了接受世界先进文化，我们自己的优秀文化也应该继承呀！国学的确是古老的，但却不一定陈旧；是沧桑的，但不一定腐朽。”

我是第一次听女儿这么滔滔不绝地谈论文化，而且是中国文化，第一次感到女儿真是长大了，开始有些严肃地思考了。不能说女儿的观点就非常正确，也有偏激之词，但她总的倾向——主张学习继承中华文明的精华，保留中华民族的特有的优秀文化，我是完全赞同的。

我故意问她：“那你说外国文化就可以不学习了？”

女儿说：“不是这个意思。我是说至少要先了解我们自己的文化，然后在这个基础上去学习外国的东西。”

我说：“对待传统文化和外国文化，我认为不是先学和后学的关系，而应该是背靠中国，面向世界——以中国人的眼光放眼全球！”

女儿补充了一句：“呵呵，我知道，就是鲁迅所说的：拿来主义！”

教子关键点

1. 对孩子进行爱国主义教育，探索怎样才是真正的爱国，用什么方式去进行爱国教育，才能让孩子潜移默化地接受。

2.教育孩子全面地看待西方世界，不当狭隘而盲目排外的“爱国者”，做到脚踏中国大地，面向世界未来。

3.给孩子创造一些接触外国文明的机会，比如推荐孩子看介绍外国及其文明的有意思的书籍。

4.用孩子能够理解和接受的方式，向他们介绍人类文明的一些普遍价值观，比如民主精神、自由思想、博爱情怀、人权意识、平等观念等，尤其可以结合孩子感兴趣的国际时事和孩子进行交流。

5.告诉孩子要有这样的态度和胸襟：学习别人正是为了发展自己！这既适用于人与人之间，也适用于国家与国家之间。

6.培养孩子对国粹的爱好，让他从中感受中国文化的魅力。

7.让孩子背诵尽可能多的古典诗词，培养孩子的中国情怀。教孩子背诵古诗词，一定要从形象入手，从情境生发，从故事开始，才能激发孩子的兴趣，收到很好的效果。

8.经常带孩子一起游游古镇，让孩子从古迹中触摸到中国历史。

9.引导孩子读点《论语》《孟子》，继承中国传统文化中的思想精华。

晴雁为爸爸班上的同学演出

家教手记七

从学会写作到学会做人

从自我教育的角度看，写作也是不断反思自己的过程。在写作的过程中，自己对自己的表扬、谴责、提醒、勉励、期待、忠告……都在其中了。在女儿成长的过程中，我有意地运用作文这种方式引导女儿自我教育，包括自我磨砺。我也通过作文后的评点性文字和女儿沟通，让写作成为我与女儿沟通的一种方式，由此给她以及时的引导和激励。

（晴雁与姥爷在一起）

一　我教女儿写作文

从想象到文字

从女儿的作文中，读者可能会感到她语言文字表达能力还不算差。其实，女儿刚学作文时，也怕写作文。但是，在我的辅导下，从小学到高中，她的作文水平不断提高。在辅导女儿作文方面，我也有一些体会。

客观地说，女儿并没有特别的作文天赋。别说和韩寒、郭敬明等当红少年作家相比，晴雁的文字不值一提，就是和我多年来教过的一些富有写作天赋的作文尖子相比，晴雁的文章也不能说是一流的。除了曾被语文老师请到讲台上读过她的优秀作文，她从来没有获得过任何作文比赛的奖项，因为任何作文比赛她都没有参加过！但是，如果以一个中学生应该具备的写作能力来衡量，晴雁的作文水平应该是合格的。在小学时，她写作水平的确不太高，但到了中学，她的作文能力至少属于中上水平了。

女儿作文能力的提高，当然首先应该归功于她的语文老师；但作为家长，我也尽了一些力。

教女儿写作文，是从培养她的想象力开始的。孩子越小想象力越丰富，作为教育者，应该引导孩子面对眼前的事物展开想象，然后把想象用文字表达出来。她读小学一年级所在的班，是提前学读写的实验班，就是先不教拼音，而是直接识字，直接写作——当然，最初是写很简单的“悄悄话”，每天都写并交给老师看。

记得有一次我用自行车载着女儿回家，路过一个建筑工地，工地上吊车高扬，一轮落日十分美丽。我一边骑车，一边问女儿：“晴雁，你看那太阳像什么？”

女儿说：“像盘子。”

“还像什么？”

女儿又想了想，说：“像月饼。”

我继续问：“还像什么？”

女儿便继续想，继续说：像耳环，像气球……

我不住地夸女儿："晴雁真聪明！"然后说，"把这些想到的写下来，不就是一篇很好的'悄悄话'吗？"

她晚上果真写了一篇"悄悄话"——

今天下午六点钟的时候，我和爸爸放学回家的路上，我看见红红的太阳在西边的天空中。太阳像耳环，像金盘子，像月饼，像气球。太阳的前面有很大很大的吊车伸着长长的手臂，像天上的彩桥。吊车下有很多工人叔叔，在造房子。太阳的光芒照在高楼上。啊！真是漂亮极了！

第二天晴雁放学回来，很高兴地对我说："爸爸，今天顾老师说：'人家李晴雁写的"悄悄话"，写得相当好！'顾老师还请我上去念。只请了我一个人。"

女儿最初的作文兴趣就这样开始培养起来了。

让女儿坚持写日记

我从女儿出生的第一天开始给她写成长日记，但她 6 岁生日那天，我为晴雁写了最后一篇成长日记——

1993 年 12 月 1 日

今天，你六岁的生日。在昨天、前天，你分别收到了公公奶奶给你写的信和寄的钱。今天又收到春来哥哥寄来的一张生日贺卡。

昨天晚上你去学画，在回来的路上你就说："明天是我六岁的生日，我要表现乖点，早晨起床不哭，吃饭吃快点。"果然今早被我叫醒时一点也没哭，虽然你很想睡，但仍然坐了起来，自己穿衣服，总之很乖。中午吃饭果然很快，我像往常一样给你规定了半个小时，可你二十二分钟就吃完了。我给你定做了一个蛋糕，上面用红色奶油写着："晴雁六岁生日快乐！"晚上回到家中，爸爸妈妈陪你，你先吹灭了六根蜡烛，然后用小勺舀蛋糕上的字来吃，再吃"花儿""叶子"等。爸爸妈妈也陪着你吃蛋糕。

今年的生日虽然平淡，但很有意义——这是你作为小学生第一次过生日。你长大了，而且还会继续长大！爸爸妈妈盼着你这只晴雁健康成长，高高飞翔！

此刻，刚好是八点二十，六年前的此刻，你刚刚诞生。而今日的此刻，你已入睡，进入了甜甜的梦乡……

爸爸的日记已写了整整六年。现在你长大了，爸爸也越来越忙。这日记我就不写下去了。请你用自己成长的脚步写好你未来的人生吧！

（1993 年 12 月 1 日晚 8：22 搁笔）

写完这篇日记，我做出一个决定，让女儿继续写她的成长日记。

我之所以要我女儿写日记，是基于我对日记意义的认识。写日记，能够训练写作者的遣词造句能力，提高其作文水平。这是一般人都知道的。其实，日记的作用远远不止于此。让孩子坚持写日记，能培养其观察能力，使孩子养成随时随地留心社会、思考生活的好习惯，这将为他们的学习积累大量知识和生活素材。坚持写日记，能够充实并完善孩子的精神世界：一则日记，就是心灵的一面镜子和人生的一个脚印；一个追求高尚的人，将在日记里审视自己的思想，反思自己的生活，评价自己的道德……而这正是孩子提升境界、走向成熟的过程。坚持写日记，还能磨砺一个人的意志。写一篇日记或者连续写一周、一月甚至一学期的日记，并不算困难；但是，年复一年地自觉坚持写日记，则不是所有人都能做到的。因此，有人把坚持写日记，称之为“人生的道德长跑”，是非常恰当的。而能够坚持这样“长跑”的人，首先就是一个具有坚忍不拔毅力的人。由此看来，养成写日记的习惯，是极有利于孩子多方面健康发展的。

“天天写日记，哪有那么多写的！”这是不少孩子的埋怨。的确，有孩子刚开始写日记时，往往苦于“没写的”，因而积极性不高。其实，日记就是生活的记录，只要有生活，日记的内容就会源源不断。刚开始写日记时，不妨让孩子先回忆回忆当天的生活，再选择确定日记内容；还可启发孩子写不同类型的日记，“备忘日记”“描写日记”“随感日记”“想象日记”等。思维拓宽了，日记的内容自然就丰富了。

我特别强调日记的真情实感。日记的生命就在于真实，儿童日记的魅力更在于其质朴、纯真。除了科幻、童话一类的“想象日记”之外，孩子们的日记应忠实于自己的生活和思想感情，只要写出了童趣、童真和童心，就是好日记。

因此，第二天上学路上，我对晴雁说："你们老师要你们每天写'悄悄话'确定，你把每天的'悄悄话'当成日记来写，好不好？"

她不懂什么叫日记，我就解释说："就是写你每天看到的想到的，还有做过的事。爸爸给你写了六年的日记，但现在爸爸很忙，就不写了，这日记由你接着写，好不好？"

晴雁答应了。从那以后，她每天都写。最开始是老师要求写的"悄悄话"，后来老师不要求写"悄悄话"了，晴雁就写日记。无论"悄悄话"还是日记，她写的当然都很简单，每天一两百字，后来逐步能写三四百字，内容大多是鸡毛蒜皮的流水账，而且最后一句往往是"今天过得真愉快"之类，后来我又自然而然地引导她观察人和物，内容稍微丰满些了。但是，无论晴雁写得怎样，我都表扬。因为在我看来，对于初写者来说，重要的不是写得怎样，而是坚持在写！

下面是晴雁的日记摘录，收在她小学毕业时我引导她自己编辑的作文集《晴雁展翅》中。我对她写的每一篇文章都进行了简短的点评。这不单是她成长的最真实的记录，而且她的日记写作无疑为她后来的写作水平奠定了良好的基础。

1997年3月17日　星期一　雨

今天是我第一次写日记，我决定要天天坚持。这一天，我是值周班委，我将把班上的纪律管好，排队时，做到快、静、齐。早上的升旗仪式是我们班表演主题班会，我宣读了倡议书，倡议全校师生都来关心和帮助贫困山区的失学、辍学的儿童，向他们伸出援助之手。同学们纷纷把自己的学习用具、衣物和零花钱都捐了出来。

【爸爸评点】第一次写日记，虽然写得比较简单，但毕竟是一个好的开头。

1997年3月20日　星期四　阴雨

今天上美术课的时候，庄智威和戚扬在"打仗"，我在他们中间活受罪。他们这样你打过去我打过来，打得我不耐烦了："庄智威，你再打，看我怎么收拾你，你等着我爸爸吧！"庄智威听见"我爸爸"这三个字，吓着了，也不打了。戚扬趁机打了庄智威好几下，庄智威是敢怒不敢言。庄智威怕我爸爸的原因何在呢？有天庄智威故意打了我，当天下午，我爸爸到学校找到他，严厉批评了他。从那以后，庄智威对我的态度和以前截然不同了。

【爸爸评点】平时你在家常常说“爸爸最坏”，可到关键时刻爸爸还是挺“有用”的嘛！

1997 年 4 月 6 日　星期日　阴

今天是星期日，我做完了作业，就跑出去玩了。我和周顺怡、杨雪、黄炜先到了雨桐家里玩。可是，我们越玩越没劲，就只好到我家去玩了。但是我家也不是很好玩。我把所有能玩的都拿出来了，还想出了一些莫名其妙的玩法，却仍然不好玩，只好等她们走了，自己收拾。

【爸爸评点】以后长大了再读这篇平淡的日记，你会觉得，当年这次普通的玩耍，其实是多么有趣啊！

1997 年 7 月 26 日　星期六　晴

今天，我们随着旅游团一起去了八达岭长城和十三陵中的定陵、九龙游乐园这三个地方玩。其中我印象最深的还是八达岭长城的好汉坡。

来到了长城的脚下，我们要坐缆车上山。坐在缆车上往下看，我们像在天空中一样。山中有许多大石头，石头落在山上一动不动，像是从天上掉下来的一样。到了山顶，爸爸说：“不到长城非好汉，今天我们登上了好汉坡，才是真正的好汉，走！”我手脚并用，终于登上了好汉坡。

我站在好汉坡上往下看，万里长城像一条长龙，在崇山峻岭之间蜿蜒盘旋着。再看看一座座高山，被云雾围绕着，使我们感到像是在仙境里一样。

“不到长城非好汉”，我今天就当了一回“好汉”！

【爸爸评点】妙就妙在你这位“好汉”是“手脚并用”。

1997 年 7 月 31 日　星期四　雨

今天晚上，我们坐车到了天安门看夜景。

夜晚的天安门的轮廓被霓虹灯装饰了，更加地显眼了；天安门城楼上的汉白玉，在灯光的映射下，显得更白更亮了。如果说白天的天安门鲜艳夺目的话，那么，此刻，夜幕中的天安门只能用庄严和辉煌来形容了。

相对的人民英雄纪念碑，在深蓝色夜幕的衬托下，更加高大巍峨了，“人民英雄永垂不朽”八个大字在灯光的照射下，也显得金光闪闪了。

天安门广场的夜景将让我终生难忘！

【爸爸评点】我注意到，你学着用“如果……那么……”这样的句式了。

1997 年 12 月 23 日　星期二　阴

在十一月份，我们进行了一次数学半期考试，几个星期后，我们就拿到了试卷，我一看分数，才 65 分。我不敢告诉爸爸妈妈，便把这件事当作一个秘密，一直藏在心里。外公外婆那里，我也没有说。在他们面前，我都是用“不知道”三个字来回答的。今天妈妈又问我考试的情况，我知道瞒不住了，只好说出来了，爸爸妈妈很生气，非常严厉地批评了我。不是批评我考得不好，而是批评我撒谎。我终于知道了说谎的后果，我认识到了自己的错误。我觉得自己不能说谎，不能辜负爸爸妈妈寄托于我的希望，我这样做不能帮自己，反而会害了自己。我后悔极了，惭愧极了，我决心从此以后做一个诚实的人。

【爸爸评点】小晴雁啊，请永远记住：诚实比 100 分更宝贵！

1998 年 9 月 28 日　星期一　晴

傍晚了，大街上的人群络绎不绝。有的是忙了一天的人，刚从单位出来，想赶快回家休息；有的是休假的人，刚从商场走出来，手里提着大包小包的东西，满载而归；还有的是放了学的学生，小学生背着书包，蹦蹦跳跳地回家做作业，中学生骑着自行车，到烧烤摊上去吃烧烤。

远处的天空，被晚霞映成了鲜红色，像是红色的颜料洒在了天上。几间民工住的房屋的烟囱已经炊烟袅袅，几个摆地摊的小贩开始收起了东西，几个粉刷匠也骑着自行车走了。太阳渐渐西下，到了七点半，天完全黑了，路灯亮了，车灯亮了。春熙路上的小贩摆起了摊位，夜市开始了，春熙路、青年路又热闹了起来。

人们选着东西，有的在点头，有的在犹豫，有的在摇头，还有的在试衣服。夜深了，到了万家灯火的时候，一天就快结束了。

【爸爸评点】你越来越善于观察了。于是，看似平常的傍晚景象到了你的笔下，就成了一幅极富生活气息的“民俗画”。

1999年4月20日　星期二　阴

今天下午的队会课要选校三好学生。上了两节课后，我很紧张，因为我有可能选不上，原因是我这学期的体育成绩好像没有达到良好。我找到我前面的麻珂，问：“你评得上三好生吗？”“可能可以！”“为什么？”“如果体育看上学期的成绩，我们就有搞；如果体育看这学期的成绩，我们就没搞。赵伊君也一样。不过，可能是评上学期的，因为上学期没评三好生，而且这学期的体育成绩还没有公布。”

评选开始，有7个同学参加微机指法比赛去了，只有50人参加评选。写选票时，我写了朱亚维、滑心恬、张丹、杨阳、张屹宇这5个同学的名字。后来统计选票结果，我的票数最多，还有赵伊君、麻珂也选上了。关于体育成绩，王老师说以上学期的为准。我们3个人上学期的体育成绩都是B，所以可以当选。

我会继续努力。

【爸爸评点】你很在乎自己是否被选上三好生，这可以理解。但我劝你不要太在乎“名分”，在今后的路上，你还会不断面对名利的诱惑。我主张你看淡一些。这当然不是说不应该有积极的进取心，而是说更应注重每一天实实在在的追求。何况，有时名利的获得多少带有些偶然，在这方面斤斤计较只会让自己永远烦恼。有人曾说过：“人生不是下象棋，而是玩扑克。”就是说运气对每个人来说并不是完全一样的，我们要学会面对自己手中也许并不一定好的扑克牌。写到这里，我突然想到，其实我说的这些你现在不一定能够明白，但我相信今后的生活会让你逐步明白这些道理的。我还是希望你做一个既志向高远又朴实无华的人。

指导孩子把作文写出新意

在具体的写作技巧上，我不断鼓励女儿写有新意的作文，也就是在构思上尽可能与众不同的文章。所谓“构思上的与众不同”，主要指立意新，题材新，语言新。

立意新，就是在忠于生活和自己心灵的基础上，勇于冲破陈旧的思维模式，写出自己对生活的独特感受。比如晴雁有一篇文章是写老师的，但她的立意不是一般意义上的讴歌老师，而是通过一次给老师送花，写出了该老师如何对待童心的问题，文章非常真实而且主题严肃。这样的立意显然就比较新。但这种新的立意并非为新而新的编造，而是建立在对生活的感受与观察上。老师也不是完人，所以真实按的生活写出老师的多色彩，文章自然便有了新意。

题材新，就是引导学生留心生活，善于捕捉生活中普通的但又反映了社会本质或生活意义的一些素材。以为只有“感人肺腑的”“终生难忘的”“惊天动地的”“曲折惊险的”的“大事”才能够进入我们的作文，这几乎成了孩子们长期以来写作文过程中的一个误区。难怪不少同学只要没有“捡钱包”“扶盲人”或学校班级没有开展“歌咏”“运动会”“植树”等活动就写不出作文。我们要告诉孩子，所谓“新颖的题材”，并不是惊心动魄的重大场面或胡编乱造的离奇故事，只要真正忠实于自己的生活，笔下的题材就很难与别人雷同。因为每一个人的生活感受都是富有个性的，每一个人的心灵空间都是一个独一无二的世界。

比如，我女儿写的这篇《用自己的双脚走路》，虽然谈不上有多好，但在立意和题材方面是比较有新意的作文。

用自己的双脚走路

每天上学走到学校门口，我都会看到一个很不好的现象——

在学校门口挤满了许多送孩子来上学的家长。在他们当中，有的是孩子的父母，有的是孩子的保姆，有的是孩子的爷爷奶奶……他们有的是骑自行车来的，有的是骑摩托车来的，有的甚至是开小轿车来的……各种各样的车堵满了窄窄的小巷。也有的家长是走路送孩子来上学的，但几乎没有一个家长让孩子自己背书包，而是自己替孩子背书包，甚至有的家长走到学校门口后，才告诉孩子手帕、作业本放在书包的什么地方。很明显，连上学前收拾书包这样的小事也是家长帮着做的。

每当看到这些同学和他们的家长，我就不禁要想：这样难道能培养起真正的独立生活能力吗？同时，我心中又涌起一股自豪感：因为我是自己走路上学的！五年级以前，由于家离学校太远，我每天都是由爸爸骑自行车送我上学的；但读五年级时，我转学到了人民西路小学，虽然学校离家也不近，步行大约需要半个小时，但爸爸妈妈说让我步行上学，锻炼锻炼。开始，我也不是很情愿的，每次放学回家都要跟爸爸妈妈叫累发牢骚，央求爸爸妈妈让我骑自行车上学。爸爸妈妈一方面继续给我讲走路上学的好处，一方面对我说："你现在还小，骑车上学不安全。等上了六年级再说吧！"于是，不管是朝霞满天还是刮风下雨，不管是春风拂面还是浓雾弥漫，每天早晨，我总是一个人穿过拥挤的小巷朝学校走去。现在，我上六年级了，爸爸说："你可以骑车上学了！"我却说："不，还是让我走路上学吧！"因为，走路上学不仅能锻炼我的身体，而且更能锻炼我的意志。

现在，每当我听见爸爸妈妈感叹"现在不少的孩子都是小皇帝小公主"时，我就会非常自豪地说："我就不是！"我不仅仅是上学不要爸爸妈妈送，那年参加区少年宫组织的"假日军校"时，我也是一个人背着背包、提着塑料桶走到集合地点的。当时，那里的家长比学生还多，也是帮着孩子做着各种事。当我一个人气喘吁吁地走进操场时，我感到非常自豪，仿佛许多同学和他们的家长都在用羡慕和赞许的目光看着我。我觉得我才是最幸福的。

因为爸爸妈妈经常对我说："用自己的双脚走路的人最幸福！"今天，我用自己的双脚走向学校；明天，我要用自己的双脚走进21世纪！

1998年12月

【爸爸评点】这篇发表在《红领巾》上的文章，可能是你写的第一篇"议论文"。爸爸认为你的确写得不错。走路上学，本来看起来很平常，可你却从中悟出了一些道理，这说明你已经开始尝试着思考生活了。另外，文中运用对比，批评一些家长对孩子的娇惯，很有现实意义（这个"意义"当然是你没有意识到的）。真希望我们的晴雁早日自立，凌空翱翔啊！

语言新，就是摒弃作文中公式化的描写、雷同的形容、陈旧的比喻等，而代之以朴实、新鲜而富有生活气息的言语。在相当多的孩子笔下，写儿童必然是"大大的眼睛，红红的脸蛋"，写老师大多是"像慈祥的母亲（或父亲）"，写安静场面常常是"掉根针都听得见"，写星星多半是"在眨眼睛"，写读后感或观后感开头第一句话一定是"读（看）了……我的心情久久不能平静……”如此等等。我指导晴雁写作文时，让她尽量避免用这些陈旧的语言。女儿小学毕业那个暑假，我带她去西双版纳旅游，在写游记时，她写了这样一段文字：“在西双版纳的最后一天，我们到了野象谷。上了缆车，就开始翻山了。坐在缆车里俯瞰下面，满眼都是原始森林。森林里的树木长得十分茂盛，树叶一簇堆在另一簇上面，几乎没有缝隙，蝴蝶偶尔飞过，翩翩起舞，像是在迎接我们。树林中流动着小河，哗哗的水声就像一支歌。远处群山起伏，我们就像是在无边无际的绿色海洋中航行，起伏的群山就是波浪，所有的缆车组成了一支巨大的船队。”这样的文字如果没有细致的观察，单纯凭想象是写不出来的。下面这篇是女儿游览了云南著名的石林后写下的，语言的新意来自拟人化的写法和有想象力的活泼表达。

石林寻找阿诗玛

树木多的地方叫树林，石头多的地方当然就叫石林了，这石林里的石头一定要奇形怪状的，又高又大，这样的大石林才会引来游客。

在昆明附近，就有这样一片石林，到云南来旅游，不去石林，可算是一大遗憾了，但对我来说，游石林却没找到阿诗玛，是遗憾中的遗憾。在妈妈的带领下，我们来到了石林，准备“上刀山下火海”，寻找阿诗玛。

进入石林里，四周都是奇形怪状的石头。“大鹏展翅”，似乎随时都会离我们而去；“千年龟”，艰难地伸出了脑袋向我们问好；“大象”，卷着鼻子，站在山头，让人担心它会不会“飞”下来；“母子闲游”，母亲的和蔼，儿子的乖巧，呈现出了温馨的画面；“云南十八怪”之一，是“背着娃娃谈恋爱”，我在街上没有看见，在石林却见到了，姑娘背着娃娃还和小伙子谈恋爱，真是有意思！在两座石头山的挤压下，山中的路显得更加狭窄，站在两山之间，抬头仰望天空，本来无边无际的天空现在只剩下了“一线天”；另外两块石头中间，冒出了一个蛇头，它极力想往上爬，“蟒蛇出洞”了。

登上望峰亭，远处，青山如黛，近处，万石林立。我四处张望，想要找到阿诗玛，可这个害羞的姑娘却迟迟不肯露面。蔚蓝的天，雪白的云，碧绿的草，五颜六色的花，像是要和我们比美似的；陡峭而漫长的路，张牙舞爪的怪石，都丝毫没有使我们寻找阿诗玛的决心动摇。

虽然困难重重，但功夫不负有心人，我们最终还是找到了阿诗玛。在一个如画的地方，阿诗玛身穿白族服装，背着背篓，望着远方，仿佛在等什么人似的。在绿树和碧水的衬托下，阿诗玛显得亭亭玉立，她正唱着山歌，把她的祝福送给每一个游人！

1999 年 8 月

【爸爸评点】那天你和妈妈一起去游石林，我没有去，这不能不说是一个遗憾；但读这篇文章，多少弥补了我的遗憾。这篇文章写得多美啊！你运用想象力，赋予石林以生命力，于是，这些奇形怪状的石头都充满了人的思想感情。语言流畅活泼，如明澈的山泉。你还注意了文章的线索，以“寻找阿诗玛”贯穿全文，前后照应。

女儿小学时的作文一般，但有一点我很欣慰，就是她不怕写作文。小学时的写作首先要归功于她读玉林小学时的顾老师和读人民西路小学时的王老师对她的培养，两位老师的作文教学思想也是要求孩子说真话写真事抒真情，所以女儿的文章虽然不算特别好，也能得到她们的及时鼓励。

有了小学写作的基础，到了初中和高中，在中学老师和我的共同点拨指导下，女儿的作文水平提高很快。除了有时候的应试命题作文，绝大多数情况下写作对她来说，是一件很愉快的事。

二　真实作文，就是做人

决不在作文中说假话

我从来认为，作文首先不是技巧的施展，而是真情实感的自然体现。所以，我一直对我女儿强调，作文应该是心灵泉水自然而然的流露，决不能说假话。

一位朋友给我谈了这样一件事：她读小学的儿子一次写记叙文时，写了自己回家路上被街上小流氓打劫的经过，由于是亲身经历，文章写得很生动，可以说是绘声绘色。但是，作文交上去后，老师在上面批了五个大字：“不真实！重写！”于是，这位小学生只好编造——编他自行车坏了之后，宿舍大院守自行车的大爷如何热情地帮他修车……第二次作文交上去后，他居然被老师表扬了一番！“写真人真事，说不真实，胡编乱造，却得表扬。这就是现在的作文教学！”我的朋友向我谈及此事时如此感慨道。

其实，相当多的孩子早已习惯写这样的作文了。

有一天，女儿回家给我看某一小学生发表在某杂志上的一篇作文——

绿叶赞

“我最喜欢你，也最崇拜你——绿叶。”我诚心诚意地这样对绿叶说，“是你给予了我生活的力量和美好遐想。”

春天，楼下的小花坛开满了姹紫嫣红的花儿，那月季妩媚动人，那牡丹雍容华贵，那玉兰花香醉人……花坛边，时常有人驻足观赏，欣赏着花儿优美的身姿和美丽的容颜，还不时啧啧称赞。可是，却很少有人注意花儿身边的叶子，甚至以为它无足轻重。但是，对着花坛沉思，我不禁想，如果没有绿叶，花儿还能存活吗？如果没有绿叶的衬托，花儿还能如此娇艳吗？

可贵的是，绿叶却从无怨言，依然兢兢业业、默默无闻地在那块属于自己的领域里悄然地发着光，献着爱。更可贵的是，当绿叶快要走完生命旅程的时候，也不忘把自己化作春泥更护花。

我望着绿叶，心中常想，它虽没有使人着迷的外表，但是，它凭着自己朴实无华的品质和清新的绿，给人一种美的感觉。绿叶，不哗众取宠，不图名利，并且有着顽强的意志，这是多么高尚的品质啊！

绿叶，我要赞美你！我更愿意做一个具有绿叶品格的人！

女儿之所以给我看，是因为她班上要开关于“做绿色小卫士”的主题班会，老师要她选一篇相关作文来朗读，于是女儿便选了这篇。我看了这篇文章，对女儿说：“这篇作文很假，你不要读这样的文章，更不要写这样的文章。”

类似这样的作文实在太普遍。如果按现行一般人对作文的评讲标准，这篇文章当然是优秀作文：中心明确，语言优美，结构严谨。更值得“称道”的是，作为一个小学生，能有如此崇高的思想，实在“难能可贵”。

但是，正因为其立意太庄严、太伟大，我有理由怀疑这不是一个小学生的思想，而是他老师的思想、家长的思想，他不过是不自觉地在表达着大人的思想；甚至作文写法也不是他，而是按照老师给的“葫芦”画出的“瓢”，只不过也许比班上其他同学画得要像一些。

思想是崇高了，但童真却没有了！

我甚至这样想，如果哪天我女儿也“对着花坛沉思”“望着绿叶，心中常想”，我非把她送进精神病院检查不可！

可能会有人反驳我：“不能因为你的女儿写不出这样的好文章，就否认的确有些学生思想比同龄人要成熟一些，思维要开阔一些。难道不应该引导孩子追求真善美吗？难道孩子讴歌美好的事物错了吗？”

那好吧，姑且让我们承认《绿叶赞》的小作者的确属于神童或早熟者。但如果我们随便翻翻现在铺天盖地的各种“优秀作文选”，就会发现，这样的早熟者太多了。只不过他们写的不是“绿叶赞”，而是“梅花赞”“菊花赞”“小草赞”“水牛赞”“粉笔赞”“蜡烛赞”“铺路石赞”……而这些文章的结尾大多是“我爱 ××，我更愿意做具有 ×× 品格的人”，这难道是正常的吗？

我之所以说这些是“崇高的假话”，不仅仅是因为这些空洞的语言远离学生的心灵和生活，还因为学生在写这样的文章时，丝毫没有说假话的愧疚，恰恰相反，他们觉得作文就应这样写，而且写的时候，他们可能真还觉得自己很“崇高”呢！

我对女儿日记的要求，就是八个字：“真情实感，随心所欲。”应该给女儿以充分的心灵自由。给女儿以心灵自由，就应允许她写自己的文章。文章应该是思想感情的自然体现，写文章应该是心灵泉水的自然流淌。说真话、写真事、抒真情，应该是作文的基本要求。只要真实、健康，女儿想写什么就写什么，而且想怎么写就怎么写。我不断告诉女儿：“真实”，是作文的生命；作文就是“我手写我口”！哪怕女儿有时在日记或作文中流露出来一些幼稚的想法，甚至消极的情绪，我也予以理解和尊重。我就是要让女儿在写作时有一种心灵的安全感，愿意向我和老师敞开心扉！所有“真实的消极”都比任何“虚假的积极”珍贵一百倍。从这个意义上说，作文的确就是做人的体现。

让写作成为和孩子交流的方式

女儿在日记和作文中，用文字记录下自己真实的想法和心情，于是我常常通过评点性文字和女儿沟通，给她以及时的引导和激励。

具体的做法是，我让女儿养成用笔记录自己心路历程的习惯，我在看女儿作文的时候，有针对性地写下评点文字，再给女儿看；然后我会和女儿交谈。这是一种和孩子进行心灵沟通的很好的方式。

下面是晴雁写在一本上了锁的日记本中的几篇系列日记，后来晴雁想通了，主动给我看。我看后建议将其收入《晴雁展翅》，晴雁开始不同意，觉得"写得不好"。我就说："日记的价值不在于正确，而在于真实。"晴雁说："那让我想一想。"晴雁"想"了一个月，说："可以收入《晴雁展翅》，但我要改改。"最后，晴雁又说："算了，不改了。就这样吧！"其实这是女儿进入青春期后，她和我还有她妈妈之间产生摩擦的真实记录，以及我和女儿通过日记和评点及交谈的方式，在思想碰撞中我如何理解她，包容她，反思自己的教育行为的过程。

"天下父母一般黑"

日记之一：

昨晚成都电视台的《今晚8：00》节目，讲的是有关《还珠格格》的话题。我们班上许多同学都看了的，所以，今天课间同学们都激动地说："终于有人说出我们的心里话了！"

昨晚的节目一开始，主持人说到中小学生追小燕子的情况。当时我想：一定又要说追小燕子不好，又要批评我们了。可我猜错了。电视节目里的老师说："现在的孩子追小燕子，是因为现在的学生几乎没有自由。"对！我们为什么追小燕子？因为剧中的小燕子活泼可爱，最重要的是小燕子很自由，而我们现在却没有这种自由，便渴望这种自由，羡慕小燕子的这种自由。因为羡慕，才会崇拜小燕子。追小燕子不是我们的错，想一想，如果老师和家长给予了我们这种自由，我们还会渴望自由，还会这么疯狂地去追小燕子吗？也就是说，造成我们追小燕子的根本原因是家长、老师限制了我们的自由！！！《还珠格格》替现在的中小学生从内心发出了呼唤："我们需要自由！"社会家庭根本就没有任何理由阻止我们去追小燕子，没有任何理由!!!

看看现在的家长吧！不许我们看《还珠格格》电视剧，不许我们买关于《还珠格格》的书报，弄得买《读者报》都要爸爸妈妈同意后，才能小心翼翼地买；买来之后，还不敢看久了。可家长却说不是不让我们追小燕子，只是怕我们迷进去了。其实，“迷进去了”就是指追小燕子，说白了，家长怕我们迷进去，就是不让我们追小燕子。我们疯狂地追小燕子，就是你们这些家长限制我们自由的后果！我们多希望多一些这样的电视剧，替我们说说心里话，让家长也多看一点，清醒一下，让我们获得自由!!!!!!!!!!!!……

（1999.5.4）

【爸爸评点】唉！“妈妈诚可贵，爸爸价更高。若为小燕子，二者皆可抛。”可恶的小燕子夺去了我们心爱的晴雁，爸爸妈妈怎不妒火中烧？

日记之二：

常常听同学们说他们自己把每个月的零花钱存起来，存到一定的数量后，就买什么VCD、《还珠格格》的书、磁带，父母都不会说他们。我很惊讶：“怎么不会说你们？难道你们买一些爱情歌曲的磁带，也不会说你们吗？”得到的回答总是：“他们说你听可以，只要不学就好；只要不学这些歌，买多少都可以！”

我听了好不羡慕。我也可以存钱，可存了钱又不敢买，要经过同意才行。买磁带，只要有一首跟爱情有关的歌，就不能买。我想不通，只要不学有什么不让买的嘛！再说，现在的歌有哪些是完全健康的呢？很少。上一次，小燕子赵薇出磁带，看那些歌的名字都以为是健康的歌曲，但却有几首不是，害得我虽然是父母同意买的，但仍不敢拿出来光明正大地听。现在MV拍出来了，我很想买，但难道我对父母说“歌中有几首不健康的歌，我保证只听只看而不学，坚决保证，我愿向天发誓，违了规就……”吗？很傻吧，但该怎么办？我还想存钱买《还珠格格》续集的书，正版一套80元。我只要节约，一定能买到，可就怕父母说我把心用到这个上面了，不搞好学习，破费（我没有），怎么办？（我要自由）（绝对保密）

（1999.5.5）

【爸爸评点】这篇日记与其说是对爸爸妈妈的批评，不如说是对歌曲创作者的批评。

日记之三：

每次我对同学说我爸爸对我怎样好的时候，同学们总会说："你好幸福！"可我现在真的感觉我的爸爸和其他父母一样，喜欢限制子女的自由，却口口声声说是为了我们好。我受够了！每当哪个同学说自己的父母多么理解自己的时候，我们总会很羡慕地叫道："你好幸福！"我承认，爸爸没有怎么阻止我追小燕子，没有怎么阻止过我看《还珠格格》，只是爱找些乱七八糟的理由来阻止我看《还珠格格》。这几天，书店里有《还珠格格》续集正版的书，VCD店里有《还珠格格》续集正版的VCD，我对爸爸说我想租来看，他却又说我有一天没完成学习任务，不允许我去租。其实我只有一两天没有按要求完成任务，大多数时候都是完成了的。可是，如果我做了十天，九天都做得好，只有一天没做好，他们偏偏只记住那一天！我渴望自由，请问父母大人：自由是什么???

（1999.5.6）

【爸爸评点】爸爸可要叫"冤枉"了！如果你的同学知道你的爸爸从来不强迫你学钢琴、学画画、读奥校（数学奥林匹克学校）、读巴校（巴金少年写作学校），他们会说："你多么幸福啊！"不过，你说的"如果我做了十天，九天都做得好，只有一天没做好，他们偏偏只记住那一天"，的确击中了爸爸妈妈的要害，我们一定改正。以后我们不但要记住你表现不乖的那一天，更要记住你表现乖的那九天！

日记之四：

那天爸爸对我说："《还珠格格》是本好书，不是不能看，而是还有比《还珠格格》更好的书。"我想，《还珠格格》这本书好在它的语言描写十分生动、优美，《秦文君小说》好在它的想象力丰富，而且语言幽默。可是爸爸为什么放心让我看《秦文君小说》，却不放心我看《还珠格格》呢？我看《秦文君小说》能学会善于想象，而看《还珠格格》，不也能学会描写事物吗？为什么爸爸妈妈不放心我看《还珠格格》呢？是怕影响我的学习吗？我要告诉爸爸妈妈："我相信我自己！只要你们相信我，给我自由，我就能放心地看《还珠格格》。"

（1999.5.7）

【爸爸评点】读书也不能"偏食"。而现在的问题是不但对《还珠格格》相当"偏食"，而是"暴饮暴食"，我怎不担心你被"格格"撑破了肚子？

日记之五：

我今天再一次地渴望、呼唤自由！其原因竟是为了买凉鞋。

妈妈和爸爸不顾我愿意不愿意，非要让我买一双我不喜欢的凉鞋，还说我自己喜欢的鞋，买了又不穿。我真的想不通：连选鞋都没有自由了，我真是倒霉到了极点！

哥哥不知怎么的，还不来成都出差，我还指望哥哥给我买80元一套的《还珠格格》续集的书呢！我在电视报上看到，6月19日《还珠格格》续集将在成都播出。可我只好放弃，因为现在重要的是毕业考试，"先考试之忧而忧，后还珠格格之乐而乐"！

（1999.5.12）

【爸爸评点】关于买凉鞋的事，现在想来（特别是读了你的这篇日记后），我和妈妈都感到我们的确做错了。我们在此向你道歉，并决定以后尽可能多地给你以选择的自由。不过"先考试之忧而忧，后还珠格格之乐而乐"，你并未做到——因为考试前夕你都还在迷电视剧《还珠格格》，结果你的小学毕业考试一塌糊涂！这就是"小燕子"对你的"回报"。这个教训当永远汲取！

【爸爸总评】第一次，见了"天下父母一般黑"这个标题，真把我吓了一大跳。但当我读完这几篇日记后，我感到我真正走进了你的心灵。本来写这些日记的时候，你是不想让爸爸妈妈看的，而且还把日记本上了锁。可是几个月后，出于对爸爸的信任，你不但主动给爸爸看，而且还同意将它们收入《晴雁展翅》。那天你在开日记本的锁时，发现钥匙掉了；我看见你的表情是那么着急，为了开锁你一会儿用改刀撬，一会儿用圆规捅——晴雁啊，你不知道在那一刻，爸爸是多么感动！因为你如此信任你的爸爸，爸爸是多么幸福！你反复对爸爸说："我当时是乱写的，写得不好。"而且你还说，你有的想法已经变了。这我完全相信，比如对赵薇你现在的热情显然大大降温甚至很反感，反感的原因是你看到报上说她在荧屏外的一些事。

但是，我仍然一字不改地收入这几篇日记，因为它们是爸爸研究儿童心理（当然首先包括晴雁的心理）最真实也最珍贵的素材。

我在阅读评点这几篇日记时，发现一个并非偶然的现象：每篇日记都出现了“自由”二字。应该说这最真实地反映了你们这个年龄的心理特点。你对自由的呼唤，更表达了对爸爸妈妈的不满，不满对你限制过多，而且有的限制很不合理。爸爸妈妈现在都在反思我们的教育，并决心改进我们的教育。我现在每天都在提醒自己：尽可能尊重晴雁的心灵，不要侵犯晴雁应有的权利。——比如，现在你的零花钱，不都是你自己在支配了吗？

不过，现在爸爸也面临一个困惑：就是怎样在现在这个充斥着庸俗文化的社会中，让你能在有限的时间里接触尽可能多的人类文化的精品？现在，电视夺去了你和你的同龄人相当多的时间，你们已经没有更多的时间坐下来真正地读书，久而久之，在浅薄的笑声中，你们的心灵将越来越迟钝和麻木，你们将失去最起码的对真善美的感悟能力，最终甚至失去一个自由而纯净的心灵！——被一味搞笑的节目牵着鼻子走的人，谈何“自由”！因此，爸爸希望你能多背一些唐诗宋词，多读一些文学名著，的确是想为你打下一个“精神的底子”。也许你今后永远都只是一个普通的人，但你的情趣、你的气质、你的精神、你的人格却应该是第一流的！从这个意义上讲，爸爸“剥夺”（而且将继续“剥夺”）你的放纵自己的“自由”，正是为了让你逐步主动放弃追求庸俗的“自由”（适当看一些电视娱乐节目当然还是可以的），这样，你今后的人生将拥有更多真正的精神自由！

让写作成为孩子自我教育的方式

有一种让孩子自我教育的方式容易被家长忽视，这就是作文。

真诚的写作，应该是真实心灵的袒露。写作，也往往能令人比较冷静、理性地思考、分析。从自我教育的角度看，写作也是不断反思自己的过程。在写作的过程中，自己对自己的表扬、谴责、提醒、勉励、期待、忠告……都在其中了。

因此，在女儿成长的过程中，我有意地运用作文这种方式引导女儿自我教育，包括自我磨砺。

下面是女儿写的几篇作文，真实地反映了她高中的心路历程，她怎样在写作中反观自我、激励自我，并且通过观察周围的人、事、物，来进行自我教育。

打开青春

——赏析《十七岁不哭》

小说的主角是一群北京的高一学生……他们代表了中学生中的各种类型，在初中到高中这个转折点遇到困难、挫折，但他们用十几岁的人特有的自信、倔强越过一道又一道的坎，去执着地追逐梦想。

……有这样一段主角的旁白：“高中生活就这样开始了，训练风雨无阻，考试风雨无阻。终于考进市重点的骄傲与满足，在那天的训练中一点儿一点儿崩溃，随着汗水和雨水流淌干净。父母的溺爱、长辈的呵护都离我们很远了。许多女孩儿都哭了。我有一刻也想哭，但哭什么呢？一排长说，既然军训，这是必然的一课！”在后来的情节中，有很多写到这一群十七岁的人在“哭”与“不哭”中犹豫，“哭”是他们年轻的潇洒，为失败而哭，也为成功而哭，为友情而哭，甚至为青涩爱情而哭；“不哭”是他们年轻的坚强，为理想而不哭，为希望而不哭，为未来而不哭，也为了朋友的担心而不哭。整本小说并没有大起大落的情节，而是从平淡的高一生活写起，把校园生活的一点一滴都融在一起，衬托出主角的青春活力。有这样一段情节：“这是上午最后一节课的最后两分钟，听课情况很糟糕……班里大部分同学根本没做笔记，他们把饭盒拿在手里，身子冲门的方向偏转45度，不住地看表……一手拿饭盒，一手飞快地记（笔记）……”这是最真实平常的校园场景了，虽然在小说里只是短短的几行文字，但却极好地突出了十七岁的人心情的浮躁，换句话说，也就是青春的不拘一格，也许只有十七岁的人才会有这样的动作吧。

小说中另一个打动读者的是一段段哲理般的作者给主角的感悟，在我看来更像青春的宣言，是十七岁的人在翻过一道道坎儿后的心得。“对于我们，考试不仅是检验，也是经历，我们正是在多年的考试中学会勇敢、坚强”，这是对于考试的不惧怕；“我们长大了，玩伴已经不重要了。但是，我们需要朋友，真正的朋友”，这是对于友情的渴望；“也许我们这一代真的很矫情，一不留神，自尊心就受伤，我们比电脑复杂多了，不光有脑，还有心，自尊心，也许谁都不是故意的，但我们还是会受伤，伤了会很痛”，这是对挫折的无奈；“好像谁都没有发现，自己是什么时候长大的。但是随着青草的一次一次发芽，太阳一次一次升起，我们也变得一天一天不一样了。我们不再仅仅‘一怕功课多，二怕考不好’，担心的事情变得很多。担心自己不漂亮，担心自己不活泼，担心自己没朋友，担心自己没出息……困惑，好像一个既倦怠又美丽的梦，让我们想摆脱，又想走近”，这是对成长的困惑；“该秋天成熟的果子，不该在春天挂在枝头，成为人生的负果”，这是对早恋的理解；“我们还有一样东西要学——学会放弃。生活中有很多诱惑，很多很多。就像进了商场什么都想要，什么都不肯放弃，那当然不行，因为我们没有钱付账……我们毕竟只有十七岁。十七岁的人，只能做十七岁的人该做的事”，这是对欲望的控制。这一切也许是十七岁的人才有的情感，因为他们正值青春。

2002 年 11 月 15 日

【爸爸评点】与其说你是在评论一本书，不如说你是在诉说你从书中读到的青春的力量。你是第二次读这本书了，但你是在经历了刚进高中种种“打击”的沮丧时刻，在你快满十六岁的时候，再次打开这本书。每一个字都是别人说的，每一个字都好像是对你说的；每一个人都是书中的人物，每一个人又好像都是你身边的朋友；他们从书中走了出来，向你微笑；或者说你不知不觉走进了书中，和他们拥抱。这是心灵和心灵的对话，是青春对青春的拥抱！在对话和拥抱中，你重新站了起来，告诉自己：“十六岁不哭！”

窗　外

……

秋天渐渐远去，寒冬即将到来，我心里的寒冬却提前到达了。半期考试，我考砸了！拿到试卷那天，我难过极了，无意中望了望窗外，银杏开始掉叶了，但它依旧挺拔。风仍然刮着，还下起了雨，透过大雨，我看到银杏叶被无情的雨水打落在地上，跑过几个没打伞的女生，她们此时只顾躲雨，再顾不上欣赏银杏了，地上的银杏叶被她们一踩而过，留下的是一片对天空的咒骂声。我真想走进雨中，将地上的叶子一片一片拾起！可怜的银杏，在雨中被折磨着。不，它怎么会可怜呢？它正在接受风雨的洗礼，它因此显出了坚强。是的，窗外的银杏树就这样顽强地挺立着，笑迎风雨。我仿佛也感受到了一种力量。

冬天到了，圣诞节也快来临了。城市的上空弥漫着一种圣诞之前的喜悦气氛，街上橱窗里挂满了各种圣诞礼物，戴着圣诞帽的儿童随处可见，还有装饰得五彩缤纷的圣诞树满街都是。但无论外面有多热闹，校园里依旧是琅琅的读书声。天气越来越冷，窗户上结起了一层厚厚的霜，透过那层霜，我朦朦胧胧地看见窗外的那棵银杏树上，叶子已经没有多少了，可它还是那样地挺拔。树枝上虽无多少叶子，但仍然努力向远方延伸着；残存的叶子虽很艰难地挂在枝上，但仍然努力地对抗着寒风。也许是一种希望在支持着银杏吧？叶落是为了再长出新叶，就像花落是为了再次开花一样。是的，“冬天来了，春天还会远吗？”银杏接受了风雨的洗礼，依然挺立着等待明年春天满树的新叶。而我呢，在困难后，是否也该振作起来，坚强地面对下一次挑战呢？

窗外，寒风依旧凛冽，银杏树上仅剩的几片叶子也在风中打着旋然后飘落在地上，我会和银杏一起等待着春天的到来……

2002 年 12 月 22 日

【爸爸评点】写这篇文章时，你阴云密布的心灵天空刚刚露出希望的霞光。“触景生情”“托物咏志”的构思应该说已经不算新颖，但这篇文章仍然打动了我。晴雁真实的情感和自然的诉说，使这篇文章不像是精心构思出来的，而是自然而然地从心里流淌出来的。失败的沮丧和不愿沉沦的顽强，让女儿在窗外的秋色中找到了知音，从银杏树中读到了自己。细腻的景物描写，实际上是细腻的心理描写。在特定的心境中，晴雁已经与银杏融为一体了。于是，在淡淡的惆怅和浓浓的憧憬中，我也情不自禁地和女儿一起“等待着春天的到来”。

吹肥皂泡

又到了吃午饭的时间了，我和好友兴奋地奔向食堂，不，准确地说是奔向食堂下面的洗手池。——这是我们一天中最快乐的时候！

……

也许你们很难想象，当我们将洗手液和水按照一定比例混合后，用拇指和食指圈成一个圆，向圆圈中的肥皂沫吹出一个肥皂泡时的兴奋心情。我们将一个肥皂泡吹到一定大小时便将拇指和食指捏在一起，再将已成形的肥皂泡吹出。这时，在阳光的照耀下反射着各种颜色的肥皂泡先慢慢往上升，最后又轻轻地往下飘，透过肥皂泡，可以看见蓝蓝的天上白云飘，可以看见银杏翠绿的树叶，当然，还可以看见经过的同学、老师的各种表情，是惊讶，是奇怪，是善意的微笑……当肥皂泡快落到地上时，我们冲上去，想用手接住它，就像去救一个快失足落水的小孩；但当肥皂泡久久不落地时，我们又想用手或脚去将它戳破，就像对付一个顽固不化的敌人。我们想看到肥皂泡成群结队地飘浮在空中，然后自己东躲西藏，怕有肥皂泡撞回到自己身上而破掉；我们又想看到只有一个肥皂泡在空中一直飘着，飘向远处不落下，于是我们憋一口气小心翼翼地吹出一个大的肥皂泡，为了不让它落下，我们弯着腰，甚至蹲下，将坠下的肥皂泡轻轻地往上吹，当它越飘越远时，我们跳着拍手欢呼，当它不小心撞到建筑物而破掉时，我们沮丧地埋怨建筑物建错了地方。

其实不只是我们，就像“非典”会传染一样，吹肥皂泡的乐趣也会传染周围的人。我们正在兴奋地、旁若无人地吹着肥皂泡时，旁观者早已不计其数，他们先是带着惊讶的表情，不相信高中生竟会在大庭广众之下吹肥皂泡，但随后便有了好奇心，也许是童年回忆涌上了心头，于是童趣大发，也走过来试着吹起肥皂泡。我们忘记了学习忘记了考试忘记了所有长大的烦恼，唯有童心的快乐！

……

再严肃再冷漠的人，童年也会有趣事。当看到有人吹起肥皂泡时，他的往事也像一个肥皂泡一样被吹起，他的童心也被触发了。有人说我们很傻，很无聊，高中生了，还吹肥皂泡。其实如果吹肥皂泡的是两个幼稚园的小孩，他们的感叹词就会是“可爱”“天真”。实际上，我们和孩童的主要差别就在于年龄，但谁说年龄增长了就不能有童心了？如果真是那样，那当我那40多岁的老爸和我一起在家里吹肥皂泡时，岂不是会将人吓掉几斤肉呢？

（作者后记：今天是六一儿童节，14岁以下的孩子成了关心对象，对于15岁的我来说，心里极为不平。其实只要有童心，不管哪个年龄段都可以过儿童节，不是吗？于是我写下这篇文章，并以此祝所有拥有一颗童心的小朋友、同学、哥哥、姐姐、老师、叔叔、阿姨、爷爷、奶奶们儿童节愉快！)

2003年6月1日

【爸爸评点】按照传统的作文标准，无论是立意还是选材，这篇文章似乎都算不上佳作。但是，这篇朴实无华却充满生活气息的文字却打动了我。虽然就写作技巧而言，本文还显稚嫩，但晴雁对吹肥皂泡饶有情趣的细致描写，让我看到女儿一颗纯真的童心，而她关于年龄和童心的感慨，让我也会情不自禁地陷入一种人生的沉思。好的文章不是由题材决定的，而是取决于作者对题材的情感和思考。美的文字总是心灵泉水自然而然的流淌——这样文字也如肥皂泡一样纯净、透明、缤纷。

写在15岁的边缘

写着“祝你16岁快乐”的卡片一张张地从我手中送出，于是，只剩我还在15岁的边缘徘徊……

15岁生日时，80多岁的外公来成都看我，带着我沿着府南河走了很久，他用他那苍老却坚定的语气对我说:“你已经15岁了，要学会承受，承受压力，承受失败，承受成功，承受诱惑……”15岁的圣诞节，我和全班同学在飘雪的日子演出舞台剧《青鸟》，66颗懵懂的心一起经历了寻找幸福的过程；15岁的春天，班主任突然辞职离我们而去，在初春阳光下的操场上，我们用嘶哑的声音含泪合唱着《祝福》；15岁的暑假，我骑马奔驰在香格里拉的高原草甸上，蓝天、白云、阳光、草原、雪山都近在咫尺，我第一次那么清晰地感觉到自己的存在；15岁的初秋，我踏入了文科班，为追求自己的理想迈开了决定性的一步……

于是，我骄傲地说:15岁让我学会承受，教会了我幸福的含义，让我尝到了离别的滋味，让我认识了自己，给我选择了一条适合自己的人生道路。

看着朋友们拆开生日礼物时兴奋的表情和捧着大堆的礼物时满足的神情，我有些疑惑:过生日真的令人高兴吗？儿时的我把生日看作一年中最开心的时候，因为每过一个生日我就长大了一岁；但现在我却惧怕过生日，因为那意味着时间的流逝，意味着11岁的天真、12岁的冲动、13岁的热情和14岁的叛逆都离我远去，现在我又站在了15岁的边缘，15岁的意气风发又在慢慢离去，取而代之的将是16岁的为理想而奋斗！在小朋友眼中，我们是独立的大哥哥、大姐姐；在长辈眼中，我们是青春、活力的象征。但有谁明白，正是这十三四岁的美好，才让我们为“又长了一岁”而烦恼。

高一时的同班同学在没日没夜地做着理科竞赛题，而选择文科的我则花了不少时间来阅读各种书籍。15 岁定下的理想还要靠 16 岁、17 岁的努力来实现，徘徊在 15 岁的边缘的我来不及对过去庆幸或后悔，只能对未来努力做准备。

9 月 29 日，又一位好友步入了 16 岁，我为她准备的生日礼物是一个未刻的章。因为我觉得，在 15 岁边缘的我们就像这未刻的章，虽然曾经历种种但毕竟只是未刻的章，我们都在等待 16 岁之后好好地将章篆刻，给青春留下一个美丽的记号。

（作者后记：在长辈的面前，我想我没有资格说什么“过一个生日就老一岁”的话，但当我明显地意识到那些天真、热情和冲动都慢慢逝去时，真的是很心疼。现在的我们，被学习压得太累了，那些应有的朝气好像已在我们没有察觉时就溜得无影无踪。我想记录一些自己此时的感想，写在我 15 岁的边缘，作为迎接 16 岁的生日礼物吧！）

2003 年 10 月 5 日

【爸爸评点】这与其说是一份“生日礼物”，不如说是一篇“青春宣言”。的确，15 岁，刚刚摘下红领巾，但还没有正式进入 16 岁的花季。河边散步、冒雪演出、含泪合唱、骑马奔驰……一组排比罗列的生活细节，折射出作者细腻、纷繁而微妙的心绪：对童年的依恋，对青春的向往，对过去的回眸，对未来的挑战……正是在这依恋与向往、回眸与挑战中，原本无忧无虑的心开始走向成熟——青春的大幕拉开了！

记录自己曾经怎样走过

写作，能够用文字把自己的生活场景和人生感悟点点滴滴地凝固下来，这本身就是一笔精神财富。下面是女儿高考结束后写的一篇回忆性文字。近乎残酷的拼搏，并没有让女儿诅咒高中生活；相反，那些美丽的人、事和闪亮的日子，那些拼搏过程中的种种情趣以及班集体温馨的人情味，更让女儿刻骨铭心。我欣慰女儿能用写作记录下她滚烫的青春，将来她可以再回头看自己曾经怎样走过，怎样思考过，那时的她必将生发出更多的人生智慧和体悟。

那些人、那些事、那些日子

——我的高中

校友录上有人提议在我们各自开学之前，大家再聚在一起吃一顿散伙饭，于是有人发言说：去学校对面的那家爆竹鸡！大家沸腾了：对啊，我们以前最爱那家的爆竹鸡了，那是学校附近最好的饭馆了……不经意的话语，却将往日的时光再一次如此清晰地展现在我们的眼前，那些人、那些事，还有那些日子……

我的朋友们

从我第一次走进这个崭新的班级，小心地看着周围陌生的脸孔，到一年之后全班齐心协力地创作我们的《梁祝》，一起为成功欢呼，再到毕业典礼上因为不舍而流下眼泪，我们九班人之间的感情在欢笑与泪水中不断深化着、升华着。友情成了我们共同的最珍贵的收获。

我们的团结，让我们在艺术节上大放光彩，赢得丰收；我们的合作，让我们在戏剧节上创造奇迹，收获成功；我们的互帮互助，让我们在高三能够不断冲刺，实现各自的目标……

曾经和饼干形影不离地走遍校园的每一个角落，我们总爱在吃饭时间悠闲地把沫若园逛一遍，把石凳坐一遍，花园绕一遍，操场走一遍，无论是石头还是宣传栏都研究一遍，总是在离上课只有几分钟的时候，才匆匆忙忙地跑进食堂，随手买个面包冲回教室。每天一起上学又一起回家，一路上欢声笑语，三年来天天如此……

曾经和勋在草稿本上笔聊，从身边琐碎的小事，到对人生的理解，草稿本换了无数本，笔换了无数支，我们的话题却是始终聊不完。冬天，天气再冷，勋的手总是温暖依旧，于是我喜欢在寒冷的冬季握住勋的手来取暖，于是在冬天我们一起走到哪里也总是手牵着手……

曾经和红姐在高三的无数个中午为吃什么伤透脑筋，我们每天徘徊在校门外的街道上，根据每天心情的不同而选择不同的食物，然后带回教室，一边吃饭一边抱怨着功课的繁重、考试的频繁、老师的不负责任，然后将高考的弊端细数一遍，吃完饭之后又各自乖乖地回自己的座位继续学习……

……

想再和小方一起，讨论题目，交流做学科小结的心得；谈论八卦，对一些琐碎小事津津乐道。从二班到九班，从《青鸟》到《梁祝》，我们一起建筑了一个又一个光彩夺目的舞台。从成都到云南，无论是作为同学还是旅友，我们一起经历了很多，一起期待着下一次的共同旅行……

想再和谭宇一起，兴致勃勃地讨论《仙剑奇侠传》……

想再看到馒头师母般慈祥的笑容，听她悦耳的声音……

想继续看周薇薇夸张的肢体表演，再“鄙视”她的“虚伪”……

想再看看胸姐八卦的表情，感受她的“雍容华贵，君临天下”……

想继续分享筠妹儿的喜悦，分担她的苦恼……

想继续感叹于婷姐的“行色匆匆，来去无踪”……

想继续和妖妖谈论韩剧，分享剧情带来的喜怒哀乐……

想继续听周薇薇、志摩讲冷笑话……

想继续听支书讲一些煽动性的话，听他唱暴式摇滚……

想再看到小板不务正业、嬉皮笑脸的样子……

还有太多太多……

佛说：是前世五百次的回眸，才换来今生的擦肩而过。于千百人之中，没有早一步，也没有晚一步，我们恰好相遇，能成为同窗，坐在一起，该是怎样的缘分！

亲爱的同学，感谢这一路有你们和我一起走过……

我的老师们

走过了三年，想对老师说的话太多，但最终说出口的却只有一句谢谢。谢谢老师们陪我们走过这段岁月，谢谢老师们给我们支持与鼓励，谢谢老师们包容我们的任性与小孩子气，谢谢老师们的耐心、豁达与幽默……

“嗯，这个很有意思！”在赖老眼中，再无聊的题也可以变得很有意思。作为历史老师和班主任，赖老是我们班老大，也是“牙尖帮”帮主和拆散梁山伯和祝英台的头号恶人马太守。对赖老，我们是又敬又爱又恨又怕。赖老在各个方面都对我们细心管理，上到秦皇汉武唐宗宋祖，下至清洁迟到校服考勤，他总是无一不知无一不晓。上课时讲到兴奋处，总爱犯点他认为的“小错误”，明明不会讲冷笑话却偏偏喜欢讲冷笑话……前几天回校看赖老时，他还在感叹：“看来还是不能对学生太纵容了，否则教出来的学生就都像你们一样，不把老师放在眼里……”

“这个题在你们班只能用坐标系讲，用其他方法你们只能欣赏！”文科生的数学自然是惨不忍睹，幸好在高三，我们有殷爷爷时常在旁边用各种“恶毒”话语教诲。殷爷爷高三才接手我们班，刚开始可能是殷爷爷的才能无法施展，我们曾每天沐浴在暴雨下。“养个娃娃不读书，不如养头猪！”是他最常用来教育我们的话。随着时间的推移，殷爷爷的冷笑话功力也见长，殷爷爷也成了班级中的南极。边上课边讲冷笑话是殷爷爷的特长，在数学课上，我们往往“先尖叫，尖叫完了就笑，笑完了又尖叫”，课堂气氛日益和谐。而殷爷爷语录也被我们奉为经典。我们的数学水平也在殷爷爷“学不好数学才是文盲”的教诲下日益提升。于是，我们的高三数学课，就在挨骂的痛并快乐中度过。殷爷爷可爱的笑容一入其语言，无人能忘，一想起殷爷爷，我们就会“又笑了”……

“上辈子杀了人，这辈子教语文……”唐老高三才来我们班，我们对这个满身烟味、说话狠毒的老师的第一印象并不好。但久而久之，作为我们班最有个性的老师，唐老的外表冷酷、语言精辟、狠话多，使他在我班女生中拥有大批粉丝。他的语文教学功夫一流，把我们从云里雾里带到了一片光明。在唐老严格的指导下，我们的科技文、文言文、诗歌、作文终于可以见人了。教学必伴随有冷笑话的诞生，于是，全班冷成一团，唐老仍然面不改色……若干狠话常常是打得我们措手不及。除了这些冷笑话和狠话，恐怕唐老留给我们最多的便是若干篇高三时期没有分数的作文上，唐老潇洒的“找我”两个字……

“××× 地方不错，去过没有？”大家摇头。“高考完了去！”翁老一声令下，我们全体下定决心在高考后占领世界。外貌特征像趴在南极冰盖上晒太阳的剥了壳的鸡蛋的翁老，不仅是个摄影师，还是《中国国家地理》的免费推销员。一个人教三个文科毕业班的地理的神话，也是翁老创造的。他独特的讲义教学，深得人心。翁老的冷笑话功力也不弱，“新疆是个汉堡包——三山夹两盆”等，让翁老成了我们班的“冰糕”。会煽情也是翁老的一大特色，在高三我们班处于低谷的时候，几乎每科老师都在班上危言耸听，压力大到让我们不堪重负，翁老的一句“我知道你们也需要我的支持”，让不少同学流下眼泪。还有一点一定要说，翁老还是一个得到爬行比赛第一名的“冠军宝宝”之父喔……

“可以画几个五星？最多画几个五星？画吧画吧，写起，要考要考！”刘老使出撒手锏，全班都乖乖地在书上画五星。刘老好像是那种万事随缘的人，做事总是不着急，而且有着蒙娜丽莎般的微笑，每次在广播中响起“通知（zī），通知（zī）”，大家立刻心领神会——是刘老！刘老总是在我们最茫然最沮丧的时候，用最通俗的语言安慰我们紧张不安的幼小心灵。“只要安静下来看书，总会有收获！”到高考前的最后关头，人人都心浮气躁的时候，刘老的这句话却是深得人心。刘老的政治教得好，也教我们用哲学来分析做人的道理，我们受益匪浅。最后说一句，如果以后我们当中有人在饭店工作，一定天天给刘老炒回锅肉和盐煎肉……

那些日子

原来时间的流逝真的可以快到让人措手不及，好像不久前我还在计算着还有五十多天就要一诊，还有一百多天就要高考……现在，我竟然就已经迈进了大学校门！

我还想着那种紧凑的生活：每天准时起床，准时到校，升旗，早读，上课，下楼做课间操，吃食堂里难吃的午饭，趴在课桌上睡觉，听广播里的英语听力，每日一考试，听评讲，交流冷笑话，上晚自习，回家……300 多个日子，天天如此……

总是早上匆匆忙忙地出门，一路飞奔到学校，踩着铃声进教室；总是在上课之前才想到好像有作业忘了做；总是抓紧下课的十分钟美美地睡上一觉；总是想尽一切理由逃课间操，却又总是不能得逞；总是在吃完午饭后坐在教室里捧着本书发呆，想着即将要来的考试；总是有人喜欢在中午安静的教室里讲冷笑话和老师的八卦；总是在下午的课堂上倒下一片“特困生”；总是没有人认真地完成眼保健操；总是有很多人在晚饭时间站在教室外泡着方便面；总是在晚自习上偷偷地听音乐；总是在还有五分钟下晚自习的时候就收拾好所有的东西准备往停车棚冲；总是在深夜才开始规模浩大的复习工程……

高三之前对高三充满了恐惧的幻想，下定了在这一年拼死一搏的决心，好像每个人都已经抱着视死如归一般悲壮的心态步入高三。其实，当这一切到来的时候，我们却以极快的速度适应了。所有别人眼中的苦和累，在我们，已经习惯成自然……

习惯了每天经过高一高二的教室往气氛凝重的四楼走；习惯了每天下午最疲倦的时候听英语听力；习惯了每天下午三四节课的不打分的考试；习惯了每天捧着宝贵的教材做着总结；习惯了一顿吃两顿的饭；习惯了在浮躁的教室里安静地看书；习惯了老师们一次又一次地用严峻的形势相恐吓；习惯了频繁的考试频繁的失败；习惯了从点点滴滴中寻找快乐；习惯了远远地观望着高一高二举办的热闹的活动；习惯了没有老师讲课的课堂，大家一起翻教材；习惯了冬天里不时有人堆在桌上的书被打翻的开水弄湿……

经历高三，是经历一次蜕变，痛和挣扎其实都为了能完美地蜕去厚重的壳，变成蝶。感谢高三，让我们学会了怎样朝着目标坚定不移地奋斗；感谢高三，让我们学会了怎样面对无数次的挑战；感谢高三，让我们学会了怎样在失败面前坚强不放弃……

9月，回四中看望老师，看到新一届的高三学生在教室里奋笔疾书，有一种很熟悉亲切的感觉。“好怀念那些日子喔！”同学感叹道，我也是，很怀念那些日子，那些苦却充实、痛并快乐、拼命付出也收获满满的日子……

教子关键点

1. 从想象力开始培养孩子的作文能力，可以引导孩子面对眼前的事物展开想象，然后把想象用文字表达出来。

2. 引导孩子用自己的眼光打量世界，这样作文才有思想、有新意。只要与创作有关，不要埋怨孩子的房间或桌面乱，否则会打击孩子的创造力。

3. 我国著名教育家叶圣陶先生指出：“写任何东西决定于认识和经验，有什么样的认识和经验，才能写出什么样的东西来。反之，没有表达认识的能力，同样也写不出好作文。”所以，让孩子养成细心留意生活、体验生活的习惯很重要，通过多读多写磨炼表达能力同样也很重要。

4. 让孩子坚持写日记，引导孩子养成用笔记录自己心路历程的习惯，通过作文（包括日记）自己和自己对话，这极有利于孩子表达能力、观察能力、心理健康等多方面的发展。这个过程也会形成孩子的自我反思和自我教育。对孩子的文字记录有针对性地写下评点文字，再给孩子看，然后再和孩子交谈，这是一种和孩子心灵沟通的方式。

5.教育孩子，作文应该把“真情实感”放在第一位。应该给孩子以充分的心灵自由，这就应该允许他写自己的文章。说真话、写真事、抒真情，应该是作文的基本要求。“真实”，是作文的生命;作文就是“我手写我口”！哪怕孩子有时在日记或作文中流露出来一些幼稚的想法，甚至消极的情绪，父母也应予以理解和尊重。应该要让孩子在写作时有一种心灵的安全感，愿意向父母和教师敞开心扉。所有“真实的消极”都比任何“虚假的积极”珍贵一百倍。从这个意义上说，作文的确就是做人的体现。

6.对孩子不要乱许愿，承诺的事情想尽一切办法也要兑现，父母的以身作则是孩子诚信品质形成的重要因素。

7.让优秀的青春读物伴随孩子的青春时代。

8.鼓励孩子保持童心，因为这是快乐和美好的源泉之一。鼓励孩子与各种年龄层的人交往，这有助于他形成宽容的个性。

初中时，晴雁（右一）参加学校演出

家教手记八

陪孩子走过高中，走向成熟

对于高三的孩子，家长最应该做的是“守望”。守望，就是顺其自然地看守护卫着孩子，相信孩子能够自己抓紧时间安排好学习，给他以相对宁静而自主的精神天地；不要轻易去打搅孩子的心灵，不要好心地干扰孩子的学习，更不要给孩子增加精神上的创伤。

（晴雁的高三时光）

一　帮助孩子适应高中生活

孩子该不该进重点班

孩子好不容易考上高中，还沉浸在中考胜利的喜悦中，却马上会被不适应高中生活的情绪所笼罩。作为家长，面对孩子的不适应，应该尽可能给孩子一些心理疏导，帮助孩子度过适应期。

我做班主任多年，每一届高一新生进校的时候，都有许多学生不适应高中生活。应该说，这种不适应是正常的。从学习上说，高中的课程比初中多，知识比初中深，对许多学生来说，刚进高中，会产生一种突然面对一个陡坡的感觉，自然难以马上适应。另外，更重要的是，高中生所面临的竞争也远远比初中激烈，尤其是重点高中的学生，因为重点高中云集了一大批中考的佼佼者，在强者如林的环境中，每一个人都会不同程度感到一种失落感和紧张感。我的女儿也曾有过这样的心理体验。

晴雁以高出省重点中学录取分数线 65 分的优异成绩，堂堂正正地跨进了石室中学大门。我所遇到的所有朋友都夸她“不简单”，并羡慕我有这么一个好女儿。

我开始也想，同样是升学，晴雁现在的精神状态和三年前比应该是天壤之别——三年前小学毕业她是失败者，而这次中考她是胜利者。

然而，万万没有想到，情况并非如此。

8 月 31 日是新生报到的日子。整整一天，我都在家里想着晴雁到了学校的情景：她见到老师是否有礼貌，她见到同学是否大方，等等。到了下午放学的时候我就老盼着那熟悉的口哨声。

有人敲门，我从猫眼一看，是晴雁回来了。我心里想，怎么没听见口哨声呢？门一打开，晴雁一脸的阴云。

刚把书包放下，晴雁的第一句话是：“爸爸，我不想读外语实验班了……”声音里带着哭腔。一句话没有说完，眼泪一下流了下来。

我感到非常惊讶，问：“为什么？”

她说："我今天刚走进教室，感觉就很紧张。我看班上的同学一个个都是非常优秀的，都是各个学校的尖子，我肯定不行。"

其实，当初进外语实验班完全是晴雁的要求。中考成绩刚拿到手，我就问晴雁读什么班——实验班还是普通班，晴雁毫不犹豫地说："外语实验班！"因为进外语实验班的学生都是在已经被录取为石室中学正式新生中选拔的，所以，在假期里，她还认真复习，为考外语实验班而做积极的准备。但是，临到考试时，因为她在老家乐山的外婆家，我就没有通知她回成都参加外语实验班考试，我想反正作为教师子女，按规定她是可以任意选班的，何必多此一举呢。

但晴雁进外语实验班的第一天，便要打退堂鼓！这是我万万没有想到的。

我请晴雁慢慢说她第一天的感受。她说她看到那些同学便觉得他们很强，而且脸上都表现出很傲慢的样子；她还说，来这个班的同学都是经过考试的，而她没有考试，成绩肯定是最差的；她又说，这个班上还有相当一部分同学从全省各地择优而来，她担心以后在学习上竞争不过他们；她感到紧张，感到压力，她说她看到同学们课间都在看书而不出去玩，而她出去玩了，心里都觉得是在犯罪，认为和同学们的差距拉大了……

我对她说："你这是自己吓自己，哪有那么严重！"

但晴雁不信，仍然在我面前流泪。

当晚，我特意去了她班主任家，向班主任唐老师介绍了晴雁目前的精神状态，希望唐老师和我一起做做晴雁的工作，给她以信心和上进的动力。我还从班主任那里了解到，晴雁的中考成绩排名在班上刚好处于中等位置。

但是我已经意识到，让女儿进外语实验班未必是一个明智的选择。这里涉及一个许多家长可能都遇到过的问题，究竟应不应该让孩子进重点班（包括重点校）？

对于是否应该设重点中学和重点班这个问题，我这里不打算评论，因为这涉及深层次的教育理念和教育体制，非三言两语能够说清。但是，我想对家长是否应该把自己的孩子送进重点班谈谈自己的看法。应该说，至少从"因材施教"的角度看，设立重点班是有一定道理的，问题是家长是否能够正确地估量自己孩子的学习能力（包括学习潜力）。我们有许多家长往往抱着这样一种心理，不管孩子的学习能力如何，反正把他放在重点班总会有好处的，至少在强手如林的环境中可以激发孩子的上进心。但事情恐怕不这么简单。如果孩子真有学习潜力，只是因为缺乏一种激励因而希望借助于激烈的竞争环境刺激孩子奋发向上，那当然是很好的。可是，许多孩子本身并不具备重点班所要求的知识基础和学习能力，把孩子放在这样的班里面，只能增加孩子的自卑感，这样恰恰非常不利于孩子的进步。

我不幸就犯了这样的错误。女儿虽然中考成绩非常优异，但她其实并不具备重点班学生所要求的高智商和强能力。最初我也没有打算让女儿进重点班，只是因为女儿要求读重点班我便答应了她的要求。女儿的上进心固然可贵，但作为家长，我应该保持清醒的头脑，应该冷静地对女儿进行分析，和她一起探讨，让她能够客观地看待自己，然后从容地进普通班。遗憾的是，我没有这样做，对女儿的“过度尊重”（这也是家长们应该警惕的）加上内心深处那么一点点虚荣心，使我毫不犹豫答应了女儿的要求，让她进了重点班，结果导致了她今天泪流满面。

怎么办？当时我有两种选择，要么让女儿退出重点班而转入普通班；要么给女儿以积极的引导，鼓励她留在重点班。权衡再三，我选择了后者。之所以选择后者，是基于我对女儿情况的仔细分析。女儿的天赋虽然不是特别高，但她初中的学习基础并不差，而且她一贯学习勤奋，如果继续留在重点班，只要调整好心态，改进学习方法，同时保持过去的学习态度，虽然不一定能够在班里名列前茅，但我想不会太差的。而且，在这过程中，对她来说，有一种意志的磨炼。

女儿当初进重点班，并不是最好的选择。但既然进来了，留下比退出好。这就是我当时的考虑。下一步我最需要做的，是把我的这些想法告诉女儿，和她谈心，继续给她以精神上的支持。

自己和自己比进步

在找女儿谈心之前，我告诉自己，必须充分了解她现在的真实想法，比如，她自己是否愿意继续留在重点班？如果她不愿意，我会把我的想法告诉她，看她是否能够接受我的观点而继续留在重点班；如果她不接受，执意要退出重点班，我也只能尊重她，并继续对她进行引导。

第二天下午，晴雁回来情绪仍然不好，说着说着又哭了。我看她这样子，心里真有点生气，我真想说：“有什么出息！遇到点挫折就流涕抹泪的——何况这还不是挫折嘛！”但我想，晴雁遇到了困难向我诉说，恰恰是信任我。许多家长都说孩子不愿意对自己说心里话，而晴雁却非常愿意向我倾吐心声，这是非常好的！如果我只是一味地批评，那么她将渐渐对我关上心灵的大门，从此我将不知道她在想什么、她有什么苦恼，那才真正危险呢！

吃过饭，我把晴雁叫到我的书房，我说："我非常高兴晴雁在有了困难的时候，首先想到爸爸。现在爸爸想问你一个问题，你要像以前一样，对爸爸说实话。"

她一边流泪一边点头。

我问："现在你愿意继续留在重点班吗？"

她想了想，说："愿意。"

"为什么？"我问。

她说："既然已经进来了，退出去多没面子！"

我相信女儿说的是实话，但是我想，如果仅仅是因为面子而留在重点班，女儿的精神面貌并未真正改变，以后她依然会以被动的姿态学习，依然不会从这个班获得学习的快乐。

我决定给她的心灵增加一些自信："你想听听爸爸的分析吗？"

她点点头。

于是，我耐心地对她说了起来：

"爸爸也希望你继续留在重点班，但不是为了面子，而是基于对你的信任。我坚信，你不会比别人差的。现在你不适应，这很正常。你到了一个陌生的环境，对同学们不熟悉，便觉得人人都不友好，人人都在和你竞争。一个人对陌生环境是容易产生不安甚至紧张情绪的，因此，你有这种情绪也是很自然的。但你应该主动结交新朋友，以你的真诚去赢得别人的真诚。晴雁不是很善良吗？善良也应该表现在这些方面呀！

"目前来说，你最大的忧虑是学习，你怕你竞争不过班上的同学。是的，也许班上同学都比你强。但是第一，你现在与对手的差距远远不如三年前刚进初中和班上同学的差距，那时你是倒数第二名，而其他同学大多是保送生；现在，你是堂堂正正以高分考进石室中学的，按中考成绩排名，你在班上属于中等。第二，竞争还没有开始，你的恐惧从何而来呢？完全是你自己的假想敌把你吓住了；你对别人感到恐惧，说不定别人也对你感到恐惧呢——人对陌生的对手也容易产生恐惧，只是这种恐惧是没有必要的。

"爸爸从来没有在分数和名次上给你提过任何要求，现在和今后依然不会提。你没有必要和别人比，我只希望你自己和自己比，看自己的今天与昨天比是不是有进步，自己这次考试与上次考试是不是有进步。自己和自己比有进步，那么你在班上肯定有进步！

“再说了，你是非常聪明的，你的优势是非常明显的。首先你的学习态度很端正，学习习惯很好，在初中爸爸就没有为你学习操过心。你的学习方法也不错，学习效率也很高。这都是你的优势呀！还有，你的智商也很高，你良好的记忆力是许多同学所不具备的——你现在能背诵200多篇古诗文，包括很早就能在很短的时间内背熟《赤壁赋》这样的长文，我想许多同学做不到的。由于你学习态度端正，学习方法科学，学习效率很高，你又聪明，所以你初中学习基础不错。这就是你的优势你的资本呀！对了，你还有一个优势，就是各科成绩都比较均衡，语文、数学、外语几门主科发展都很全面，不像有的同学偏科。这也是很大一个优势呀！你还怕谁呢？”

在我这段谈话中，我注意了三个关键点：第一，别把同学当作对手，而应该以真诚去赢得别人的真诚，以开放的心态接纳同学，以减轻紧张感和压迫感。第二，叫孩子善于和自己比，而不要简单和别人比，在自己的进步中找到继续前进的信心。第三，让女儿充分意识到自己的优势，包括智力上的优势，用对过去优异学习成绩的回忆来唤醒她的自信心，让她觉得自己“行”！

听了我的话，晴雁的情绪好像好些了。我看时间已经不早，便叫她去睡了。

向有相同学习经历的人取经

对孩子的鼓励，有时只靠家长还是不够的；我们应该设法从多方面寻找或挖掘教育资源，给孩子以积极的引导。我想到我的学生，还有我的同事。

当晚，我给我教过的一个叫阚强的学生打了一个电话。这个阚强，当年刚进学校就在班级日报上写了一篇题为《我的耻辱》的文章，他开篇写道：“如果有人要问我是怎么进的石室中学，我总是诚实地回答，我是凭父亲的关系进来的。但我同时要告诉他，这是我的耻辱！我要用三年的时间来洗刷这个耻辱！三年后，我一定要凭自己的本事考进石室中学的高中！”后来中考时，他果真如愿以偿。晴雁读初中时，我经常给她讲阚强哥哥的故事。后来阚强高一进了理科实验班，在那个班上，他的学习基础不算特别好，但他心理素质很好。他曾对我说：“我不和别人比，我只跟自己比，只要我努力了，就问心无愧。”正因为他心态正常，所以，高中两年过去了，他发展得很正常。

拨通电话，接电话的正好是阚强，我给他说了晴雁目前的心理状况，希望他给晴雁写一封信，以自己的经历鼓励晴雁。阚强非常爽快地答应了。

开学正式上课第一天，我来到学校，本来想找找科任老师讲讲晴雁的情况，让他们都给晴雁鼓鼓劲，但我又一想，先让他们在没有任何先入之见的情况下感受一下晴雁，过一段时间再找他们可能要合适些。

我走到学校教科室门口，碰到赵莉老师，她见了我就说："哎呀，我正好要找你。"原来她也是为一个朋友的孩子的教育问题想与我探讨，于是我就和她讨论起来，讨论过程中，我偶然问到她女儿的情况。她女儿现在读高三，两年前也是没有考试进入的实验班。我便特意问她女儿两年来在实验班的发展情况。

她说："当时我女儿离学校录取线还差了一分，但她仍然要求读实验班。刚进实验班，我就告诉她，你现在在班上的位置就是最后一名，你要想好，能否接受这个现实。她说她能够接受。我说既然如此，你以后就不要和别人比，你就和自己比就行了。因此，她心态很正，很平和。在第一次大考中就名列班上第四十多名。她看到这个名次便有了信心，因为比她原来预想的要好。两年来，我女儿在这个班，最大的收获是思维品质的提高，因为是在实验班，周围都是很优秀的同学，平时思维的碰撞，让她的思维也越来越灵活越来越开阔，这是我最满意的一点。我也曾问过她，如果你在普通班，能否保证得第一名，她说不敢保证，她说她最多是十多名或二十多名。两年来，她虽然在实验班基本上都是四十多名，但她的分数如果拿到其他班去排，却是前几名！这说明，强手如林的实验班，对她激励提高的效果是非常明显的。关键是心态要摆正！"

赵老师的话对我女儿来说，不是最好的教育吗？尤其是她女儿的经历，对我女儿现在的心态，更是具有鲜明的针对性。

"三不比"和"三比"

晚上，我找晴雁谈心。我给她讲了赵老师女儿的事，我说："你现在的情况远比她当初好。你是高出石室中学录取分数线 22 分被录取的，而她是低于分数线进来的。因此我认为你在实验班的发展应该比她好，至少不会比她差才对。"

她说："我是没有经过考试进的这个班，我现在等于就是最后一名。"

我说："是的，你没有经过考试。但是爸爸坚信，以你的中考成绩所体现的实力，如果参加考试你一定能够考进来的！但是，即使如此，你现在就把自己当成最后一名吧！你能不能接受这个名次？能不能正视这个现实？”

她说：“能。”

“好！那爸爸再次告诉你，一定不要和别人比，你就和自己比！”

她问：“爸爸，你能不能说细一点，不和别人比是什么意思？”

我说：“第一，不比名次。你就当自己是最后一名，以平和的心态学习。如果你老是想和别人斤斤计较，那会很累的。学习就成了痛苦的事了！第二，不比基础。可能有同学在初中的基础比你还强，这是没有办法的事，不会因为你比，你的基础也就上去了。还有的同学可能在假期里提前学习了高中的教材，你也不要去比。别管他们的基础如何，你就管自己的学习就行了！第三，不比方法。别人好的方法当然是可以学习借鉴的，但从根本上说，最好的学习方法是最适合于自己的方法。你不要看到别人一天到晚拿着书，你也就一天到晚拿着书，那不好！你初中的学习方法和学习效率都不错，再结合高中学习加以改进，就可以了！”

她又问：“爸爸，你的意思是，下课我看到其他同学不出去休息而坐在座位上看书，也不用紧张？”

“是呀！不会休息，学习也不会真正好起来！”我说，“关键是方法和效率。这点你初中做得很好，高中要保持！”

她说：“那学习上难道就不需要竞争了？”

“当然需要！”我说，“我叫你不要和其他同学比名次比基础比方法，同时，也要你在三个方面和同学比。第一，比勤奋。这点我想你绝不会比别人差的。第二，比思维。你应该通过交流学习、讨论难题等方式随时与周围的同学进行思维碰撞，使自己越来越聪明。第三，比爱心。你应该继续关心集体，关心每一个同学，千万不要因为学习因为分数而丢掉了自己的善良。”

在她去睡觉前，我再次对她说：“你是很优秀的！不可能在高中败下阵来！爸爸要你记住，一个人如果自己战胜了自己，那任何人都打不垮他；反过来说，真正能够击败你的，只有你自己！”

次日早晨她离家前，我对她说：“希望你今天能够交上新朋友，你一定要主动些！”

当天晚上晴雁刚放学回来，她说她昨天的英语进校摸底考试，以满分100分考了个班上第一名。

她有点不相信，说："爸爸，你说怎么可能呢？"

我说："怎么不可能呢？这完全在我的意料之中，天才嘛！呵呵！"

不过，她的情绪确实开始开朗了。

开朗的原因还有一个是，她那天主动参加班上办板报，结识了一些新朋友。然而，进高中的第一次考试——半期考试，她没有考好，心情再次沮丧到了极点。

怎样给再次考砸的孩子鼓劲

对于女儿因半期考试考砸而受到的沉重打击，我曾通过书信方式，想方设法给她鼓励，并帮她分析现状，给她提出建议，帮助她在精神和心理状态方面站起来——

亲爱的晴雁：

你好！

昨天晚上你放学回家，没有像往常一样唱歌吹口哨，我就知道你情绪不好，果然，一跨进门连鞋都没来得及换，你就"哇"的一声大哭起来。看着你拉着我的手，扑在我怀里痛哭，我在和你一起伤感的同时，也有一些欣慰：我的女儿把爸爸当作最知心的人，有什么委屈都愿意向爸爸倾吐。女儿，爸爸愿意永远成为你最知心的朋友！

你说你半期考试考得不好，糟透了，感到难过，觉得自己是"差生"了。我理解你的心情，从来没有考得这么差，你心里当然难受。所以，当你痛哭的时候，爸爸没有说什么，只想让你痛痛快快地哭，排遣一下心中的郁闷，你会好受些。但是，如一直这样难过下去，显然是不能解决任何问题的，更不能因此而提高成绩。哭过之后的反思，才是最重要的。

我觉得，你这前所未有的败仗，最主要也最根本的原因是你的精神状态。换句话说，你首先输在了你的心理素质上！回想进高中的第一天，你就觉得自己不行，半学期以来你也一直自卑。你等于是时刻都在对自己进行心理暗示：我是学不好的！这样一来，你当然缺乏斗志、缺乏勇气、缺乏信心啦！这种自卑导致学习压力过大，精神高度紧张，你学不好更考不好简直再正常不过了——反之，有这种心理状态，你却学好了考好了，倒是不正常的！比如，那天考了数学一回来就埋怨："好几道非常简单的题，我都做错了，想不通想不通！"我当时就说："有什么想不通的，都是因为你太紧张了。一紧张，必然思维受阻！"而且，在考试前我就告诫过你："如果这次你考砸了，一定是因为你的精神状态和心理素质。"现在看来，果然如此！

你担心你从此学不好了。这种担心没有必要，因为这次考试成绩显然没有反映出你的真实水平。我这样说可不是安慰你，我至少有两点依据：第一，据你对这次考试试卷的分析统计，你仅仅因为紧张粗心而丢失的分数就有二三十分。第二，刚从初中进高中，必然有一个适应过程。在这适应的过程中，学习上是会出现一些问题的，包括考试分数下降。就好比移植一棵树，刚刚移栽的树必然会有一段时间萎缩，好像奄奄一息，实际上树的生命力仍然很顽强，一旦适应新的环境新的土壤，必然生机勃勃。你正是在还不适应的情况下参加考试，当然不能反映出你的真实水平了。因此，你没有必要为学不好而担心。你想，如果你解决了以上两个问题，你的学习不就会突飞猛进了吗？

这几天，你最担心的是所谓"名次"。你想想，从小到大，爸爸用过名次来要求你吗？你也许会说："爸爸不计较名次，但老师同学要计较呀！"那我要说，别人是否计较你管不着，但你可以调整自己的心态，把名次抛到九霄云外！且不说你不是最后一名，现在我就做一个最坏的假设：就算你最后一名，而且每次都是最后一名又怎样？第一，作为中国第一流重点中学重点班的最后一名，难道很丢脸吗？第二，当你安心做最后一名时，你已经超越了名次的计较，从容面对学习，没有过重的心理压力，说不定学习成绩反而会上升的。第三，对最后一名的学生来说，每次考试都容易在名次上进步，这不很好吗？所以，虽然现在你并不是最后一名，但爸爸告诉你：你就当最后一名吧！考那么好干啥！你习惯了"前几名"，现在体会一下"最后一名"也不错嘛！呵呵！只怕你想"最后一名"也不容易呢！努力吧，呵呵！

你昨天说了一句话，既让我感动也让我不安："爸爸，你的女儿没考好，给你丢脸了！"你能这么懂事，我自然感动；但我不安的是，你为什么要把你的考试成绩同爸爸的脸面联系在一起呢？

不错，爸爸现在在外面比较受关注，但我是我，你是你，我从来不会也没有把你的荣辱同我的面子挂钩。你取得了成绩，我为你自豪，但那是你的成绩；你没有考好，我为你分忧，但我绝不认为你使我丢了脸。你千万别这样想！你不是多次说过爸爸和别人的家长“不一样”，总是“相反”的吗？——别人的家长用成绩压孩子，爸爸从不；别人的家长不许孩子听音乐、看电视，爸爸却同意；别人的家长总是批评孩子不学习，而爸爸总是批评你不休息；别人的家长总是在孩子考差了的时候骂孩子，而爸爸总是在你考差了的时候鼓励你……同样，别人的家长也许把孩子看成自己的面子，但爸爸不会。所以，你放心好了。只有把这个包袱放下，你才能真正轻装上阵。

你有许多优点，但同时，你也有不少弱点，其中最致命的弱点就是你从来都缺乏自信心。从小到大，我就没有看到你骄傲过，总是说自己不行，哪怕你初中在各方面取得优异成绩，包括考试成绩名列前茅，你也总说自己是“运气好”“是别人没考好”。我原来还以为你是谦虚，现在看来不是谦虚而是自卑。有时明明你考好了——比如前次英语考试你以满分获得第一名，也没见你哪怕是得意一下，相反你却说：“考好了就得意，那是不要脸！”你怎么能这样想呢！你不知道你有多少别人不具备的优势呀！思想品德方面的优点就不说了，仅以智力状况而言，你背古诗文背英语包括背你根本就不懂的一些政治内容都非常轻松，这说明你的记忆力惊人；你学习效率高反映出你的思维敏捷；从你作文看，思路清晰，文字流畅，这说明你的语言表达能力也很强……如此聪明，你怎么能说自己笨呢？你这不是在“诬蔑”甚至“诽谤”我的女儿吗？呵呵！正是你的所谓“谦虚”妨碍了你潜能的发挥，照此谦虚下去，你可真会笨的。而为自己的进步而得意，不是“骄傲”，而是“自豪”——说是“骄傲”也不错！这种“骄傲”能够使你充满信心并跃跃欲试地迎接每一个挑战，进而使自己越来越聪明。毛主席有一句名言：“虚心使人进步，骄傲使人落后。”而对你来说，应该是“骄傲使人进步，虚心使人落后”！请你永远记住爸爸这句名言。

另外，你信任爸爸，有什么困难都对爸爸说，这让我感动。但我还要说，你现在在精神上对爸爸的依赖性太强。你毕竟在一天天长大，要勇于在精神上“断奶”，要勇于勇敢地面对一切困难包括险恶的现实环境，在面对中磨炼自己——所谓坚忍的品格、优良的心理素质就是这样造就的，钢铁就是这样炼成的！你太敏感，太脆弱，别人在你面前说一两句考试分数，你都会觉得有压力，一听见名次你都会觉得没脸见人——这种精神心理状态，何以去应对未来人生的风浪？承受别人的议论——其实，也没有人会议论你，是你自己太敏感了——不叫脸皮厚，而是坚强。是“脸皮厚”还是“坚强”，区别在于听了议论后的态度：是无所谓、破罐子破摔呢，还是发奋努力、卧薪尝胆？高中三年大大小小还会有多次考试，以后还有高考，考上大学你会离开父母独立生活，然后找工作，然后干事业……无数人生的门槛都还等着你，不可能一帆风顺，有时甚至还会让你感到濒临绝境，但强者总能“轻舟已过万重山”。人生的意义和幸福正在这愈挫愈勇的奋斗之中！爸爸永远都愿意也乐于做你的倾听者和分忧者，但你要学会孤军奋战，要学会百折不挠。什么时候你能够在痛哭之后，自己擦干眼泪对自己说：“我决不会屈服，任何困难都不可能让我低头，我要继续奋斗直至胜利！”那么你就真正成熟了，真正在精神上站了起来。我盼望着这一天！

具体在你的学习改进上，我有两个建议。第一，多问老师。你性格太腼腆，总是不好意思问老师。及时问老师，一来可以及时解决学习上的疑难，二来可以锻炼自己的交往能力。一定不要害羞，更不要担心老师不耐烦。任何老师都喜欢问问题的学生！第二，在做数理化习题时，要善于总结归纳，也就是说不要只图做完了事，而要带着脑子去做，边做边琢磨，比较典型的题还要反复看反复想，这样做一道胜过做十道。所谓“以一当十”。当然，各科具体的学习方法，你可以也应该去向各科老师请教。明天就去做这件事！

写到这里，我也没有给你提“争取下次进步”的要求，我认为，现在的进步标准往往是名次，而我认为，只要一步一个脚印地学习，每天都会有进步。哪怕下次你真的考个最后一名，也不要紧！但我对你也有一个进步的标准：就是希望你在后半期拥有乐观的心情、豪迈的气概、昂扬的斗志和坚忍的毅力！

也许在今天看来，你没有考好，你觉得是天大的“灾难”。但五年、十年、二十年……当你真正在精神上成熟并经历了战胜了更多的人生挫折之后再回过头来看今天的半期考试，你会觉得这一次挫折不过是人生长河中一个小小的漩涡而已，简直微不足道！我愿意和你一起再次高声朗读一位诗人的话："没有比脚更长的路，没有比人更高的山！"

亲爱的晴雁，再过十几天，你就要满十五岁了。爸爸写下这封信，作为送给你的礼物。那么，你用什么来迎接自己的生日呢？

永远爱你的爸爸

2002年11月19日

"我承受，我幸福"

在女儿最苦闷的时候，她重新捧起初中时读过的一本青春小说《十七岁不哭》，虽然是第二次读，但她的心灵受到的震动，却是当年第一次读的时候所没有的。可以说，整个高一，这是对她影响最大或者说给她注入精神力量的书。书中主人公有一段话给了女儿极大的激励。这句话是："对于我们，考试不仅是检验，也是经历，我们正是在多年的考试中学会勇敢、坚强。"

在女儿生日的时候，她外公来到成都。女儿向外公倾诉了自己学习上遇到的压力，祖孙俩沿着锦江一边散步，一边聊天。外公告诉晴雁："要学会承受，更要勇于承受！"

女儿慢慢咀嚼外公的话，并尝试着在生活中"学会承受，勇于承受"。后来，女儿以自己的切身体会，写下一篇文章《我承受，我幸福》——

幸福，一直以来人们梦寐以求的东西，但人们对幸福的诠释却不同。有人的幸福是成功的喜悦，有人的幸福是被爱的甜蜜，也有人的幸福是拥有的满足。而我的幸福是对所有困难的承受。

在我看来，成功的喜悦、被爱的甜蜜、拥有的满足不过只是一时的幸福，它们能带给你内心所需要的喜悦感、甜蜜感和满足感，但随着时间的流逝，瞬间的幸福也会随之流走，剩下的只有对幸福的怀念。真正的幸福是能让人终生受用的品质、精神。白岩松说得好："痛并快乐着。"我在承受着压力、困难，同时压力、困难也带给了我幸福。

进入高中后，学习的压力越来越大，我明显感到不适应。考试的失败让我对学习几乎失去信心。但就在这个时候，我的外公告诉我“承受”二字。仔细地咀嚼这两个字，让我恍然大悟：压力是高中生活送我的第一份礼物，为的是让我学会承受，承受困难；考试是对我的检验，也是我的一种经历，在这种经历过程中，我会学会承受考试的失败，承受挑战。这些我所要承受的会变成我的幸福所在，因为当我学会了承受，我就会更加坚强起来，坚强是一种超越任何事物的财富，会给我幸福。高中三年，我还有许多东西需要承受；高中过后，四年大学我还得承受；大学结束，步入社会，将会有更长的路等待着我走过，当然我也要一路承受着。在承受的同时我也幸福着。有人说：“高中三年是四年大学的预科班，四年大学是步入社会的预备班。”就是指在高中、大学学会了承受，它带给我们的幸福在我们步入社会时便会转化为推动我们勇往直前的动力。

青春是一条坎坷不平的道路，我们一路上摸爬滚打挺过，我们笑过，哭过，受伤过，但我们也拥有过。谁都是一边受伤一边长大的。我们承受过也磨炼过，更幸福过，我们在承受和幸福中走向成熟。对于明天的自己，我充满信心，因为我承受，我幸福。

从那以后的高中三年里，女儿尽管也遇到过困难，也有过郁闷，但总体上说，像刚进高中时候那种悲伤，再也没有出现过了。而且，在困难中，在承受中，她的成绩越来越好，到了高三，已经在年级名列前茅。

二　守望高三

以平常心面对高考

好像是期盼已久，又好像是猝不及防，女儿进入高三了。

学校的高三照例提前开学，暑假里便开始了挥汗如雨的迎考训练。无论行动还是表情，早出晚归的女儿似乎都没有太多的变化，一如既往地有条不紊地忙碌。

家庭气氛也没有骤然紧张起来，还是像过去一样。只是我和她妈妈心里多了一些紧张——不可能没有一点儿紧张。

以往历届成都市的高三学生在参加最后高考之前，都要参加三次模拟高考，即"一诊（诊断性考试）""二诊""三诊"。到了晴雁他们这一届高三，成都市在"一诊"之前，又增加了两次诊断性考试，称为"零诊"和"零点五诊"。高考的火药味儿，由此可见一斑。

总体上讲，女儿读高三的整个一年，我做得最多的一件事，就是不断给她减轻压力，不断给她松绑。从"零诊"到最后的"三诊"，女儿的成绩都不太好。所谓"不太好"，不是没有实现目标——我从来没有给她提出过任何分数和名次上的要求，而是她觉得没有实现自己给自己的目标。她的目标是上 600 分，但直到高考前最后一次诊断性考试，都没有能够实现这一目标。

女儿的气馁是免不了的。但我总是给她鼓励和分析，并要她找具体的老师帮自己分析总结。记得"二诊"的时候，我在外面出差，考完并通知了分数后，她给我发个短信："爸爸，你要有思想准备哟，我这次又考砸了！"我马上回复："有什么关系呢！又不是正式的考试。何况还有'三诊'呢！"

女儿"二诊"的分数是 533 分。说实话，女儿考得不好，我不可能不着急，因为时间一天天迫近呀！但是，第一，如果我把我的焦急情绪表现出来并传染给女儿，那么，她会比我更焦急，这必然会影响她下一步的复习；第二，面对不理想的分数，女儿虽然有些紧张，但我感到这种紧张并未过度，而适度的紧张对于高三的孩子来说绝对是必要的；第三，更重要的是，对女儿的高考，我心里还是有底的，这就是根据她高中三年的成绩预测，她高考即使发挥不正常甚至有失误，也不会低于重点线（"一本"）。

所以，我给女儿这样说："从某种意义上说，高考之前的每次诊断性考试，没有考好，都值得庆贺！为什么这样说呢？因为是'诊断性'考试嘛！没有考好，就说明暴露了问题，这不就诊断出来了吗？诊断出问题，就意味着找到了下一步的目标。诊断成功，当然该庆贺啦！"

就这样，女儿抖擞精神，又开始了拼搏。

高考，既是考孩子，也是考家长。

从某种意义上说，心态决定一切。对于高三孩子及其家长来说，兴奋、期待、焦虑，或兼而有之，都是很自然的。但最重要的，还是应该有一颗平常心。

学生高考的成绩与外部环境的影响有着极大的关系，这里所说的外部环境，包括孩子每天都要置身其中的班级环境、学校环境、社区环境和家庭环境。其中，对孩子影响最大的外部因素莫过于家庭环境，而所谓“家庭环境”，显然主要不是指家里的物质陈设，而是指家长表现出来的情绪。

我的体会是，高三孩子的家长应该首先调整好自己的心态和行为，具体体现在五个方面：

第一，尽量克制自己的焦虑，用自己的积极乐观去冲淡孩子心中的紧张不安。

第二，避免唠叨，孩子回家不要喋喋不休问个不停，这样只会增加孩子的烦躁。

第三，不要计较孩子每一次考试的成绩，更不要用“都这个关头了还犯这样的错误”之类的话去责怪孩子。那样无益于孩子成绩的提高，只会让孩子泄气。

第四，别过分干预孩子的复习，一定要尊重老师的复习安排，并叮嘱孩子绝对听从老师的辅导。

第五，不要频频地用具体的高考目标去刺激孩子，比如“别忘记了你自己的承诺啊”“你可说过你一定要考上重点大学的哟”，这样只会增加孩子的精神负担。

让孩子自己激励自己

整个高三阶段，家长最应该做的，就是不断鼓励孩子，同时引导孩子自己激励自己。

可以毫不夸张地说，在女儿冲刺高考的日子里，我从来没有责备过她，哪怕是她某一次考试没有考好，我也是充满信心地安慰她，想方设法地鼓励她，不断给她鼓劲加油。在我的感染下，女儿也在不断激励自己。高三期间，女儿房间书桌玻璃板下压着她给自己抄的一段北大山鹰社的话——

存鹰之心于高远，
取鹰之志而凌云，
习鹰之性以涉险，

融鹰之神在山巅！

还有这样的自励——

坚持每天跳绳做仰卧起坐！
每天回家抓紧时间学习复习预习！
重视月考、半期考、期末考！
距高考不远了！！！
目标：年级前5名！！！！！！

有一次写作文，题目是《谈勇气》，女儿这样写道——

勇气，在字典里的解释是："敢作敢为毫不畏惧的气魄。"

在我看来，志气、正气、才气都不如勇气可贵。只有有了那份敢作敢为的毫不畏惧的气魄，才能再考虑有无志气、正气、才气。所以，在你每做一件艰巨的事情之前，都要问问自己："有勇气去完成吗？"勇气是人面对一切事情的前提，如果说人生是一个赌注的话，那么，勇气就是本钱。

懦弱的人的人生永远是黯淡无光的，而勇敢的人的人生则是多姿多彩的。一个人只要有勇气去挑战困难，去追逐理想，那他得到的会双倍于他的付出；相反，一个没有勇气面对生存考验的人什么也不会得到，甚至就连他所拥有的都会失去。俗话说："人生如戏。"就是因为人生充满戏剧性，成与败，得与失都是在一念之间。对于每一个人来说，一次挫败或许都是因为偶然的因素，但挫败之后能否再次站起就是必然的，懦弱者在挫败后只会灰心丧气，一蹶不振，而勇者在挫败之后却能更加奋发向上。有这样一句话："在天堂和地狱的入口处都写着：'懦夫止步！'"没有勇气的人在人生这场戏中永远都是戏外者，不受任何青睐，他既进不了天堂，地狱也没有他的位置。有勇气的人的人生才有意义，才会精彩！

萧伯纳有这么一段话，翻译成中文是："最高尚的生命能置单纯的幸福于不顾，而且确实无法忍受幸福……幸福不是生命的目的。生命没有目的，生命本身就是一个目的；勇气即在于乐意为了追求更高的生命质量而牺牲幸福。"这段话让我有些惊讶，他将勇气看作“乐意为了追求更高的生命质量而牺牲幸福”，与现实生活中很多人的看法不同，大多数人更愿意将勇气看作“乐意为了追求幸福而与困难挑战”。我更同意萧伯纳的说法，幸福不是生命的目的，幸福贯穿于生命的始终，无处不在无时不有。与幸福相比，更高质量的生命才更能成为我们追求的目标。勇气不仅仅是敢于挑战，更在于敢于牺牲幸福追求生命的更高质量。

没有勇气，人生也没有意义。有勇气的人才有资格拥有一个精彩的人生，享受一个高质量的生命。

尽量不要让孩子熬夜

对高三孩子来说，貌似勤奋实则愚蠢的做法就是通宵熬夜。熬夜的结果是，不但熬夜期间所学的知识记不牢，而且第二天也没有精神上课，如此恶性循环，孩子始终处于一种疲倦而低效的学习状态中。家长应该说服孩子甚至采取一些必要的强制措施保证最基本的睡眠时间。

对高三孩子来说，什么是“最基本的睡眠时间”呢？我认为，每天至少应该有六个小时的睡眠时间。严格说起来，中学生每天的睡眠应该有八九个小时，但毕竟高三学习任务很重，恐怕多数孩子无法做到每天睡八九个小时，所以只好退而求其次，把六个小时作为高三孩子睡眠时间的底线。

女儿在学习上是很有毅力的，最突出地体现在她虽然睡眠不足却依然能够打起精神认真听课，坚持复习。

但我认为这不好，我总是说服她尽量早点睡。我的睡眠一直不好，因此非常重视女儿的睡眠，我把睡眠看作是“智力充电”，女儿读初中时，一般九点一过就睡了。高一时，我要求她十点半必须上床；高二时，她一般是十一点睡觉；到了高三上期，一般都是十二点左右才睡觉。无论什么时候睡觉，第二天早晨六点四十都被枕边的闹铃闹醒后起床。

看着女儿的睡眠时间一天天减少，我很心疼，不止一次地对她说：“早点睡呀！”但女儿却反过来安慰我：“不要紧，我的精神没问题！”

高三上期的一个冬天的早晨，她房间的闹铃又响了，但她却没有动静。闹铃持续不断地响了大概十分钟，女儿居然还没有醒！这是前所未有的。我赶紧去捶她的房门，她终于醒了。

女儿起来后，我问：“昨晚你是不是睡得太晚？”

她不回答。我继续追问，她回答说：“我说了你肯定会心疼我。”

我说："那你还是得说呀！"

"我是凌晨四点才睡的。"她说。

我的天！

上午，我给她班主任赖老师打电话，问晴雁上课是否打瞌睡。赖老师说："没有。晴雁上课从来不打瞌睡，再疲倦都会打起精神听课的。"

女儿晚上回来对我说："老师一下课离开教室，我马上就趴在桌上睡一会儿。下一堂课，再打起精神继续听课。"

当然，这种情况后来并没有继续下去。因为我不断跟女儿谈心，给她做工作，说明睡眠与学习的关系。因此，女儿只是在高三上期熬过一段时间（大概十几二十天吧）的夜，后来就再没有熬夜了，晚上十一点半左右便上床睡觉了。这样，她多数时候都能保证有七个小时的睡眠时间。

把厚书读"薄"

文科学生的课余时间更多的是靠自己复习，这对孩子的自觉性提出了较高的要求。从小养成的良好的学习习惯，到了高三显示出了意义。女儿给自己定了符合自己实际的学习计划，并总结出了一套适合自己的学习方法和复习方式，每天都忙而不乱地复习着。总的来说，语文、数学、外语是她的强项，因此，这三科她基本上就跟着老师的思路走，严格按老师的要求去做。这是女儿的一个优点。她的老师经常对我说："对于老师提出的学习要求，李晴雁总是不打折扣地认真完成，这是她成绩比较好的重要原因。"到了高三，我对她强调得最多的是，一切听老师的。

这也是我常常对其他家长朋友说的一点。尽管我长期在中学工作，也曾担任高三毕业班的班主任，而且我还是语文特级教师，但我对女儿的高三学习，绝不指手画脚。因为每一年的高考行情都不一样，而每一届的高三老师都是本学科应试复习的专家。所以，我要女儿绝对信任各科老师，有问题直接找老师们，不要找我，包括语文复习。

女儿比较弱的学科，是文科综合（历史、地理、政治）。对此，我仍然无法在知识上给她做具体的辅导，但我给她以方法指导，我要她学会总结提炼教材的精华，所谓"厚书读'薄'"。这恰恰也是她老师的建议。所以，女儿在课余花了大量时间仔细阅读历史、地理、政治的教材，一边读一边将教材上的重点知识做勾画批注，同时将这些重点摘抄下来。最后，她把整个教材的重点内容都整理出来了——一本厚厚的书，便成了手中薄薄的十几页纸。书中的精华尽在其中。这个办法看起来比较笨，其实很实用。

记得有一天，女儿兴奋地对我说："爸爸，你看我整理的复习笔记！"说着，她展开一条长长的"哈达"——原来，女儿把政治教材的要点全摘抄下来了，然后把十多张 16 开的白纸粘在一起，便成了长长的"哈达"。

我表扬她："这么努力，你高考一定会成功！"

后来女儿高考的文科综合成绩虽然也不算特别高，但却远远高过了任何一次诊断性考试的分数。

别在竞争中丢失童心

严酷的高考竞争，往往会使一些孩子变得狭隘自私，比如学习上只顾自己，而不管同学，甚至本来是好朋友，因为高考竞争而钩心斗角起来。我从来认为，成长的代价，不应该是童心的失落；高考的胜利，也不应该以爱心的丧失为代价。

有一次，针对我所教班上的一些不良倾向，我对我的高二学生说："同学们要经常思考一个问题，就是'我的成长付出了怎样的代价'，我就担心由于高考竞争的压力，同学之间变得冷漠起来了，还要钩心斗角，这是最可怕最可怕的。同学们在上进的同时不要丢失了善良和纯真。这比分数重要一万倍！李老师提醒你们在成长的路上，有一样东西是应该一辈子带走，不应该遗落的！那就是童心！"

这也是我对女儿一贯的教育。

我很欣慰的是，女儿没有辜负我的教育，到了高三最后冲刺阶段，她依然以一颗质朴善良的心对待需要帮助的同学，依然在课余给数学成绩不是太好的同学以力所能及的辅导。

2005 年 4 月的一天晚上，女儿进门就说："爸爸，我要和你谈谈。"

我看她脸色很不好，便问："是不是考试没考好？"

"不是。"她说。

我又问："是不是学习上遇到什么困难了？"

"也不是。"她说着走进了我的书房，我和女儿面对面地坐下了。

"爸爸，我实在很烦那种人！"她突然气愤地说。

我很纳闷，问："你烦哪种人？"

她说："自私自利，只管自己学习的人！"

接着她向我说了她班上的一些事。原来，因为还有一个多月就要高考了，时间越来越紧迫，于是班里很多成绩好的同学便不愿给其他同学讲题了，怕耽误了自己的复习时间，而且为了避免请教的同学干扰自己学习，便躲到教室外面去（图书馆或校园安静的地方）学习。

女儿见不惯这种情况：“都是自己的同学，怎么能这样自私呢！我就不，我依然给同学讲题，都是自己的同学嘛！”

当时，特别感动，我的双手久久地握着女儿的双手。

女儿由此又谈了她对人际关系的看法：“我觉得，人与人之间相处，就靠‘真诚’二字。你真诚地对待别人，别人就真诚地对待你。这样，你就会拥有很多朋友。”

“对，你说得很正确！”我说，“这也是你从小学到高中都一直人缘很好的原因。”

她又说：“我觉得对人应该宽容。在一个集体中，每一个人都有自己的优点，也有自己的缺点，我看每一个人都看他的优点，并放大他的优点，于是他就很可爱，和他相处就愉快。面对不同性格的人，只能自己去适应人家，不能让别人来适应自己。现在一个班只有六十多个同学，如果都不能一一适应，不能真诚相处，那么以后踏上社会，参加了工作，将会面对更多的人，那怎么生存呢？我反正就信奉，用真心换真心。所以，即使很多人不喜欢的同学，我也能接纳。”

她举了一个例子，说班上有一个同学说话不得体，常常让一些同学讨厌。“我想，如果大家都不理这个同学，她多难堪呀！我的办法不是不理她，而是仍然和她交谈，但巧妙地把她的话题引开，谈论大家都感兴趣的话题。这样便不会伤她的自尊心了。”

当时，我非常感动地对女儿说：“晴雁，你记住爸爸的话，即使一个多月以后，你高考彻底失败，没有考上大学，爸爸也坚信，你这一辈子会拥有幸福的，因为你有一颗善良的心！这是你一辈子的立身之本！”

就这样，即使女儿到了高三，她依然守望着她的童心。

家长最应做的是“守望”

说到“守望”，我认为这更是高三家长们最应该具备的状态。对于高三的孩子，家长最应该做的是“守望”。

守望，就是顺其自然地看守护卫着孩子，相信孩子能够自己抓紧时间安排好学习，给他以相对宁静而自主的精神天地；不要轻易去打搅孩子的心灵，不要好心地干扰孩子的学习，更不要给孩子增加精神上的创伤。

常常有这种情况，只要孩子已进入高三，家长们的心情就会失去平静：焦灼不安、心神不宁、患得患失……总之，比孩子还紧张。这一切当然都源于对孩子的爱。也是因为这份爱，许多家长对孩子失去了耐心，于是，事无巨细地督促、小心翼翼地监视、不厌其烦地唠叨以及陪着孩子熬夜等，便成了高三孩子家庭每天都要上演的节目。

其实，这一切往往不会为孩子增加多少分数，相反这种紧张会传染给孩子，孩子会加倍紧张。当然，十二年寒窗苦读，到了关系孩子命运的最后时刻，没有哪个家长会心如止水，所以，紧张是正常的。问题是，家长应该尽可能把这种紧张埋在心底，同时尽可能表现出对孩子的一种从容的守望。

有的家长也许会说："我孩子高一高二就没有养成好的学习习惯，没有抓紧学习，到了高三难道我还不应该好好抓一抓吗？"

我的回答是，如果你孩子真是那样，你高三"抓一抓"也没有用！

对孩子来说，高三应该是过去多年良性学习规律的自然而然的继续运行，是孩子已有健康学习状态的惯性般的继续，家长对于孩子具体学习的过分干预，往往只会打乱这种"运行"和"继续"。

因此简单地说，守望高三，就是一定程度上的"无为而治"。

这当然不是意味着不管孩子了，但这里的"管"，更多的是指精神上的支持、安慰、鼓励。孩子到了高三，学习时间自然比过去长一些，作业比过去多一些，考试比过去多一些，免不了也就比过去多一些心理上的负担，家长要做的就是帮孩子减压。

这里的"管"是不是还应该包括生活上包括饮食上对孩子的格外关照呢？我觉得不必。因为孩子脑力劳动所需要的营养应该是平时就注意的，而不是仅仅到了高三才特别需要什么特殊的营养。不要打乱正常的生活节奏和方式，包括饮食，否则，会让孩子感到自己成了重点保护对象，因而会感到一种不同寻常的氛围。这反而不利于其学习心理的健康。这里特别要指出的是，我从来不相信形形色色的各类所谓"增强智力""强化记忆"的补脑液之类，我女儿从来不吃这些东西，我也从不给我的学生推荐这些东西。

为人父母的幸福

时间的脚步终于走到了2005年6月7日，女儿终于走进了高考考场。

每年高考考场外面，都站着许多焦虑的家长。他们开车送孩子来到考场，路上千叮咛万嘱咐；孩子走进考场后，他们守候在校门外，开始漫长的等待；考试结束后，他们又开着车护送着孩子回家；到了家里，便在各方面给孩子以平常没有的特殊关照。

我觉得完全没有必要对参加高考的孩子如此精心呵护。这样只能增加紧张的气氛，让孩子的心理负担更重，孩子往往会情不自禁地想："爸爸妈妈对我这么好，我如果考砸了可怎么办呀！"所以，我主张不要给孩子的高考以任何特殊的关照，平时怎样就怎样。

所以，在女儿参加高考的那两天，家里的一切都没有任何变化，她早晨离开家门，就像平时去上学一样自然。本来我想过要送她，但想了想，平时我都没有送，为什么现在要送呢？所以，她依然是自己骑车去学校。晚上回来吃晚饭后照旧洗碗。

高考两天终于结束后，晴雁感觉不太好，估计只有 560 分左右。

560 分？这是什么概念？去年四川省文科重点分数线是 541 分，也就是说如果她真的只有 560 分，那真是太糟糕了！

过了两天，《华西都市报》公布了高考答案，女儿对着答案核对了半天，估出了她认为比较准确的分数：580！

虽然比前两天的初步估分多了 20 分，但她仍然不满意，因为据说今年的题比去年容易，那么重点线也会比去年高。

接下来是漫长的等待，等待正式通知分数。

通知高考分数那一天，晴雁去学校拿分数单。高考总分 606 分。其中语文 122、数学 117、外语 142、文综 225。总分比她自己估计高出了 26 分，也远远高于她任何一次诊断性考试的成绩。

晴雁考得最糟糕的是数学，因为这是她学得最好的一门，老师说这样的题她应该在 135 分以上。外语分数虽然很高，但这只是晴雁的正常发挥。考得比较好是文综，分数虽然不高，但这已经是发挥得很好的了，文综一直是晴雁的弱项。

但一切都已经过去，不管怎样，这个分数还是让我满意。

接下来，是志愿填报。对于孩子的高考志愿，我从来主张尊重孩子的选择。当然，在正式填报之前，家长应该和孩子商量，并提出建议，但绝不能把自己的意愿强加给孩子。

高考志愿的填报原则是：第一，充分尊重孩子的志趣。孩子不喜欢的专业，会让他今后的学习和工作很痛苦。第二，把准第一志愿。因为从某种意义上说，第一志愿将决定孩子的命运。第三，保持合适梯度。这里的“梯度”，指的是第一、二、三志愿之间的梯度。一般说，梯度越大录取的可能性越大，但梯度太大容易使志愿报得太低，所以必须保持合适的梯度。

根据上面的原则，那几天我频繁地查找有关资料和信息，走访有关专家，并反复和女儿磋商填报怎样的志愿比较合适。

一个月后，晴雁接到了录取通知书：“四川大学工商管理学院工商管理类。”这是她的第一志愿。

十二年寒窗苦读，毕竟有了胜利的结果。

那一刻，我和她妈妈都感到了欣慰。但比高考胜利更让我们欣慰的，是进大学后的女儿，于2006年元旦期间写给我们的一封信——

亲爱的爸爸妈妈：

虽然是最熟悉、最亲近的人，但提起笔却不知如何写。想了很久，决定在这里将不好意思当面对你们说的话，用一种特殊的方式表达出来。

首先要说的是谢谢你们。一个月前，我度过了18岁的生日，在感到自己已成年的同时，突然也觉得了你们抚养我十八年的辛苦。已经看爸爸从我出生开始写的日记，记录了我的降临，我的慢慢成长，虽然字字句句流露的是幸福，我却能体会出字字句句的艰辛。谢谢妈妈，将我带到这个世界，给予我生命，然后悉心把我从一个婴儿照顾抚养到现在，在生活上无微不至地呵护我，给我温暖；谢谢爸爸，从小对我做人和修养的培育，教我背诵唐诗宋词，带我学习国画书法，给我一个良好的家庭教育，让我无论在学习上还是做人上都健康发展。谢谢你们！

然后我要说的是对不起。我已经记不清有多少次和你们吵架，惹你们生气。每一次我都不肯低头认错，还要得到你们的原谅，真的很不懂事。在有过叛逆时期的倔强、顽固之后，我已经成长了，觉出了自己的幼稚和可笑，也为曾经让你们生气，伤害你们感到愧疚无比。对不起，爸爸妈妈！

最后我要说，我爱你们，我因为有这样的父母而骄傲，因为有这样的家庭而感到幸福和温馨！

女儿：晴雁

2006年1月3日

女儿这封短短的信，让十八年来经历的艰辛顿然消失，剩下的只有为人父母的幸福。

而我在女儿十八岁生日之际写给她的信，也充满了为人父母的幸福以及期待。

亲爱的晴雁：

今天，你满 18 岁了。

其实，明天才是你的生日，但因为这封信你明天才能看到，所以，我说“今天，你满 18 岁”是没有错的。

我无数次地感慨岁月的神奇，神奇到不可思议——当年那个可爱的小宝宝怎么一晃就成漂亮的大姑娘了！写到这里我的思绪还停留在 18 年前那个夜晚那个时刻——1987 年 12 月 1 日晚上 8 点 10 分，从婴儿房里传出你嘹亮的哭声，当时站在产房外面的我，是多么兴奋！第二天走在大街上，看到来来往往的所有素不相识的行人，感到他们都在羡慕我，因为我有女儿了！我自己也感到非常自豪：我是父亲了！从那天起，我就充满期待地看着你一天天地成长，而且从那时起，你就成了爸爸的开心果：每天下班回来，只要看到你，浑身的疲倦便一扫而空。前天我在崇州上了一堂语文课，教《提醒幸福》，我设计的课件第一张就是你一岁多的时候和爸爸捉迷藏的场面——爸爸藏在书桌下面，你扑上来抓爸爸的头。当时我对崇州的学生说：“这就是李老师的幸福！”在你还没读小学之前，我真是不希望你上学，因为我深知中国的教育实在太残酷，而中国的学生实在太可怜。但是当你不得不上学的时候，我曾经很难过地在心里对自己说：我的女儿从现在起就要服 12 年的“有期徒刑”了！

让我感到欣慰和骄傲的，你的学习生活并不是我想象的那么痛苦，除了小学阶段你像个迷迷糊糊的小虫虫因此成绩不是特别好，在整个中学六年，你的学习都让爸爸很放心，直到今年你顺利地高中毕业考上大学，可以这样说，爸爸从来没有为你的学习操过心。正因为你学习自觉，所以爸爸能够把全部精力都用于我的学生，这样使爸爸在工作中取得了一些成绩，从这个意义上说，爸爸应该感谢晴雁！

今年你高考考得不错，虽然由于填报志愿的原因，你最终没有能够进入你最希望读的大学而只是进了四川大学，但你能够考进“创新班”并获得两年后留学法国的机会，这仍然让爸爸为你感到骄傲！其实，说心里话，你进大学后，爸爸最感到骄傲的，还不是你进“创新班”和将去法国留学，而是你依然保持你的善良和勤奋。有两件事爸爸很感动，这两件事可能你都忘记了，但爸爸不会忘记。第一件事是，你进大学后，面对各种眼花缭乱的社团，你唯一选择参加的是青年志愿者社团，当别人问你为什么要加入青年志愿者社团的时候，你说因为你就喜欢为别人服务。你知道吗？爸爸在听你说这段经历时，感到特别特别骄傲：这就是我的善良的女儿！第二件事是，当爸爸得知大一大二你将利用周末学习法语因而不再有双休日时，爸爸心疼你太辛苦，你却说：“我从来没有想过要轻轻松松地读大学！”那一刻，我依然感到特别特别骄傲：这就是我的勤奋的女儿！

善良和勤奋是你最宝贵的品格，爸爸希望你永远保持这两种品格！

但是，你要有充分的思想准备，在当今社会，保持这两种品格可能会很艰难。在今天一些人的眼里，善良意味着“傻瓜”，勤奋意味着“迂腐”。当正确的价值观开始扭曲的时候，当面对太多太多的诱惑的时候，一些本来善良和勤奋的人往往把持不住自己而放弃了人最宝贵的东西。人总要长大，我们总要接触社会，但是成熟的代价并非一定就是纯真的丧失。如何给纯真心灵筑起一道坚实的防线？孤立地回答这个问题是很难有真正的说服力的。且听一位巨人的话——

“不管时代的潮流和社会风尚怎样，人总可以凭着自己高贵的品质，超脱时代和社会走自己正确的路。现在，大家都为了电冰箱、汽车、房子而奔波、追逐、竞争，这是我们这个时代的特征了。但是，也还有不少人，他们不追求这些物质的东西，他们追求理想和真理，得到了内心的自由和安宁。”

这段话是被誉为“20世纪最伟大的科学家”爱因斯坦在20世纪上半叶说的。仅从这段话中透露出的一种庄严，我们就可以感受到，当时的爱因斯坦面临着怎样的一种社会环境。我们甚至可以假设：如果爱因斯坦不那么“固执”而学得“现实”些，他完全可以汇入当时的“时代潮流”而活得“潇洒”点。但是，爱因斯坦却硬是靠着自己“追求理想和真理”的信念，筑起了自己心灵的防线，人类因此而诞生了一位科学巨匠！

亲爱的晴雁，愿你也能在心灵深处筑起一道坚不可摧的精神防线。

今天，你满18岁了，这是一个庄严的日子。“18岁的含义是‘责任’。”这是10年前，爸爸教高九五级一班的时候（就是陈峥姐姐那个班），为该班全体同学18岁集体生日写的祝词中的一句话。在这篇祝词中，我还这样写道——

18岁的含义是“责任”。

“是的，18岁意味着对自己的责任——从今天起，我们将告别任性，告别依赖，挑起自己命运的重担而独立前行；18岁意味着对他人的责任——昔日所承受的关怀呵护，今后将化作我们对别人爱的真诚回报；18岁更意味着对祖国的责任——‘时刻准备，建立功勋’，将不再是少先队员的歌声，而是共和国公民的行动……”

的确，“18岁的含义是‘责任’”！我知道晴雁在内心深处是有责任感的，对自己，对父母，对周围的人。但这里我还要特别强调对我们这个民族的责任。

现在我们这个社会有着太多的不平，我们个人似乎是无能为力的，但是我们总可通过这种或那种方式尽我们一份责任。中国的改革正在艰难地前行，中华民族需要融入现代政治文明的潮流。你将去留学的法国，是爸爸特别向往的国度，因为法国是现代民主共和精神的策源地，法兰西民族为人类贡献了许多杰出的思想家——卢梭、伏尔泰、狄德罗……他们的思想已经成为全人类共同的精神财富。你很幸运，能够走出国门，沐浴人类精神文明的阳光，但爸爸希望你在任何时候都不要忘记自己作为中华民族的一分子，如何为中国的民主、富强尽自己的一份力量。

我相信你一定会的！

这封信写得似乎庄严了一些，但我觉得，18岁本身就是一个庄严的年龄，在这个庄严的生日，爸爸应该给你一些庄严的叮咛。

你未来的壮丽人生才刚刚拉开序幕，无数种可能都会在你眼前展开，爸爸除了不希望你从政，其他的一切都让你自己去选择。但无论你选择什么，爸爸都希望你永远善良而勤奋。无论你以后声名显赫还是默默无闻，这都不是最重要的，重要的是，不管你今后从事什么，爸爸都真心祝福你快乐！哪怕你一辈子都只是一个普通而光荣的劳动者，你也会拥有高尚而充实的精神世界，并因此而幸福一生。

我一点都不怀疑，我的女儿也会让我幸福一生。相信你会用自己每一天的行动，回答所有关怀你的人——

18 岁，是生命的呐喊；18 岁，是奋进的鼓点；18 岁，是公民的热血；18 岁，是青春的誓言！

永远爱你的爸爸

2005 年 11 月 30 日 22：24

三 女儿从学生变成“老师”
——晴雁自信而智慧地答同学问

女儿给初一小同学的建议

2002 年元旦过后，已经读高一的女儿应邀前去她读过的初中，为初一学生介绍自己的初中学习生活体会，并现场回答了初一小弟弟小妹妹的问题。下面，是女儿当天回家后对这次交流的追记。

2002 年 1 月 3 日，我来到了毕业有半年的母校，因为之前我答应了初中的语文杨老师给她现在的初一学生就初中学习讲一讲。我一直是对自己的口才充满自信，再加上经过了初中的三年，我也积累了不少学习方面的经验，因此我没有做什么准备。但我那天仍然表现得不错。下面是我对 1 月 3 日的那节班会课的回忆。

我的讲述：非常感谢杨老师给我这个机会和大家认识。杨老师已经介绍过我了，我曾经是你们的数学王老师的学生，现在在石室中学的高一外语实验班。今天我来是想讲一讲关于初中的学习。

首先我要讲讲学习时间的安排。你们现在毕竟只是初一，没有必要花太多的时间在学习上，最要紧的是上课 40 分钟的效率。你们要相信，一节课的时间足够让你们将所学的知识消化掉，所以上课一定要认真听讲，这比你们下课去花很多个小时要有效得多。既然学校将一节课安排为 40 分钟，那是有一定的道理的。一节课认真听老师讲新的知识，放学后就不用因为有不懂的问题而伤脑筋；认真完成课堂练习，有问题就及时解决，课后完成作业就不会因为知识不熟而做得很慢。我不知道你们中间有没有晚上熬夜或睡得很晚的（有同学在下面点头），这样不好。我记得我初中的时候很少在 9 点之后睡的（下面“哇”的一声），你们不要感到惊讶，你们现在一样可以做得到。这就要你们上课的 40 分钟高效率学习。只要你们保证了上课的 40 分钟的效率，下课做好预习复习，不用花太多的时间，考试仍然能够轻松应付。另外，你们晚上一定不要睡得太晚，保证睡眠充足对保护视力和记忆力都有好处。况且如果你头一天晚上没有睡好，第二天上课自然就没有精神，效率也不会很高。所以上课效率和睡眠是你们现在要注意的。

然后我要讲的是如何面对各方的压力。我听杨老师说你们经过了半期考试，有些同学因为考得不好而有些灰心，有些同学又因为考得不错而有些得意。我要说的是，这只是你们进初中的第一次考试，有些不适应是正常的，所以没考好没关系，考好了当然是好事。你们想想看，初中三年有多少考试，但这些考试你们都不需要太在意，只要尽自己的全力就可以了，因为对你们而言，真正的考试是三年后的中考。在那之前，你们所有的失败都可以算作是为它做的准备。况且一次考试的失败或成功代表不了什么，今后三年你们还会经历无数的考试，在这些考试中，你们免不了还会失败，但你们千万不要放弃，因为调整好心态迎接下一次的考试才是最重要的。考得好的同学，不要太得意，你考得好不代表你的知识就没有漏洞了，这次考好了说不定下次就会考得不好，所以要以一颗平常心对待。不论失败还是成功都要想到它是短暂的。没考好的同学你们要记住：上帝将你面前的大门关上了，他一定在另一个地方为你开了一扇窗户。考好了的同学你们要记住：成功是短暂的，你若不继续努力，它还会溜走。

我要讲的就这么多了，我相信你们一定有很多问题。下面你们可以自由提问。

问：在小学的时候，我在班上是比较好的学生，但现在到这个学校，看见了这么多比我优秀的同学，心里有些失落，怎么办？

答：你觉得别人比你优秀，别人也觉得你很优秀呀！其实在这样一个高手如云的环境，每个人都会觉得心里没底。没有关系，你只要相信自己是最好的，不要去管别人怎么样，自己学自己的。（杨老师插话说她现在也是最好的。）既然你现在已经是最好的了，就更不用担心了！

问：如果作业太多做不完怎么办？

答：你可以跟老师反映或跟老师说晚一些交，我相信老师都是通情达理的。

问：在数学考试时，我总是担心自己的基础题会出错，就花很多的时间去检查，结果题就做不完，我怎么办？

答：我想之所以会出现这种情况一是因为你自己不自信，为什么总会觉得自己会错呢？你应该相信自己是对的嘛。还有就是你自己的基础本来就掌握得不熟，做题就老是出错。你不妨平时多练一下基础的题，熟能生巧，考试的时候就不会错了。

问：考试的时候做不完题怎么办？

答：多练，熟能生巧！

问：语文考试的时候，有些阅读题是让你分析这篇文章的好处，但我觉得这篇文章写得不好,但如果我写实话又得不了分,我怎么办？

答：我也碰到过这样的问题，你有自己的想法是很好的，但在考试时，你已经知道题目要你分析优点，那你一定要按题目的要求答题。因为你当然是希望自己考好的，所以你自己有什么想法最好不要写在试卷上，你可以考完后自己再将这种看法写下来，作为随笔。

问：语文需不需要做一些习题？

答：语文注重的是读写。做适当的题提高基础是可以，而且有这个必要。但不要做太多的题。因为语文不是能靠做题而学好的，应该是多读多写！

问：为什么小学的时候我的作文在班上算写得比较好的，但上了初中就不行了呢？

答：因为作文的标准在变，你的观察能力在变，写作能力自然也应变得强一些。如果还停留在小学水平是不行的。你得提高自己的写作能力，要多写。

问：我的作文写得不好，总是不知道写什么，还有写读后感，我总觉得写了等于没写，这是怎么回事？

答：你一定不善于观察。其实写作文不一定要长篇大论，身边就有很多小事值得写。至于读后感，你在读的时候就要思考，有所感才会有所得，才能写出好文章。

问：我现在在超前学习，已经学到了初三的数学，但我不知道这样好不好。

答：我对这种超前学习并不了解，但我认为既然你要超前学习，就要在将现在所学的知识掌握得很好的基础上去超前。否则，地基还没有打牢就忙着修上层建筑，只会让它倒得更快。我记得刚才好像是你说的考试时基础容易出错，既然这样，我建议还是把目前的知识学好再说。

问：我上课老是不能集中精力怎么办？

答：克制住自己，不要去做与课堂无关的事，我相信没有什么比听好一节课更重要的了。

（没有人提问了，杨老师说可以结束了，一位好像是班长的女生上来送给了我一只玩具羊。）

感谢大家，感谢杨老师。祝大家在期末考试中取得好成绩！

其实对我来说，这次给初一的师弟师妹们讲怎样面对压力，怎样面对失败，不仅是帮助他们走出困境，也是帮我自己。在给他们开导的同时，我自己的心灵也接受了又一次的洗礼。我给他们讲要相信自己，其实也是要我自己有自信。我在祝福他们的同时，我也在祝福我自己，祝福自己能走出困境！

女儿讲高中阶段怎样安排学习和生活

2005 年 10 月 20 日，我请刚刚进大学的女儿，和我校高二学生交流，并回答学生的提问。下面是我校一位老师做的现场记录。

李晴雁：同学们大家晚上好！（李老师：有歌星风范啊！）其实我来讲没有做任何准备，但因为是文科生吧，我先给大家介绍一下，你们觉得文科比理科轻松了许多是不是？因为理科有许多作业，但你们到了文科班会发现作业很少了，上课也不需要精神绷得那么紧了。不知道你们有没有这种感觉。（学生：有）谢谢你们配合！我刚进文科班的时候也有这种感觉。后来我发现文科学习也非常需要自觉。比如老师讲的时候，你们觉得可能脱离书本，虽然老师讲的内容往往不按教材去讲，可是往往自成体系。你们下课以后一定要去看教材，教材是我们学习的一个根本，你们可以不看任何教参，但教材必须要把握好，要看。到了高三后期，很多同学都在做《世纪金榜》之类的题，但是我不做，我后期做的事情，第一，翻出以前的教材，每一页仔细地看，包括小字，熟练到什么程度呢？比如说你说哪一个图片，我可以回忆起这图片在哪一章哪一节，达到这种熟练程度，这对考试非常重要。第二，我每天都要做小结。你们现在可以做的事情是做小结。怎么做？你当天下来可以列一个提纲，一个星期可以按照提纲对照教材来做一个小结。任何其他事情不做都要做这个事情。刚开始做你可能觉得比较烦琐，以后就会觉得非常有用。你每天都边做边回忆，做的同时也是一种记忆，这是对教师讲课的一种重现，看到小结，你就会想到老师讲课时的情形，可以帮助你们复习一些内容。这是一种比较具体的学习方法。

还有，我想说一个重要的东西，就是你们李老师强调的，你们现在学习是为什么？我不知道你们有没有一个目标，有多少人知道自己要考什么大学？（一些学生举手）差不多有三分之二的人有。为什么要学习？你必须有自己的目标，如果没有目标，你的学习是茫然的，就没有动力。比如你的目标是北大光华管理学院，你不想学的时候就会想，我的目标是什么？是北京大学。你的动力就来了，你就会比较轻松地朝这个目标前行。我高二时想考复旦，现在想来是高估了，但我当时这样想就觉得很有动力。我们当时文科班最后都很拼命，即使最差的同学，背书也很拼命。但最后上大学的只有四十多人，上重点线的人只有十几个。（李老师：三分之一的人没有考上大学）那么多人和你竞争，一定要有这种压力和紧迫感。你们现在不要觉得好像考大学很容易，至少不要觉得不是很难，其实现在考一个满意的大学非常难。作为文科生还要了解文科学习的特点。理科的学习方式是做题，像一个框子，但文科生的思维是发散的，你们现在看起来好像想上网就上网，想看小说就看小说，但到了最后最辛苦的是文科生不是理科生，我希望你们现在开始非常努力，要给自己设定目标，这个目标可以从短期来，你不要想一下子考上大学，我这次是年级第五十名，下一次是四十名，再下一次三十名，从短期目标到长期目标，一步一步，总会实现目标。你们现在考试可能不是很多，到了高三会比较多。如果你们考试遇到了一些事情，不要太担心，一定要调整好自己心态。你们觉得总分增加 50 分比较难，但是每一科去争，一科 10 分，然后具体到每一道题上就不会太难。大目标化小，小目标用大目标去锁住。这样你们学习会很有动力，学习就很自觉。这是学习目标方面，然后我想讲一讲人际关系。虽然这个东西在高中看来好像不太重要，但从某种意义上讲我觉得非常重要，比学习更重要，因为学习的目的就是高考，但人际关系却陪伴你一生，会影响你的一生，你怎么处理，包括男女同学的关系。比如你们的班上都会有自己的小圈子，你们的圈子可能很窄，有一些人你可能觉得他们不是和你一个圈子的，你会觉得有些人成绩不好，行为习惯不好，就不想去结交他。这是不对的。我教你们一个小窍门，就是怎样去看一个人。他的缺点你可能觉得无法忍受，但他的优点值得你学习，你就多看他的优点，学习他的优点，这样你就可以接受他。他的坏处你不看它，只要有一分优点，就可以欣赏。把每一个人都看成可以结交的好朋友，你会发现许多不是好朋友的人都非常可爱，许多自己不能接受的人都可以成为你的朋友。这样你长大以后，到了社会上，参加工作，你会有很多朋友。我要讲的差不多就是这些了。你们可以提问。

学生一：我想知道晴雁姐姐在高一时的作息时间表。

李晴雁：我一般早上会晨读，我觉得睡觉是最重要的。（学生长时间鼓掌）

李老师：我插一句，我跟她发生冲突最多的就是睡觉。（学生鼓掌）对我来说最痛苦的就是睡不着觉，她在初中一般是九点钟以后就不学了。她高一高二一般是十点多，高三是十一点半，高一高二都不熬夜。

李晴雁：我一般到高三后期每天早上差不多七点才起床。因为高三白天是非常辛苦的，你必须百分之百地注意力集中。最重要的时候毕竟是在白天，如果你的生物钟倒过来怎么办？我高三偶尔也熬夜。但高三是十一点半睡觉，白天我要抓紧时间。上课要抓紧，我一般下课十分钟不休息——当然这样可能不太科学，我就用这些时间来整理上一节课老师讲的东西，把下一节要讲的先看一下。我休息的时间主要集中在中午饭前饭后。我也不午休，但晚上睡眠一定要保证八到十个小时。

李老师：晴雁有个特点，效率特别高，他们初中的老师说她上课目不转睛，上课坐得特别端正。她读书比较早，小学的时候动作不快，很慢的。晴雁说这个意思并不简单地强调睡眠时间长，前提是你白天的学习很重要。

李文思：我想问一下高一的时候对文科学习不是很重视，高二应该怎样来弥补？另外一个问题，请问数学方面的学习应该注意哪些方面？

李晴雁：第一个问题许多同学可能都想问。这个你们不用担心，高二就按老师的要求去走，高三总复习会补上。因为老师也了解你们高一的情况，老师在高二的时候可能会讲一些高一的内容。而且文科课程，许多内容是互通的，千万不要自己去补。不用着急，跟着老师走。第二个问题数学学习，文科相对要求不高，你们不用花太多的时间去专攻难题，文科重基础，以教材为主，教辅可以做一些，不要做太多。书上的例题很重要，不是方法，而是思路。许多题的思路是从例题来的。尽管简单，但要认真地去做它。每次考试的时候你们都要把公式例题认真看一看，许多思维方式是通用的。如果做不出来不要去想，马上去看答案。你看答案后再重新来做，一道题做几次，不要做太多的题，但一道题要做精。例题一定要去做。

李老师：晴雁的文综学得不好，她的优势是语数外。但这次数学考得不好，考得好的是英语，考了142分，（大家惊叹）所以我建议，你可以给大家讲讲英语学习。

李晴雁：我就说背单词，背句子。我不知道你们现在是不是这样去记，是不是把每一个字母都记得很清楚才算记住了一个单词？这种方法虽然很把稳，但并不是最好的方法。你们现在考英语最多的是阅读，第一你先记读音，英语单词的拼写是有规律的，记住了拼写大概就可以记住了。第二是记形状，记住大概的样子。以后你看单词读得出来，看着像，就差不多了。另外就是背句子，背句子很重要，先把句子划分成几部分，断好了句子，分部分来背，比如说分两部分背。就这两样。

李老师：还有其他问题吗？交往方面的困难，与父母沟通的问题，都可以问，没关系。

某学生：听说你上大学后报名参加青年志愿者社团，请问你怎么想到报这个？

李晴雁：青年志愿者招我的时候也问我原因。我当时只写了一句话："我喜欢关心帮助别人。"她问我，你觉得这就够了吗？我说，如果一个人连这点都不具备，会怎么样？我觉得爱是非常重要的，人与人之间要相互帮助。

李老师：我相信我的女儿对别人的爱是真诚的。她高中班上有一个外号叫小贝的同学，晴雁告诉我，虽然小贝的成绩不是很好，但并不等于人家品德就不好，而且对这样的同学更应该关心。小贝觉得晴雁非常善良，关系就非常好。后来小贝知道晴雁喜欢韩国的"东方神起"，小贝有这方面的消息就给她打电话，完全是一种很纯洁的友谊。有一次我去开家长会，旁边的家长问，你是晴雁的家长？她对我表示感谢，说李晴雁一直帮助她的孩子。今年四月的一天，晴雁回来后非常气愤，她说班上一些成绩优秀的同学躲到一边去复习，怕其他同学问问题打扰他们。她说怎么能够这样呢，人有各种各样的特点，就是要帮助别人。她还把学习有困难的学生组织起来帮助他们。她刚才说我就是为了帮助别人，她绝对不会说半句假话。这将会伴随她一生。当时我还说了一句，晴雁你不要哭，哪怕你没考上大学，你一辈子也会幸福，因为你很善良。

李晴雁：我不知道李老师有没有给大家讲过一句话："让别人因我的存在而感到幸福。"我觉得这是非常好的一句话，如果你让别人幸福，这才是真正的幸福。在一个群体中，你一个人幸福不是真正的幸福，如果你周围的人都在生气，你会快乐吗？只有周围的人都幸福了，你才会感到真正的幸福。

张长春：晴雁姐姐，我想问一下，如果你和你父母关系不好，如何处理？

李老师：我和她关系经常不好。

李晴雁：想办法沟通。我和父亲也争吵过的，如果争吵的时候面对面交流，可能沟通就比较难。我的办法是写信，然后放在他书房门口。写信就会比较理智，可以化解一些矛盾，你们可以试着给自己的父母写信。很多时候你会觉得，说不出的话，写出来很容易。

李老师：我和晴雁经常发生冲突，现在想起来，多数时候是我的不对。刚才她还批评我。刚才我开车过来的时候，怕绕路就逆行了几百米，她就批评我，我说我错了，她说错了还这样走。还有，她说话经常尽量考虑尊重别人，而我却比较直。这一点真的值得我学习。包括处理亲子关系。我印象比较深的是，我要她睡觉，她不睡，就引起分歧。我那儿保留了许多她的书信，我给她写的信也有三四万字了。我觉得这是一种很好的沟通方式。

张长春：我还想问一下，如果你有一种观点看法，但是你的父母由于年龄上的差距，因此造成了你们双方认识上的不同。你要想说服他们接受你的观点，你采取什么方法？

李晴雁：我知道你是说代沟。你不要想让他们接受。代沟是存在的，事实上不可能平息。你不要总想去掩盖客观事实的存在。他们的观点不是错的，只是各有各的想法，大家没有谁对谁错，你在强迫你接受他们观点的同时，他们也会强迫他们接受你的观点，你要别人理解，你找同学就是了。

某学生：跟父母吵架，不能全心全意地投入学习当中，怎么办？

李晴雁：心情不好，就发泄出来，不要压抑自己。想哭就哭出来，听歌也好。我觉得情绪必须要得到发泄。如果你心情不好，不管因为什么原因心情不好，是你心里郁闷也好，如果你觉得没有恢复过来，就不要去学习。有情绪就发泄。心情好了再去学习，不要压抑自己。

李老师：晴雁与我相处，许多观念都不相同，但我尽量理解女儿。比如她哈韩，我并不反对，但我提醒她把握好分寸，关键是不要影响学习。我和她聊，觉得她喜欢的歌星还是很有意思的。我尽量尊重她的爱好，包括上网的问题。

某学生：如果家长强迫你做事情，你怎么办？

李晴雁：要看什么事情。家长让你们去做的，是对的还是不对的。如果对我有好处，我会去做，如果没有道理，我会很坚决地表明我的观点，尽量让父母理解我。

某学生：如果父母反对你听流行歌曲，怎么办？

李晴雁：我没有遇到这样的问题，因为我爸爸并不反对我听流行歌曲。你可以试着与家长沟通一下。如果家长实在不能理解，你可以偷偷地听。（听众笑）

某学生：如果家长把你的歌碟收缴了，甚至砸碎了，怎么办？

李晴雁：我没遇到过这种情况，无法回答，你们可以求助于李老师。

李老师：呵呵，我觉得很自豪，晴雁没有这样的经历。

李晴雁：你可以与家长达成协议，做出学习上的承诺，让家长对你放心。

某学生：你觉得文言文该怎样背？

李晴雁：我觉得没有任何窍门，就是死背，老师怎么要求怎么做。高考作文怎么办？你们现在就可以积累一些很小的典故、事迹，现在就可以积累。这些对你们的写作有好处。至于古文，只能自己去背，就看你勤奋不勤奋。

李老师：我经常说，语文学习就是多读多写多背。

宋良波：高中生早恋怎么办？

李晴雁：我不赞成。每一个同学要想想，我们现在这个年龄段最应该做什么。每一个年龄段都有最应该做的事，如果把下个年龄段的事提前到现在来做，就意味着在两个年龄段都做了不该做的事，而且两件事都做不好。你该学习的时候早恋了，那么你把学习也耽误了。人生由许多个阶段组成，每个阶段都有不同的任务，目前这个阶段就是学习。你的目标是高考，你不努力就不行。就像上楼梯一样，得一步一步地走。你不要荒了高考。我没有早恋过，但我的同学当中有这样的情况，这没有什么好结果的。现在在一起，以后会怎么样，说不清的。这是很耽误学习的事情。学习就是现在最重要的事情。其他任何影响学习的事情都应该抛弃。

某学生：你高中三年最大的感想是什么？

李晴雁：我还是想说我们班演出《梁祝》的事。我觉得高中对我来说，首先不是高考考了多少分，而是另外的东西，友谊、感情等。高中我们排练《梁祝》，每个人包括班主任都参与其中，包括平时觉得自己受了忽略的同学。大家很团结地做一些事情，能够体会到自己和团队的价值。高中的许多艺术节之类的，我觉得很重要。我感觉最深的是朋友很重要。

刘丹柯：上了高二以后，我班出现了一些问题。我觉得自己是一名班委，我想听听你的意见，怎样改善这种不好的状况。

李晴雁：我建议你让同学制订自己的学习目标，然后激励大家为自己的目标努力。我们以前高中的班长想过许多办法。我觉得学习靠什么？还是靠自己。你自己不勤奋，这个问题没有办法解决。让每个同学把自己的目标明确。只要目标明确，理想明确，这些问题都可以解决。

张长春：我想问，假如说，你已经陷入了某一种旋涡，但是你并不想这样，你知道你的目标是学习，不想这样，假如是你，你会采用什么样的方式来解决？

李老师：她没有这种经历。

李晴雁：即使发生在我身上，也没有什么问题。因为我知道我想干什么。

某学生：我觉得你很受李老师的影响，我觉得李老师是一个很理想主义的人。他总是觉得这世界很好。但是世界毕竟是很残酷的，你却要让别人感到幸福。你如何适应以后的挑战？

李晴雁：其实我不是一个很理想的人，我是一个很现实的人。社会是很残酷，但如果你每天把这个社会想得很残酷，那么你会生活得很痛苦。我希望大家抱着积极的心态去面对。我们要有积极的心态。包括考试，竞争很激烈，我就抱着一种玩的心态。不要把对手看成对手，看成朋友，这样就不会太紧张。所以我们承认现实，但人生总是要积极的，我们要坚信明天很美好。

李老师：我还要补充一点。我原来讲过罗曼·罗兰一篇文章，罗曼·罗兰说过一句话，非常好。大意是，真正的英雄只有一种，看透了这个世界，但仍然热爱它。李老师今年满 47 岁了，要说我所看到的这些虚伪、残酷，远远比我们同学多。我还不至于天真到相信每一个人都是雷锋。但是我也感受过许多真诚的关怀，正因为这样，凡是给过我关怀的人，我觉得都应该报答，然后往往是我不可能一一报答。怎么办呢？于是，我就要把对他的这一份感激传递给其他人，我总是想方设法地把原来别人给我的关怀送给其他人。我知道这句话不是很多同学都能够相信的，但等到二十年三十年以后，我相信你们会明白，看透了这个世界并仍然热爱它，是一种境界。

某学生：我问一个最简单也是最难的问题，学习是为了充实自己的精神世界，还是为了找一份更好的工作，今后有很好的物质生活？

李晴雁：学习就为了这两个目的，你说的两点合起来很完整。学习如果仅仅为了物质生活，就很不全面，很单调。不存在二者之中只能选一个的问题。

某学生：我想知道你怎么看待去留学。

李晴雁：我上高一就有这个梦想，我只想换一个环境，我没有想到会来得这么快。从我接到通知到填写表格，只有一两天的时间。我现在还没有适应，毕竟是另一个文化环境。但是我很期待，法国是我非常喜欢的一个国家，如果能够到西方的文化中去学习，是一件非常好的事情。我现在就是全力地去做。我今天在来之前，上网和高中的同学说了一句话，我说进了大学不知道每天要做什么，每天三点一线很单调，现在我觉得自己像是回到了高三，充满了斗志，我非常渴望投身于其中。

李老师：我非常支持她。我说你真的要出去，会非常辛苦，英语要过级，还要学法语。她说我没有想过大学要轻松。晴雁所受的教育可能比你们还现实，恐怕她对社会的认识比你们还要现实，并不是生活在梦想之中。我觉得你们最终要做一个像巴金一样的真人。

李晴雁：我想告诉大家，你们现在要学会体会生活中的点点滴滴，正因为社会残酷，所以你更要珍惜。我刚上大学时许多人告诉我大学是个很乌七八糟的地方，新同学到了学校会受到许多冷遇。但是大学我遇到的第一个学姐就是青年志愿者，她是山西人，对我特别好。她一路上关心我，对我讲，以后有什么事情尽管找她，我说谢谢你。她说她刚刚进来的时候，他们上一届的学姐也对他们这样，她就把这份爱传递给我们。我们这一届基本上都参加了青年志愿者社团，爱是一件很具体的事情。第二，我希望你们多理解你们的老师。你们会觉得老师会越来越残酷，我希望你们能够理解，能够佩服。我不是帮老师说话，我只是说老师很辛苦，你们有升学压力，他们也有。我去看老师，他们说他们很替我们高兴，我们终于过了高三，他们很心疼我们，就像心疼自己的孩子一样，你们辛苦，他们也很心疼。你们一定要理解老师们。

刘馨：你在学校里学了一周，周末回家还要不停地学习，你怎么看待？

李晴雁：是很累，但是我很期待，因为我的目标很明确。我想，如果我不学的话，怎么办？因为我需要，我就去学习，我必须去面对。我需要，我就接受。

李老师：好，时间不早了，今天晴雁只能和大家交流到这里。

（同学们以掌声表示感谢。）

四 “生活很辛苦所以很幸福”
——女儿的留学生涯

女儿得了第一名

熟睡中，电话铃声突然响起。子夜时分，格外惊心。

第一反应肯定是女儿打来的。但为什么现在会打电话呢？迷迷糊糊摘下电话筒，里面传来的笑声比刚才的电话铃声更惊心：“咯咯咯咯咯咯咯，哈哈哈哈哈哈哈哈……”

女儿简直傻了，疯了！

“什么事呀，这么高兴？”我问。

“刚才同学告诉我，咯咯咯咯咯……我得了第一名！哈哈哈哈！”她一边笑一边说。

“什么第一名？”我还是不太明白。

她说：“到巴黎大学读书以来的所有成绩排名！无论是小专业排名，还是大专业排名，我都是第一名！我开始还不相信，后来我去看了贴出来的榜，果然是第一名！哈哈哈哈哈哈哈……”

我再问：“你们年级多少学生？”

“三百多，大多数是法国学生。最后通过的只有一百二十几，大多数都没有通过。我却得了第一名！”

啊，这的确是个好消息！我顿时睡意全无。

晴雁说的“大专业”，指的是经济管理；而“小专业”则是指最后一学年学的货币银行金融学。晴雁在四川大学学的是工商管理，后来川大与巴黎十大有一个留学生互相交换项目，她便过去读大三大四，学经济管理，加上学语言一年，总共在巴黎读了三年。学成后两个大学的文凭都同时获得。

我知道，女儿其实并不喜欢她学的经济管理，特别是小专业货币银行金融学，当时是因为种种原因而不得不选择这个专业。但是，对于不喜欢的专业，晴雁却学得特别好。在这之前，我就知道她每学期的考试成绩都很不错。法国考试的满分是 20 分，她经常是 18、19 分，有时甚至是满分 20 分。而其他同学大多都只有几分。女儿不但会英语、法语、韩语和日语，而且数学特别好，经常在课堂上被老师请到讲台前为全班同学演算数学难题。她因此而拥有了一些“粉丝”。在一些其他国家的学生中，竟然流传着“那个中国学生成绩特好”的“奇闻”！

那次她母亲把她在法国的成绩单送到四川大学去，以办理有关学籍档案。川大的老师一看成绩，非常惊讶：“你女儿成绩这么好呀！”

其实，女儿的学习自觉性，我是知道的。从小到大，她的学习就没让我操过心。但是，到法国去后，我还是担心她是否能够学得好。后来我在和她聊 QQ 的时候了解到，她每次考试成绩都让我开心。我便不担心她的成绩了，而是担心她的身体。

她实在是太刻苦太勤奋了。冬天，许多同学都不愿起床，宁愿旷课，可晴雁总是第一个到教室，而且总是坐第一排。周末，经常是一个人在图书馆一待就是一整天，中午只是啃冷面包。除了假日旅游，平时她很少上街去逛。而她的不少同学却很轻松很休闲，逛街呀，喝酒呀，谈恋爱呀，简直就是“醉生梦死”！有一次女儿对我说起这些很是激动：“我真不明白，这些同学为什么要这样！家里花了那么多钱送他到这里来读书，这样太对不起父母了！”她还说，有同学劝她别那么用功，她说：“不，我要对得起自己，也要对得起爸爸妈妈！”

女儿还在电话里狂笑着。我理解她的开心，也分享着她的幸福。

我问：“有没有奖金之类的呀？”

她说：“没有。”

“那至少也应该发个证书呀！”我有些遗憾。

“也没有！”她依然很快乐，“我马上去把那排名榜用相机拍下来！”说完便风风火火地挂了电话。

作为父亲，我明显有了功利心：有了证书，以后找工作也多一份“资本”呀！可女儿依然那么单纯：学习好，就是为了自己快乐！

如今女儿在法国的学业完成了。本来，凭她的成绩，她完全可以免试继续留在巴黎第十大学攻读硕士研究生的，而且她所学的货币银行金融学出来是很好找工作的。但她不喜欢这个专业。于是，她放弃了直接读研的机会，申请了香港几所大学的研究生，结果香港城市大学和香港浸会大学都录取了她，她最后选择了浸会大学的新闻传媒专业。她说，浸会大学不是特别有名，但该校的新闻传媒专业是亚洲第一。

当年考大学女儿就曾经想考新闻传媒，但我建议她本科不要急着学新闻，而选择工商财经之类的专业，读研究生时再学新闻，这样以后搞新闻就有了财经专业背景。现在女儿终于如愿以偿。2010 年秋天，女儿赴香港继续深造，我当然非常支持女儿的选择。

我以前写过一篇文章，题目叫《我为我是李晴雁的父亲而自豪》。我现在依然有着这份自豪。

下面选取了女儿在巴黎就学期间的日记，通过日记可以看到她的不断成长。

跌跌撞撞从成都空降巴黎——巴黎日记选（一）

2007 年 10 月 28 日

两个多星期前的清晨，我降落在巴黎机场，之后到现在发生的事情，一直让我没有一种真实感，每一天都是一个惊叹号。我就这么跌跌撞撞地从成都空降巴黎，并混混沌沌地过了两个多星期。发生了太多的事情，堆积了太多的感想，我的大脑由于负荷不了，索性就将一切化简，总结汇报如下：

对巴黎的第一印象是——冷；

在大学城办理入住的时候发现自己没有带录取通知书来，慌乱了很久；

住的地方很偏远，在巴黎南部的郊区，3 圈边上；

我的第一个邻居是黑人；

我的第一个房间外面很荒凉，里面更荒凉；

盥洗池、浴室在房间外面，卫生间在走廊上；

公寓是男女混住及黑人、白人、黄人混住；

宿舍食堂很难吃。

第一天第一次乘 RER 去超市，在换乘站下车时，同行的 24 人中 1 人没来得及下车，造成全体人慌乱了几小时；

物价很高很高；

自动照证件照的机器不好用；

办银行开户要办很久；

宜家的东西又便宜又实用；
家乐福的东西不一定比欧尚便宜；
中国城很大很中国；
宿舍旁边的小镇很漂亮，有卖便宜货的早市。

学校在巴黎西北的郊区，距离住的地方有 1 个多小时车程；
学校很新、很乱、很脏；
语言课程不紧张，可是一节课时间很长；
老师都很亲切，可是不见得教得好；
其他外国学生的法语也讲得很烂；
学校食堂只有吃 pizzza 最划算；
如果告诉你星期四罢工，那么星期三的晚上和星期五也会顺便罢一下；
坐公共汽车如果没有遇上查票，不买票也可以坐，因为没有人管；
我的第二个房间窗外是警察局；
我的第二个邻居是喜欢包头巾、有洁癖的摩洛哥人。

巴黎圣母院没有想象中的大，又比想象中的精致；
塞纳河没有想象中的宽，又比想象中的清澈；
先贤祠没有想象中的旧，又比想象中的庄严；
卢浮宫外观没有想象中的华丽，又比想象中的亲切；
左岸拉丁区跟想象中的一样有情调、很小资，充满书卷气；
凯旋门跟想象中的一样孤独却威严；
蓬皮杜跟想象中的一样前卫；
香榭丽舍上的店里卖的不全是奢侈品；
老佛爷和巴黎春天里面一半是中国游客。

巴黎麦当劳里最便宜的那种汉堡很好吃；
超市里橙汁比矿泉水便宜；
每天都吃生菜，因为按棵买很便宜，我们拿一棵的时候通常会悄悄地把其他棵的叶子顺带扯下来一起装上；
鸡肉比猪肉和牛肉便宜；
虽然没有豆粉，可是把蛋清打进肉里，肉一样能变很嫩；

在宜家花 2.5 欧买了个平底锅，可是电磁炉上不能用；

几乎每天的晚饭都做两菜一汤，可是材料不会变，只是不停地变换搭配。

办手机卡的时候去的中国人的店，没有要附送的新手机，所以退回了 180 欧元现金；

有了电话之后,和住得很近的同学一天也打很多次电话,因为免费;

来巴黎之后没有遇到过韩国人，遇到了无数的日本人，并且和 4 个日本人聊过天；

我常常被误认为是日本人。

现在我的房间很热，可是如果开了窗又很冷；

现在是 28 号的零点 24 分，从今天开始，法国实行冬令时，时间往前 1 小时，和中国时差变为 7 小时；

今天是星期天，这里几乎所有商场在星期天都关门……

2007 年 10 月 31 日

原本以为今天仍然是个雨天，没想到早上一出门，就看到了不远处的朝霞。在挤了一个半小时的车到达学校的时候，太阳已经大方地照向了大地，不只如此，在太阳的对面，居然还挂着娴静的月亮。在巴黎的第三个星期的早上，我第一次看到了日月同辉。

已经记不清到巴黎的短短三个星期，我经历了多少人生的第一次，只记得每一天我们都会有那么一个或者几个时刻是在茫然地横冲直撞或者小心地欣喜若狂。

第一次在没有锁的公用浴室洗澡时，太担心别人会误闯进来，于是从头到尾都是慌乱进行；

第一次在房间里煮面时，控制不好一个人的分量，做了很多，又舍不得浪费，全部强行塞进了胃里；

第一次在巴黎的麦当劳吃东西，是为了能用店里的无线网络，于是明明是一副穷酸样，却还在店员面前做出一副“不知道点什么好”的表情，最后点了最便宜的汉堡，就着自带的水，坐了 1 个小时；

第一次进小巴黎，误打误撞地从地铁口一出去就到了巴黎圣母院，我们都被小巴黎迷得一塌糊涂，于是更加嫌弃大学城的宿舍；

第一次经历巴黎的雨天，开始慢慢爱上巴黎的情调；
第一次在学校图书馆借书，借了一本法语的中国小说；
还有今天，第一次看到日月同辉；
……

当这些第一次都渐渐变为我熟悉生活的一部分时，我应该就能与巴黎和谐相处了。我一直很好奇，当一个月，两个月，甚至半年以后，我们潇洒地漫步在巴黎街头，回想起刚来巴黎时笨拙的一切第一次，应该就能清晰地看到我们生活与成长的痕迹吧。

在历练中从小花变成小草——巴黎日记选（二）

2007 年 11 月 3 日

昨天傍晚，在回“家”的车上，同伴突然说：“我好想回家。”虽然这句话被火车的轰隆声掩盖得有些虚弱，但是这是我来巴黎后第一次听到的一句最直接的想家的话，微弱却清晰。它不是悲伤的难过的，而是无奈的，带有一种“想也没用”的心酸意味。我们都没有因此而陷入没完没了的思乡情结中，而是自然而然地将话题由家转向了食物，并不因为我们都故作坚强，而是因为我们的确都在变得坚强，在现实的生活面前。

今天下了课，匆匆忙忙地赶去银行，由于有上一次坐错线耽误 1 个小时的经验，这一次我们都很小心，可是还是在换乘站的时候有点犹豫不决。最后我们放弃茫然找寻，而是果断地跳上了一辆马上就要关上车门的车，理由是：反正迟早都要上车，早点上车，错了再回来重新坐。做出了这样的决定之后，我们突然发现，自己何时变得这么豁然了，如果是在成都的日子，一旦我坐错了车，都会小小地慌乱一阵，现在居然很无所谓的坦然面对选择的结果。我们都说，好像自己的心理承受能力在慢慢变强。其实在变坚强的方面何止心理：

因为没有冰箱，我们经常吃放了几天不知道坏没坏的肉；
夹了生肉的筷子会常常不小心又直接拿来吃饭；
洗碗的时候，忘了把洗洁剂冲掉就直接拿碗盛饭；
在室外冰冻了一夜的米饭，第二天虽然硬得像夹生饭，却还是没有加热就直接食用；

连续一个星期天天吃同样的菜也可以；

在人很多、抓不到扶手的摇晃的车上，只有凭自己的定力保持平衡；

能够在地铁车门关上的几秒内快速准确冲上车；

可以忍受在拥挤的车厢内，困难地呼吸 1 个多小时；

可以一次买很重的东西然后独自扛回家，虽然有造成手掌磨破以及肩膀淤血的危险；

炒菜时脸离锅很近，已经可以承受油烟的呛味，也可以忍受被油溅到；

洗澡的速度渐渐降至正常，就算听到隔着门有人在聊天也无所谓；

……

对于这一切的细小变化，我希望用"变得坚强"来概括，虽然我觉得好像用"死猪不怕开水烫"更确切。总之，我们这些温室小花，正慢慢地朝着抗打抗摔的小草在转变。

尽管常常会怀念以前的安逸舒适生活，可是像现在这样踏实地现实地生活着，让我更能真切地感觉到我活在每一天的痕迹，虽累却更满足。

当一次一次地因为发现自己可以从绝望中站起来而庆幸时，我都发自内心地觉得，这么努力地生活真好。

那些不知道在什么时候不见了的勇气和干劲，似乎都在向我靠近了。我不会说我有希望我有梦想之类的大话，我只说，我有这样的愿望：让每一天都美好地度过。

2007 年 11 月 6 日

在等待上课时，我们全部翻出自己的小账本，互相问着来巴黎之后的第一个月花了多少钱，然后斤斤计较地说着你买了什么他买了什么我又没买，或者是大惊小怪地质疑谁谁谁不可能只花了那么一点钱。那一刻我觉得大家都很可笑，更可爱，没有大人的气质却做着很大人的事情。

刚上大一的时候，我觉得自己该学着记账，这样显得自己的生活很有规划性，就买了一本很漂亮的账本，但是到现在也只写过一页，仅有的几笔小账，日期跨度也很长……现在每天的账我居然可以记得那么详细，一项一项，精确到小数点以后两位。这样不精致但是精细的生活，很实在很安心。

我的盥洗池昨天终于崩溃了。以前天天在那儿洗碗，虽然已经把碗里面的固体渣滓漏掉了，但是还是有一点进入管道，然后积少成多，刚开始只是有点不通畅，昨天就彻底不通了。我用筷子捣了很久都没效，于是我把盥洗盆下面的管道拆开了，然后用手慢慢把里面的各种垃圾拖出来，再重新拧上去，才恢复了它的畅通。自从搬进来以后，门厅和洗手台的灯泡是自己买自己换的，床头柜、台灯、饭桌、大衣架是自己组装的（没有工具，就用手和钥匙），现在也能自己疏通简单的管道了。我的A型血特质正在慢慢发光发亮。热爱生活要从热爱劳动做起。

晚上去欧尚，一不小心又买了很多东西，以前总听妈妈一天到晚念叨家里这个吃完了那个不多了，觉得她啰唆，现在才发现家庭主妇真不好当。回家的车上，旁边坐一妈妈带小孩，小孩儿不停地撒娇哭闹犯浑，看着他那张挂满鼻涕眼泪的小脸，我觉得有一点点难过，我知道我现在不能再对着谁任性撒娇耍脾气了，我必须一个人坚强勇敢地过。

学会了在漂亮和需要之间选择——巴黎日记选（三）

2007年11月17日

去宜家的时候，买了许多又便宜又实用的东西。越来越佩服自己，能够花尽量少的钱买到优质的商品，而且是理智的、深思熟虑的。几个月前在成都逛宜家的时候，还因为冲动地想买很多不实用的东西而被妈妈阻止，现在自己已经能很冷静地在漂亮的和需要的之间做选择。

几个人随便聊聊天，就会自然地说到“买这个的话这家超市便宜”“买那个不如买这个划算”这些话题上。在超市里买东西，会计算到每千克多少钱来比较价格。做饭时，能准确地做出一个人吃的量和两个人吃的量。一天至少扫两次地，保持房间里一尘不染……

我不知道这一个月自己老了几年，不过我希望是成长了。

今天在走廊里，发觉自己不再是慌张的了，不知不觉可以慢慢地夹着拖鞋悠着回寝室了。我不知道那个“一切会好起来的”会在什么时候到来，可是我知道一切正在“变好中”，就像我的房间变得越来越能住得下人的样子了。

有人说我还是一样的煽情、纯情、向上。我没有故意煽情，只是真实地说出我的感情；我不知道要如何理解所谓纯情，我把它当赞扬；我喜欢我带给别人向上的感觉，我希望看了我日记的人都能像我一样有努力将生活变美好的愿望。

2007 年 11 月 26 日

原来床单、被套、枕套不是非要用洗衣机洗的……

我今天很顽强地把它们拆洗了，虽然完全没有办法正常地搓和拧，我还是顽强地把它们洗干净了。拧的时候，因为实在是面积太大了，裹起来太厚了，以至于像是床单被套在拧我的手臂……

现在床上是崭新的三件套：在宜家以最便宜的价格，买的儿童床上三件套。本来想选素一些、清新一些的花纹，但是又贵又只含枕套和被套，所以就买了很可爱幼稚的儿童用品。（购买的相同系列还包括很儿童的彩色塑料小碗……）

在这个12平方米的空间里，小小的床，小小的饭桌，小小的地毯，小小的碗，小小的菜刀和菜板，还有我小小认真的生活。虽然只是一个人，我还是会坚持每天拖一次地抹一次地，也会在梳过头之后仔细地捡起掉落的每一根头发，也会精心地把橙子剥成一瓣一瓣漂亮地摆在盘子里自己吃……

有的时候我会觉得过得很不真实，好像是一种小孩扮家家酒的感觉，自娱自乐地在做着很像是家务的事情。可是我却是确确实实地在真实地度过着这个被叫作“留学生活”的每一天。

突然觉得自己是在一个很儿童的房间里过着很大妈的生活……哎……

重新诠释梦想和幸福——巴黎日记选（四）

2007 年 11 月 13 日

买了很多东西，又上了最拥挤的车，这是让我最感到厌恶却又最无力避免的事。

被埋在人堆里抬不起头也直不起腰，一边要抓紧把手，一边又要提紧购物袋，在浑浊的空气中和昏暗的光线下，我恨不得皱烂自己的眉头为自己挤出一片清澈的天空。

看了无数遍的演唱会视频里，那些人在舞台上挥汗如雨地奔跑着，快乐而坚定地唱着未来、梦想和希望，那种快乐和坚定让我觉得他们很幸福。我似乎曾经也这样快乐而坚定地生活着奋斗着，“为了梦想而生存”这句话听起来很空很假，但是很美好。

我很清楚自己是怀着怎样的希望和梦想走到今天，可是它们好像已经不是我当初想象的样子了，而我也认不清它们的样子了。

当再也不能全凭自己的意志任性生活，当不得不为了生存而生存，我发现那个叫作梦想的东西虽依然美好得让人向往，却越发地遥不可及。

我承认我选择出国是抱着选择了一条通往梦想的捷径的想法，可是我也承认我错了。或者是说，所谓捷径，其实并非一步登天，而是厚积薄发。那么我绕了这么大一圈，就是为了累积最大的能量然后发出最绚烂的花火。

可是我也会怀疑这一切，身边的人也会或多或少地抱怨“我们到底是来做什么的”。有时列车载着我行驶在漆黑的地下道，我甚至会觉得我是在掉向一个无底洞。也许我们这群人都是战战兢兢地握着自己不成形的梦想在小心翼翼地向前进，虽然怀疑虽然不自信，可是还是硬着头皮在迈步。这样的我们，还是让我觉得很勇敢。

我第一次有了暂时放下虚幻的梦想的想法，但是我不认为自己是在屈服退缩。既然望向远方让我无法走出眼前的一步，那我宁可低下头看好正在脚下的路。

正因为有为了生存而生存的今天，我的为了梦想而生存的明天才会变得更闪耀，我愿意这样去想。

2007年11月19日

以前总是不懂装懂地告诉自己：

生活很辛苦，但是，很幸福。

越长大越学会，原来那句话的逻辑应该是：

生活很辛苦，所以，很幸福。

一直在想着幸福是什么，幸福从哪来……

今天的我这样想：
幸福是走难走的路。

巴黎就是一份巨大的成人礼——巴黎日记选（五）

2007 年 12 月 1 日

我今天 20 岁。

20 年前的今天，再过不到 12 个小时，我出生在一个临江面佛叫乐山的地方。对于那一天发生的一切，我在后来读到爸爸为我写的出生成长日记时，才清楚了解到。那样一个寒冷 12 月的第一个夜晚，我的生命热烈开张。

一路走来 20 个四季轮回，时间是随着日子的光晕渐渐逝去了，但记忆却果真是跟着这样的四季轮回又来到我身边。我现在仍然清楚地记得外公对我讲了许多遍的武松打虎，外婆在老年俱乐部里跳的舞，爸爸的自行车，妈妈的毛线球，耳聋的小猫，操场上的沙坑，江边的鹅卵石，第一次也是唯一一次堆的雪人，小学门口卖的纸钱包，住院时同病房得绝症的小婴儿，转学时因为不想和朋友分别而留下的眼泪，人生中收到的第一封情书，小学毕业考试的失败，初中食堂的饭菜，800 米的长跑，和老师吵的架，弄丢的家门钥匙，“非典”时每天用洗手液吹出的肥皂泡，沫若园的石桌石凳，写在草稿本上的《梁祝》剧本，留言墙上的牢骚，午餐的面包，铺满地的金黄银杏叶，飘落的粉红樱花，阴雨中的毕业旅行，大学军训时馊了的稀饭，小寝四个人很不认真的大扫除，总是人满为患的校车，抱着闲书度过的专业课，飞往韩国的夏令营，海南冬天的阳光沙滩，武汉长江大桥上空的烈日，敦煌的驴肉黄面，台风中的东京铁塔，和韩国人一起在川大留学生公寓食堂里的通宵游戏，6 天 2 次往返成都北京的奔波，去往巴黎的飞机上美味的海鲜饭……正因为有这些或闪亮的或暗淡的瞬间，或骄傲的或丢脸的事迹，或我爱的或我恨的人，所以才有了现在的我，每一个点都在生命中烙上了很深的印记，拼出了我成长最美的轨迹。

我从一个糊里糊涂的小屁孩长成了现在健康向上的青年。我哭着笑着闹着横冲直撞地经过了过去的 20 年来到今天，然后将继续哭着笑着闹着横冲直撞地奔向接下来几个 20 年。这种轰轰烈烈的行进感让我觉得生命还是很美妙的。

想起16岁生日前夕，曾为纪念自己的15岁而写下了感悟，当时还在为15岁的过去而不舍，一转眼已经是成人的20岁。去年生日时，在寝室里四个人一起吃蛋糕，我许下了希望顺利到巴黎的愿望，那时我还无法想象一年后的这一天我会怎样在巴黎度过生日。我也记得去年生日时和爸爸吵架，然后一个人躲在厕所里哭了很久，于是发现并不是大家说了生日快乐，生日就真的快乐了，生日快不快乐，只有自己可以体会得到。所以我决定我要更加低调地过每一个生日，自己安静地告别昨天，拥抱明天。

我是多么感谢我亲爱的爸爸妈妈给予我生命，并且牵引我，包容我，守护我，从过去到未来，我爱你们；

还有我的外公、外婆、爷爷、奶奶、舅舅、舅妈、哥哥、弟弟以及其他所有的亲人，你们让我觉得作为这个家里的成员存在着是一件美好的事，我也爱你们；

当然，我所有最亲密的朋友和伙伴们，因为有你们，我可以更勇敢地闯入20岁。虽然现在看不见你们，可是我确信你们在我身边，像空气的存在，触不到也离不开，在我最需要的时候，为我提供最强大的支撑。你、你、你、你、你、你、你、你、你，还有你，你们这些让我想起就会幸福得微笑的家伙，我爱你们。

我的20岁不需要成人式，到巴黎就是一份巨大的成人礼。

教子关键点

1.每个孩子都是一个独一无二的生命个体，对于父母来说，孩子的成长只有一次，他的人生过程你错过了，就不可能回头再参与再补救，所以父母要珍惜，怀着感动和爱心与孩子一路同行，一起成长；孩子的教育也只有一次，再也不会有重来的机会，所以父母理应重视这仅有的一次机会，结合孩子的表现，每天都思考至少一个关于孩子成长的问题，不断完善自己的教育观念和方法。

2.当孩子刚进学校不适应的时候，应该给孩子以安慰和鼓励。引导孩子自己激励自己，这种激励的动力往往比外来的鼓励更强大。

3.要善于给孩子“卸包袱”，让他树立“自己和自己比进步”的学习观念，让他轻装上阵。

4.有时候，一本励志的书，会让孩子精神为之一振。也可以请亲友们协助引导孩子。

5. 跟孩子一起读书学习，比如家长可以看看报纸或自己喜欢领域的书籍，这样很有利于在家中形成良好的学习氛围，让孩子能够自觉安心地学习。但切不可刻意而为之，应该平常就这样做，如果到了孩子快考试的时候突然如此，则会对孩子形成压力。

6. 以自己的镇定让孩子沉住气，以平常心面对整个高考的过程。

7. 在成绩方面，要淡化高考前任何一次模拟考试的成绩，不要因孩子的成绩而责骂孩子。

8. 尽可能保证孩子的睡眠。

9. 不要过多地干预孩子的学习，应当无为而治，学会守望。生活上也不要太关心孩子，他自己的事情让他自己做，因为当孩子进入大学或者独立走上社会之后，这些都是他们需要的能力，既要照顾好自己的学习、工作，又要料理好自己的生活。

10. 让孩子绝对服从老师的复习安排，因为迎接高考的漫长复习过程，其实也是学生和老师相互合作、配合的过程，只有学生配合好老师，老师的丰富经验和复习计划才能最大地发挥效用。

附录　苏霍姆林斯基家庭教育思想评介

培养孩子做父母的义务感

学习怎样去爱

“每当我打开放着许许多多父母来信的文件夹时，我觉得好像触摸到一颗颗赤诚的心——一张张的信纸都诉说着父母们遇到的痛苦和悲伤。我读着读着，心里充满了别人的痛苦。不，不是别人的痛苦。如果对一张张的信纸无动于衷，如果不设法帮助来信的每一个人，那么又由谁来帮助呢？”

这从心底流淌出来的充满感情的语言，是苏霍姆林斯基《家长教育学》开篇的话。作为苏联杰出的教育家，苏霍姆林斯基的遗著被誉为“教育的百科全书”，是“活的教育学”。其中，关于家庭教育的真知灼见是苏霍姆林斯基教育思想的重要组成部分，他的《家长教育学》也成为他最著名的著作之一。

苏霍姆林斯基长期担任中学校长并兼任语文教学，在长达35年的教育生涯中，他一刻也没有脱离教育第一线。他当时面临的最大的教育难题之一是：“我们都忘记了这样的问题：每个人作为人而生下来，但还不成为人，而必须把他培养成人。如何使人这种动物学会思考、观察、理解和追求人类幸福的源泉？每个人渴望幸福，但并非所有的人都愿用劳动去挖掘幸福之井，并从中发现新的幸福源泉。在孩子的童年时代，就要教导他们要为其他人去发现幸福的源泉；可是，到目前为止在学校教育中还没有开设这样的科目。”

于是，拥有真诚人道主义情怀的教育家苏霍姆林斯基开始了对家庭教育的思考与实践。他首先把离异家庭的孩子作为自己研究家庭教育的起点——他花了10年的时间，研究了两百个年轻家庭离婚的案例。他发现，其中有一百八十九个离婚案件的原因是彼此不善于了解对方。“这些青年男女对于互相之间应该善于培植复杂、微妙的感情一事一无所知，而这恰恰是婚后生活所必需的。”但是，这些年轻人在婚前却没有受过这方面的任何教育，于是，不幸的家庭便糊里糊涂地诞生了，然后是生孩子，然后是离婚……父母和孩子的不幸由此产生，家庭教育的不幸也由此产生。

所以，在《家长教育学》里，苏霍姆林斯基首先告诉教育者——家长和教师：“应该从孩子小时起就培养他做父母的义务感。”换句话说，家庭教育绝不仅仅教父母如何做父母——这当然也是非常重要的，而且首先包括教孩子怎样做未来的父母。

教育者要在少男少女谈情说爱之前就教会他们怎样去爱——苏霍姆林斯基的这个观点即使放到今天，可能也是惊世骇俗的。他说：“我们年纪较长的一代应当学会跟儿童们、少年们谈论这种伟大、美好的人类感情——恋爱、结婚、生孩子、至死不渝的忠诚之情；在我们未学会谈论、思考这些问题之前，我们是不会培养孩子具有高尚、纯洁的心灵和情感的。无知识、无礼貌的环境，早晚会变成孩子的眼泪和愁苦。”

但苏霍姆林斯基说的观点是基于对这一现实的忧虑：“不善于做丈夫和妻子的人，一旦成了年轻的父母，常常表现得像孩子似的无能力、无经验和束手无策；应当帮助他们，但很遗憾，就像帮助小孩子一样费力。当这些大孩子生小孩子的时候，更大的愁苦来临了，这对社会、对生下来的孩子都是不幸，因为按道德和精神发育水平来说，自己还是孩子的人又生了孩子。”

他决定在他的学校培养孩子做父母的义务感，具体做法是直接给学生开设相关的课程。比如，他为他学校的高年级学生开设了一门课程：《家庭、结婚、爱情、孩子》，教导他们对于将来的结婚、过家庭生活应该如何从道德上做好准备。他特别要求他的教师无论如何也应当克服困难把这一门课讲授好。“因为这一门科目的重要程度并不次于数学、物理、化学，甚至是最重要的。你想想看，不是所有的人都要做物理学家、数学家，可是所有的人都要做父母、丈夫或妻子。”

学习怎样做父母

在今天的中国，谈到家庭教育，人们往往首先想到怎么给父母提供一些教子“良方”，而且希望这些“良方”大多都是关于如何培养“天才儿童”的，而忽视了“怎样做父母”这样一个根本问题。人们常说：“家庭，是孩子的第一个课堂；家长，是子女的第一任老师。”但人们往往看重的仅仅是家长如何教育孩子，而忽视了家长自身的素质。

我从事中学教育已经20年，我从来都认为任何一个孩子首先是其父母的作品。我曾教过一个品学兼优的学生叫叶诚，他不但学习勤奋，成绩拔尖，而且思想纯正，为人朴实，对同学特别善良。有一次我去家访，他母亲给我说了很多叶诚在家孝顺父母和爷爷奶奶的事，他母亲说："我为我有这样一个懂事的儿子而自豪。"碰巧的是，有一次叶诚写了一篇作文，题目是《我为我的爸爸妈妈而自豪》，文中写道："本来我们家的住房条件是不错的，妈妈单位分的房子很宽很宽。但我们现在一直住在几十平方米的旧房子里，因为妈妈说，爷爷奶奶身体不好，而他们又不愿搬家，和他们住在一起好照顾他们。"从这里，我找到了叶诚如此孝顺的原因。我还有一位叫钟楠的女生，学习自觉性特别强，有着一般女孩子没有的毅力。奇怪的是，她的爸爸妈妈是很少管她的。我去家访时，给她的父亲谈起这事，她父亲说："我的科研所任务特别多，我的确没多少时间具体管孩子。但我认为我时时刻刻都在管孩子，这就是用自己的勤勉给孩子以感染。当女儿看到深夜我还在伏案疾书时，她会明白，勤奋才是生活真正的内容。"对这样的家长来说，所谓家庭教育首先不是"说"，而是"做"。如果说叶诚和钟楠是优秀学生的话，那么首先因为他们的家长是合格家长。家长的人格对孩子无声的感染，这是家庭教育的上乘境界。

遗憾的是，我们许多为自己孩子头疼因而四处寻找良方的家长，往往自己却不会做家长。这样的家长几乎每一位教师都遇到过，而且远非个别。我常常面对街头那些痞气十足的少年叹息——不是叹息这些可怜的孩子，而是叹息他们的父母。我长期与"后进学生"打交道的经历告诉我，这些孩子的父母大多连做人的一些基本素养都成问题，却成了孩子的"第一任老师"。如果要彻底转变这些孩子，必须同时转变他们的家长，然而要转变已经成人的家长几乎是不可能的。于是，教育的遗憾乃至悲剧便产生了。而更大的遗憾和潜在的悲剧还在于，这些不良少年再过十多年又将为人父母！

在谈到教育的使命时，我们往往说得比较多的是培养合格的公民、合格的人才、合格的建设者和接班人；而苏霍姆林斯基则告诉我们，我们的教育还应该为未来造就一代又一代"合格的家长"。苏霍姆林斯基在他的家庭教育理论中，不仅仅关注今天的父母如何做父母，而且更关注明天的父母如何做父母；同时，他又把良好的道德作为父母素质的核心。我认为，这是家庭教育的根本。"什么是做父亲和母亲的道德准备呢？人的本质在人的天职中揭示得最清楚：人要对别人负责。"顺便说一下，苏霍姆林斯基本人正是这样的优秀家长，他的儿子谢尔盖和女儿奥莉佳后来都成长为出色的人才，而且后来堪称优秀的家长——其中，奥莉佳成了乌克兰教育科学院院士，是享誉国际的教育专家——可以说，这是苏霍姆林斯基家庭教育思想最直接的杰作。

套用一句当代中国的习惯语：提高父母的素质，“从娃娃抓起”。培养孩子的义务感，让孩子懂得为别人负责——这既是为了今天的孩子，也是为了明天的父母，最终也是为了明天的孩子。很少有人会想到，应该在一个人的少年时代便让他具备将来做父母的义务感和素质，这是一般人家庭教育观念中的盲点。苏霍姆林斯基却鲜明地将它提了出来，他由此抓住了家庭教育的源头，他的家庭教育思想富有远见的英明之处也正在这里。

营造“互相爱恋”的家庭氛围

家庭成员的亲情是最好的家教

“不要让家庭成为夫妻打骂的战场！”这是我经常在家长会上给家长们的忠告。

这种情形不知有多少次了，我在办公室听某位学生流泪的母亲诉说“没有良心”的“他”如何如何抛弃了自己，或听某位学生的父亲激动万分地控诉“不要脸”的“她”如何如何对不起自己……几乎每一次这样的倾诉都有一个催人泪下的故事。但说实话，每当这个时候，占据我心灵的首先不是对这些“不幸”家长的同情，而是对他们的孩子——我的学生的担心：在这样充满仇恨的家庭，我很难设想孩子的心灵会洒满爱的阳光。我毫不怀疑，即使那些夫妻之间的感情已经走到了尽头，他们对孩子的爱依然没有半点改变；但是，由于父母之间的仇恨，孩子心中爱的情感幼芽已经开始失去水分和土壤了，孩子明媚的精神世界正渐渐变得黯淡。对孩子的成长来说，这是极为可怕的；而更可怕的是，自以为依然爱着孩子的夫妻双方都没有意识到这一点。

苏霍姆林斯基把夫妻之间的感情不仅仅看成是两个人之间的爱，他把这种爱同时看成是一种无声而有效的家庭教育。他认为“夫妇之间的爱情、信任、相互的忠诚和帮助，这是向父母智慧之树提供营养的根须”。在《家长教育学》中，他这样写道：“教育孩子，这是一种特殊力量的奉献，即精神力量的奉献。我们用美好的爱（用母亲对父亲的爱和用父亲对母亲的爱）、用对人的尊敬和美好的信任来塑造人。健美的孩子成长在这样的家庭中，在那里母亲和父亲真正相亲相爱，同时并热爱和尊敬别人。我能一眼认出这种孩子，他的父母是深深地、热烈地、忠诚地、相依为命地相亲相爱着。在这样环境中长大的孩子，心地温和善良、宁静，心灵健康，真诚地相信人的美好，听信教师的讲话，对影响人们心灵的细微事物（即善良的言辞和美好的事物）敏感。”他特别对男人提出：“要记住，你想教育好孩子，首先就要真心喜爱自己的妻子。……好的丈夫会给自己的家庭创造幸福，于是这种爱情就如同太阳的温暖和光辉照耀着盛开的玫瑰花，这种爱情将变成你孩子的精神珍品。”

但是，这里所说的“相亲相爱”绝不仅仅是夫妻之间的海誓山盟般的语言，而是日常生活中自然而然流露出的一些行为细节。苏霍姆林斯基曾向他的学生家长们讲过这样一个故事：一位叫尼柯莱·菲力普诺维奇的外科医生，每天早晨都是全家第一个起床的人，他起来的第一件事，是到花园摘一枝鲜花，然后回到卧室插进妻子床边小桌子上的花瓶里。数十年里，尼柯莱·菲力普诺维奇每天早晨都是如此。为此，他甚至盖了一个专门养花的小温室，以保证一年四季的每一个早晨他都能够采摘鲜花献给妻子。在这过程中，他们的六个孩子一天天长大了。而且，长大的孩子，在破晓时也与父亲一起做同样的事。于是，随着岁月的流逝，妻子床边的花瓶里的花由一枝变成了两枝，之后是三枝、四枝、五枝、六枝、七枝！终于有一天，尼柯莱·菲力普诺维奇去世了，但每天早晨他妻子床边的花瓶里仍然是七枝鲜花——已经长大了的孩子们在给年迈的母亲献上鲜花的同时，还要代父亲献上鲜花……苏霍姆林斯基总结道：“教育孩子的实质在于教育自己，而自我教育则是父母影响孩子的最有力的方法。……谁的童年被爱的阳光照耀着，那他就会创造幸福，就会对父母的语言、对他们的善良的心意、对他们的劝告和赠言、对他们的温存和警告有着特殊的敏感和接受能力。”

每次读到苏霍姆林斯基叙述的这个故事，我都非常感动。的确，真正的爱，不仅仅是一种情感，而且同时又是一种教育。这是一个很朴实但也最容易被人忽视和遗忘的道理。

离异父母也要让孩子有完整的爱

我也讲一个中国家庭的故事，这个故事发生在我教过的一位初一学生W的家庭里。W的母亲是一个非常能干而且卓有成就的某装饰公司的总经理，也就是通常人们所说的“成功人士”。但在和我交谈时，她一点都没有成功感，她说她的儿子W太不争气。“为了他，我什么都献出了。8年前，我和他爸离了婚，因为几年无休止的吵架甚至打架，已经使我和他实在难以再凑合下去了。因为带着儿子，我至今没有再婚，也不想再婚了。我业务太忙，但为了儿子我每天晚上都一定要回来，守着他完成功课。每天早晨都是我用车送他去学校。我还专门为他雇了一个保姆，中午给他做饭，照顾他午休，也帮他洗衣服。刚离婚那段时间，他爸常常来看他，有时带他出去玩。我很担心他跟他爸学坏。因为他爸实在不是个东西！所以后来我不让他爸来看他，不准W和他爸来往。我经常对我儿子说，妈妈对你的最起码的要求，就是你这一辈子千万不要像你爸！”这位女强人在给我说这些的时候，一把鼻涕一把泪，显然是伤心到了极点。她不仅仅是为她那“实在不是个东西”的前夫伤心，也为她的儿子伤心——W不但成绩很差，而且表现也很不好，与同学相处极端自私而且自傲，有时甚至很蛮横。说实话，对这样的家长，除了不痛不痒地说几句安慰的客套话，我实在无言以对。因为我完全可以想象，在“几年无休止的吵架甚至打架”的家庭气氛中成长的孩子会有怎样的情感世界。更可怕的是，母亲居然毫不掩饰地向儿子灌输对其父亲的仇恨，而仇恨只能繁衍仇恨！尽管这位母亲为W创造了极为优裕的物质生活条件，但孩子“爱”的精神原野却是一片荒芜！

我现在还没有看到苏霍姆林斯基对父母离婚以及对由此对孩子教育产生何种影响的论述。但他关于家庭成员之间应该相亲相爱的这一思想启发我，即使是夫妻离异，也不应该给孩子的心灵播种仇恨的种子。我并不是主张哪怕夫妻感情已经荡然无存了，为了孩子也要凑合过下去。不，正如恩格斯所说，没有爱情的婚姻是不道德的婚姻，因此，结束这不道德的婚姻是可以理解的。问题在于，夫妻之间的感情破裂乃至婚姻关系破裂，绝不能扩大化为孩子和自己父亲或母亲的亲情断裂！即使夫妻双方已经离婚，也最好应该保持真诚的朋友关系，而且更应该让孩子和父母双方都永远保持和谐的亲情。

我还教过一个叫Y的高二学生，他的父母也是因感情不和而离异了。但在Y的身上，我看不到类似孩子所常常表现出来的心灵的伤痕。他纯朴、开朗、热情，富有进取精神和爱心。他高一时曾写过一篇作文《我爱妈妈，也爱爸爸》:“从我5岁起，我妈妈和爸爸就离婚了。虽然我一直跟着妈妈生活，但我觉得爸爸从未离开过我。因为不但他每个星期日都要来看我，而且我们经常通电话。妈妈也常对我说:‘妈妈和爸爸分开生活，是因为妈妈和爸爸性格差异太大。但我们都很爱你，因为都爱你，所以我和你爸爸现在仍是好朋友，而且永远都会是好朋友！’的确是这样。每个星期天爸爸来看我时，妈妈都像接待她的其他好朋友一样热情地接待他，都要留他吃饭。我10岁那年，妈妈给我找了一个新爸爸，新爸爸也很爱我。但即使这样，我的亲爸爸仍然每周都来看我。而每当我爸爸来看我的时候，家里总是最热闹的时候，我的妈妈、爸爸还有我的新爸爸，都像好朋友一样开心。我也感到幸福，正如妈妈有一次对我说的那样:‘在这个世界上，爱你的人真多啊！’”

这使我再一次想到了苏霍姆林斯基的话:“要善于创造家庭生活中极宝贵的财富——互相爱恋，这也就是说要在家庭中创造一种有利于教育子女的气氛。”Y的父母即使离婚了，也表现了一种非爱情却同样真诚的爱的境界，并且尽量营造出这种爱的气氛——Y的父母能够这样，更何况我们大多数夫妻关系稳定的家庭呢！

观察：给孩子一双会思考的眼睛

父母都希望孩子富有智慧

希望自己的孩子拥有一个富有智慧的大脑，这是从古到今不同国度不同民族所有父母的共同愿望。对此，苏霍姆林斯基予以充分的理解:“是的，这是永恒的真理，因为人类生活的意义就在于能在新的一代人里再现自己，在更高的基础上再现自己，把自己孩子的智慧、道德、美学发展，提高到比起我们做父母的来应是更高的阶段。”

他对父母在孩子智慧发育中的作用更是予以高度的评价:“父亲和母亲是如同教师一样的教育者，他们不亚于教师，是富有智慧的人类创造者，因为孩子的智慧，在他还未降生到人间的时候，就从父母的根上伸展出来。……尊敬的年轻的家长们要记住，你孩子的身体的和智力的发育全取决于你。记住，创造人，这不只是简单的生物行为即可完事的。人与动物的区别在于人认清了自己的活动目的，其中包括在孩子身上再现自己。”

尤其在今天独生子女越来越多的中国，父母希望孩子聪明的这个愿望格外强烈。于是，“早期开发儿童智慧”成了中国家长们最自觉也最热门的自学和实践的课程。然而，相当多的父母往往着眼于具体技能的早期训练：学琴、学画、学棋、学书法……另外，在信息发达的时代，家长们往往更多的是引导孩子从书本中从网络中获取知识——早期识字、背诵唐诗宋词、“计算机从娃娃抓起”……不能说这些“早期开发”一点效果都没有，但按苏霍姆林斯基的观点看，这些开发都没有抓住智力开发的关键。因为孩子拥有了某种技能，却并不一定同时便拥有了某种智慧：孩子也许能够把齐白石的虾描摹得栩栩如生，但对自然界中各种小动物的区别却可能浑然不知；孩子也许能够把贝多芬的《致爱丽丝》演奏得炉火纯青，但对森林中的鸟鸣却无动于衷……

智慧源于思考　思考始于观察

苏霍姆林斯基认为，教育关键在于“要教给孩子思考”。他认为智慧源于思考，而思考则从观察开始。

观察在孩子智慧发育中的重要性是不言而喻的，但这个“常识”几乎被许多家长遗忘。我曾在一篇题为《阅读大自然》的短文中揭示了一种畸形而可怕的教育现实：“当孩子们能够熟练地操作电脑时，或者能够在小小年纪就取得钢琴、小提琴以及其他什么乐器的‘十级证书’时，或者能够一口气背下圆周率后多少多少位小数时，或者能够在国际数理化奥林匹克比赛中拿回金牌时……而他们作为人的某些功能可能正在退化——据有关专家调查，现在相当多的城市孩子不知什么是东南西北，晚上看不见远处的东西，也听不到远处的声音，不会和别人一起玩。专家们指出，孩子们没有自然空间的生存体验，当然也就不会产生识别方向、远声音听取等需求。这就如同在动物园长大的野生动物一样，失去了自然的生存条件，就会失去很多天性和能力。”因此，今天我们重温苏霍姆林斯基关于应教给孩子以“观察－思考”能力的家庭教育思想，便具有了特别强烈的现实针对性。

因为现在相当多的家长注重孩子读书却忽略了让孩子观察。苏霍姆林斯基认为：“孩子的智力发育，在很大程度上取决于周围环境，孩子在其中迈出认识世界的最初步伐。”也就是说，他认为是孩子对自然环境的直接观察而不是书本首先决定孩子的智慧。这使我想起培根说过的话：“书并不以用处告人，用书之智不在书中，而在书外，全凭观察得之。”达尔文也曾说：“我既没有突出的理解力，也没有过人的机智。只在观察那些稍纵即逝的事物并对其进行精细观察的能力上，我可能在别人之上。”

苏霍姆林斯基所说的“观察”，主要是指对自然界客观事物和现象的观察，他这样告诫年轻的父母们：“从孩子一开始有意识地生活起，父母就应注意周围世界各种事物和现象之间的因果联系，其目的是使孩子学会观察事物，能善于发现、善于观察那些一眼看不出有什么特点的事物。形象点说，在印象上生有思考的翅膀。智慧、思考、思维的来源存在于周围的世界中，存在于人们所看见、所认识的现象中，这些现象引起了他的兴趣。几万年前，在我们古代祖先的意识中，之所以点燃了第一个思考的火花，一定是在他们看见了奇怪而又不可理解的现象，但他们又想知道里面这种现象的本质的时候。”

怎样训练孩子观察

其实，孩子本身就有观察的天性——对周围世界的好奇心使他们的眼睛总是闪烁着探寻的光芒。遗憾的是，我们有的家长还没有意识到这点，他们在生活中常常有意无意地扼杀着孩子观察的天性。我的一个学生曾向我说了这样一件事：他很小时父亲便强迫他练小提琴，但他却特别喜欢各种昆虫；有一天，他捉回一只螳螂，装在大瓶子里，想把它喂养起来；最初，他父亲虽不太高兴，也没有说什么，可几天过去了，父亲看到他常常对着大瓶子发呆，一看就是很长时间，便开始骂儿子“正事不做”耽误了练琴，再后来干脆趁儿子上学时，把那个大瓶子扔了。“从此，对一切生物我再也没兴趣！甚至现在我连生物课都不想上。”在追忆完这段往事后，这个学生这样对我说道。我想：他当初对昆虫的爱好也许是他开始昆虫学研究的第一步，而他的父亲也许毁掉了一个未来的科学家。

明智的家长应该明白，眼睛是孩子心灵的窗口，良好的观察能力是人们认识世界、增长知识的门户，因为观察不仅仅是看，而且还伴随着思考——是用眼睛思考。家长们要和孩子一起养成观察的兴趣。苏霍姆林斯基对一位和孩子在森林里散步的家长这样说道：“你带着 4 岁的小儿子去散步。这里有树林，老树林后面栽有小树：松树、柞树、楞树。小儿子自己没有看出在老树林与人工栽植的小树林之间有什么区别。应该培养求知欲，要教给孩子观察。你告诉儿子：‘看这些高树，再看看这些小树，怎么区别老树和小树？’小儿子没有马上区别出它们，但是，他用心仔细观察，就看出来了。此时，在他眼睛中迸发出高兴的火花：‘在老树林里的树行不整齐，而在小树林中，树行多整齐呀！’”其实，不仅仅是郁郁葱葱的森林，大自然和社会的任何图形、色彩、声音及其变化，都能激起孩子们强烈的好奇心，家长应该利用这种好奇心，和孩子细心观察周围的一切。无论是在郊外田野还是在都市大街，无论是在百货商场还是在农贸集市，面对孩子的各种各样的提问，家长应有问必答，百问不厌，并且引导孩子做更深入细致的观察。简单粗暴的斥责不但会挫伤孩子的观察兴趣，还将影响其智力发展。

当然，家长们最好是有计划地训练孩子观察的能力。每次外出参观、旅游，都应在观察的内容、方法、步骤等方面对孩子提出明确的要求。平时在家，家长也可以结合家庭日用品训练孩子的观察力。比如炊具、餐具、家具等物品的种类、大小、形状、图案、色彩、用途等，都可以叫孩子仔细看看，认真想想。长期养成习惯，孩子的观察能力必定会大大增强。另外，要求孩子在观察时，调动各种感觉器官参与。既用眼看，又用鼻闻、用耳听、用手摸，同时又用脑进行综合分析。这样不但可以提高观察效果，更能促进孩子的各种能力全面提高。比如，如果带孩子去野外春游，就可以叫孩子带上钢笔和笔记本。在郊游过程中，引导孩子细心捕捉春天野外的10种色彩、10种声音，10种气息……回家后根据观察写一篇作文。

让我用苏霍姆林斯基对父母们的忠告作为本文的结束：“在你孩子面前，周围世界展现的事物越多，那么他所看见的，但又不理解的、莫名其妙的东西也越多。为什么夏季太阳在天空中高高悬起，在冬季反而低垂？为什么在高大的柞树上长着小小的柞实，而在细藤上反而结出那么大的西瓜和南瓜？为什么闪电和打雷？为什么在冬季里有些鸟飞向暖和的南方而有些鸟又留在我们这里过冬？成千上万的这样的问题，你的孩子在大自然旅行的不同时刻都会提出。孩子提出的问题越多，那么他在童年早期认识周围的东西也就越多，在学校中越聪明，眼睛越明亮，记忆力越敏锐。要培养自己孩子的智慧，那你就得教给他思考。”

2001年7月22日

引文均选自苏霍姆林斯基《家长教育学》（中国妇女出版社1982年版）

后记　这样的生命是和谐的

那几年，我独自一人在外求学时，一张我和女儿的合影一直陪伴着我。这张照片，是 1997 年春天我和我女儿在新都桂湖公园里照的。我把它镶嵌在小相框里，小相框一直在我在宿舍的书桌上，照片里的女儿也就一直静静地注视着我读书。

学习之余，我每每和师兄师弟们聊起女儿的一些趣事，他们受到感染的同时，建议我把我和女儿的故事写一本书。其实，这本书我早就想写了。早在 2000 年春天，我曾对女儿说："晴雁，爸爸给你写一本书，作为给你的 14 岁生日礼物！"但因为忙，一直没有能够写成，竟然拖到了今天。

心里总觉得欠了女儿一笔债。

几年来，许多读者读了《爱心与教育》《心灵写诗》等拙著后，在感动的同时，也产生了一些误解，以为我爱学生胜过了爱自己的女儿。有的读者就曾这样在来信中写道："您把一切都献给了学生！"面对这样的"赞美"，我总是这样回答——

不，我并没有把一切献给学生，因为我同时深爱我的家人、朋友，特别是我用心培育了我的女儿。

在一些人看来，似乎一般成功的教师，往往同时都是家庭教育的失败者——培养出一批又一批优秀学生，自己的孩子却不太优秀。

这也是一种偏见。事实上，我所认识的许多优秀的教育者，他们的子女也非常优秀。在我看来，如果一个优秀的教育者在教育子女方面不成功，那就算不上真正的优秀，至少他的优秀不算完整。

作为一个教育者，我可以无愧地说，我在教育学生方面有些经验；作为一个家长，我同样可以无愧地说，我教育自己孩子也颇有心得（包括有益的教训）。我认为，把这些心得写出来让更多的人分享，是一件有意思更有意义的事。

而且，我一直把女儿作为我的第一教育成果。

我的名片背后罗列着我的"主要作品"，是这样写的——

“一个美丽而善良的女儿，数以千计合格的中学生，十多本受读者欢迎的著作。”

不少人曾问我：“你怎么把女儿列在首位？”

我总是不假思索地说：“因为在我的心目中，没有什么比得上我的女儿更值得我爱，并让我得意！”

是的，我永远为女儿而骄傲！

从她出生开始，我就给她写成长日记，一直写到她读小学。她读小学后，我虽然没有再写她的成长日记，但我常常随意记下她的一些趣事或对她来说值得纪念的时刻。她读中学后，我多次给她写信。这些信记录了我和她心灵的沟通，并见证了晴雁的成长。

这本记录我和女儿共同成长的书，记录了许多我和女儿共同的故事。从某种意义上说，这本书是我和我女儿用流淌的生命共同创作的，它当然和“家教”有关，但其意义绝不仅仅止于“家教”，它首先属于成长，属于生命。这样的成长是快乐的，这样的生命是和谐的。

写到这里，我情不自禁地要真诚感谢文龙玉老师！是她的热情与辛劳让无数读者得以分享我和女儿成长的快乐与生命的和谐。

现在，女儿已经18岁，但我仍然要说——

晴雁，爸爸愿意永远和你一起成长！

2006年3月20日